마음에 숨은 속사람의 치유

순(筍)출판사는

주님의 지상명령 성취와 한국 교회를 섬기기 위한 C.C.C.(한국대학생선교회)의 문서사역을 감당하고 있습니다.

마음에 숨은 속사람의 치유

주서택 · 김선화

순출판사
C.C.C./한국대학생선교회

아버지께 달려갑니다

하윤이처럼 달려 갑니다.
아버지의 품속으로 달려 갑니다.
나를 분석하는 피곤함을 멈추고
망설이게 하는 두려움도 상관없이
아버지께 달려 갑니다.
아버지께서 내게 주시는 자는 다 내게로 올 것이요
내게 오는 자는 내가 결코 내쫓지 않겠다고 하신
그 자비하신 약속만 믿고 갑니다.

제게 아버지를 아는 은혜로 채우셔서
내 손을 잡지 않으실까봐 두려워하는 내 마음에
평화를 주시고
아버지에 대한 기쁨이 너무 커서
나를 잊고 달려 가게 하소서.

마음에 숨은 속사람의 치유

40개의 그림과
실제 사례로 풀어가는
성서적 내적치유

영원하신 성령으로 말미암아

흠없는 자기를 하나님께 드린

그리스도의 피가

어찌 너희 양심으로

죽은 행실에서 깨끗하게 하고

살아계신 하나님을 섬기게 못하겠느뇨

히 9:14

주서택 · 김선화

주서택 목사와 김선화 소장은 25년여간 C.C.C 영적운동과 제자화 사역에 헌신해 왔다. 전인구원사역에 힘써온 두 사람은 학원 사역과 함께 내적치유사역과 사회선교사역을 감당하면서 지역사회 전 영역에 지대한 영향력을 끼쳐왔다.

특히 주서택 목사는 정부로부터 '국민에게 희망을 준 사람 157인' 중 한 사람으로 선정되었으며, '충청북도를 움직이는 50인' 중에 한 사람으로 선정되기도 하였다.

'충북도민 대상'과 '청주시문화상'을 수상하였고 국가로부터 '국민훈장 석류장'을 수상하였다.

상담대학원에서 심리상담학을 강의하고 있는 김선화 소장과 함께 1991년부터 C.C.C 안에서 시작된 성서적 내적치유세미나는 지금까지 3만 4천여명의 사람들이 참여하여 치유와 변화를 체험하였다.

저서로는『내 마음속에 울고있는 내가 있어요』와『내적치유의 현장–엄마 가지마』,『성서적 내적치유세미나』,『결혼전에 치유받아야 할 마음의 상처와 아픔들』,『답답합니다. 도와주세요』가 있다.

현재 주서택 목사와 김선화 소장은 내적치유사역연구원과 청주주님의교회를 섬기고 있다.

책을 내면서

하나님과 인간 사이에는 항상 언약이 있었다.

에덴에서 아담과 이브에게 주셨던 언약이 있었고 모세를 통해 시내 산에서 돌판에 새겨주신 언약이 있었다. 하지만 이 모든 언약을 인간은 지키지 못했고 그 댓가는 끔찍했다. 하지만 하나님께서는 당신의 자녀들을 포기하지 않으시고 새로운 제 3의 언약을 제시하셨다. 그것은 예수그리스도의 십자가를 근거로 하여 성령께서 직접 우리의 마음의 변화를 이루시겠다는 약속이셨다.(예레미야 31:31~34, 에스겔 36:25~28)

우리의 마음 밭을 갈아 엎으셔서 옥토 밭으로 바꾸어 주시겠다고 약속하셨다.

성서적 내적치유는 하나님께서 사람의 마음 밭을 갈아 엎으시는 과정 중의 하나다. 인간의 마음에 근본적 혁명이 일어나지 않고는 인류의 미래는 어둡기만 하다. 나의 스승이신 C.C.C.의 김준곤 목사님은 '혁명이란 말을 혁명해야 한다.' 고 역설하신 바 있다. 아무리 좋은 복지정책을 만들어낸다 해도 인간의 마음 깊은 곳의 악은 사회를 파괴시키고 인간을 고통 가운데 빠뜨린다. 부패한 사람의 마음을 치유하고 새롭게 하시겠다는 하나님의 언약이 지금 인류가 붙들어야 할 마지막 희망이며 미래다.

이 책에서는 성서적 내적치유세미나에서 사용하는 그림들을 이용하여 마음을 새롭게 하시는 성경적 원리들을 최대한 쉽게 설명하고자 했으며 그에 따른 사례들을 함께 실었다. 마음의 혁명은 인간이 작위적으로 만들어 갈 수 없고 오직 성령께서 가장 순수한 십자가의 원리를 통해서만 진행된다.

최대한 사례를 많이 든 것은 이론이 아닌 성령께서 역사하시는 현장을 그대로 보여주기 위한 것이다. 그리고 모든 사례는 본원에서 행하고 있는 내적치유세미나에 참여한 자들이 직접 작성한 간증문과 그들의 구술 간증을 사용했다. 그들의 간증은 순수하고 객관적이다. 심리적 기법이나 인위적 제한 없이 각자가 세미나의 강의시간과 기도시간을 통해 깨닫고 주님께서 만나주신 내용들이다.

내적치유의 사역을 하려고 하는 분들이 이 책의 그림과 사례를 적절히 사용하여 주님의 복음을 전하는데 도움이 되기를 바란다. 다만 이 책의 그림과 내용이 원작자의 의도와 전혀 다른 내용으로 전달되어서는 안 될 것이다.

자신의 아픈 사례들을 사용해도 좋다고 허락한 분들에게 진정으로 감사드린다. 그리고 짧은 세미나 기간 동안 성령께서 역사하실 수 있도록 힘을 다해 돕는 분들의 수고가 참석자들이 주님을 만나고 치유를 받을 수 있도록 도왔다고 생각한다.

내적치유사역을 통해 주저앉고 상처받아 울고 있는 하나님의 자녀들을 섬긴 것은 내 생애에 있어서 참으로 귀한 축복이었다.

내적치유사역연구원장 **주 서 택** 목사

차례

마음에 숨은 속사람의 치유

1부 하나님의 새 언약

2부 나를 속이는 것들

3부 아버지가 나를 찾는 소리 내 안에서 들린다

4부 집을 향해 가는 길에 지나는 광야

5부 아버지와 함께

1부 하나님의 새 언약

속사람의 치유 01

땅 속에 숨겨진 씨앗

ⓒ 내적치유사역연구원

세상 만물 중에 가장 더럽고 부패한 것은 인간의 마음이라고 성경은 말한다. 마음은 땅이다. 아무리 좋은 씨앗이라 할지라도 땅이 좋지 않을 때 식물은 잘 자라지 못한다. 내 마음이라는 땅의 토질은 어떨까?

내 땅의 토질은 우리 삶에 나타나는 열매로 쉽게 알 수 있다. 나라는 나무는 나와 다른 사람들 그리고 하나님을 기쁘게 해드리는 열매로 가득한가? 만일 그렇지 못하다면 우리가 점검해 보아야 할 것은 땅의 토질이다. 이 그림은 땅의 토질을 더럽게 만들고 있는 원인을 보여준다. 그 원인은 땅 속에 뻗어 있는 쓴 뿌리다.

땅은 사람의 마음이며 화살표는 우리가 겪은 직접 간접적 사건을 의미한다. 화살표 즉 어떤 특정한 사건은 우리의 마음에 씨앗을 심는다. 이 씨앗은 그대로 있는 것이 아니라 뿌리를 내려 계속 뻗어 나가고 그것은 지상 밖 즉 우리의 외적 삶에서 가시와 엉겅퀴를 만들어낸다. 가시와 엉겅퀴는 삶을 파괴시키는 부정적 태도와 죄악들이며 작은 나무는 이루기 원하는 선한 행동들이다.

나무가 튼실하게 자라지 못하는 이유는 나무의 씨앗이 불량해서가 아니라 땅속에서 모든 에너지와 양분을 가시와 엉겅퀴의 뿌리가 다 흡수하고, 지상 밖에서는 빠르고 무성하게 자란 가시와 엉겅퀴가 좋은 나무의 햇볕을 차단시키기 때문이다.

우리는 이와 같은 인생의 모습을 사람들에게서 쉽게 찾아 볼 수 있다. '헐크'라는 영화 역시 이런 내용을 이용하여 스토리를 만들어 나간다.

주인공은 어린 시절 자기 아버지가 어머니를 죽이는 (실수로 인한 것이었지만) 끔찍한 소리를 문밖에서 듣게 된다. 그리고 그는 그 사건을 마음 깊이 억압시켜 버린다. 그 후 성인이 된 그는 실험실의 사고로 감마선에 노출되자 감마선이 그의 억압된 기억을 자극시키고 그 자극

육체적 외상은 회복되나 심적 외상은 계속해서 연쇄반응을 일으킨다.

으로 그에게 저장된 상처와 분노는 극대화되면서 그는 무시무시한 괴력을 지닌 괴물 즉 헐크로 변한다는 스토리다. 그 영화 속에 나오는 대사 중에 이런 말이 있다.

'육체적 외상은 회복되나 심적 외상은 계속해서 연쇄반응을 일으킨다.'

헐크의 주인공이 겪은 사건처럼 극심한 사건이 아닐지라도 우리 역시 마음에 충격을 준 사건이나 경험이 있었다. 이 사건은 시간이 흘러 까맣게 잊혀졌지만 마음에는 그 사건으로 인해 심겨졌던 씨앗이 여전히 살아서 쓴 뿌리가 번져 나가고 있다는 점이다.

세월이 지나 그 사건을 경험했던 아이는 이제 어른이 되었고 그 사건이 생각날지라도 웃어넘길 수 있는 어린 시절의 추억정도로 생각할지 모르나 내면적으로는 그의 깊은 감정과 뇌에 입력되어 그의 인격전체에 영향을 미치게 된다. 다만 스스로 전혀 의식하지 못할 뿐이다. 성경은 그래서 이 뿌리가 자신뿐 아니라 그가 만나는 사람의 마음과 삶까지도 부정적 영향을 끼칠 수 있다고 경고한다.

"쓴 뿌리가 나서 괴롭게 하고 많은 사람이 이로 말미암아 더러움을 입을까 두려워하고"(히브리서 12:15)

마음에 심겨진 독이든 씨앗이 그 사람뿐 아니라 주변 사람까지 분노와 원한과 미움을 전염시키고 상처를 입히는 것이다.

나이가 43세인 A의 이야기를 들어보자.

"저는 평소에는 아주 내성적이고 점잖지만 화가 나면 억제할 수 없어서 무서운 얼굴로 마구 욕을 퍼부어야지 진정이 되곤 했습니다. 화를 내고 난 뒤에는 수치스럽고 후회가 되어 기도를 하지만 이런 생활은 계속 반복되었습니다. 사람을 안 만나면 죄를 덜 짓지 않을까 하는 생각에 일부러 사람을 피해 보기도 했지만 제 속에 끓는 분노는 사람을 만나든지 안 만나든지 상관이 없이 올라왔습니다. 세미나에 와서 이 그림을 보았지요. 그래서 저도 분노의 씨앗을 알게 해달라고 기도하게 되었습니다. 기도하는데 제 지난 일중에 몇 가지가 차례로 기억이 났습니다.

아마 내가 다섯 살 쯤으로 기억되는데 부모님이 어둔 새벽녘에 심하게 싸우는 소리가 들리는 겁니다. 일어나보니 아버지가 어머니에게 장작 같은 나무를 마구 던지고 어머니는 그 장작에 맞아 얼굴은 피로 흥건했습니다. 방바닥에도 피가 흥건했던 그 장면은 정말 너무도 끔찍했습니다. 또 한 가지 생각났던 것은 학교 다니느라 일찍부터 집을 나와 어린 나이에 혼자 자취를 하는데 그 집이 너무 무섭고 두려워서 밤만 되면 이불속에서 나오지도 못하고 덜덜 떨곤 했지만 아무에게도 이런 말을 할 수가 없었습니다. 부모님에게 도요...... 이런 과거의 경험 들이 현재 내 마음에서 알 수 없는 분노를 일으키는 씨앗들이 되고 있다는 생각이 들더군요. 아무 돌보는 이 없이 혼자서 그 시간들을 지내면서 병이 들어버렸나 봅니다.

이번에 처음으로 저는 그때의 어린 나이로 돌아가서 주님에게 무섭다고 말했습니다. 피가 낭자하도록 어머니를 때리는 아버지도 무섭고 부모님을 떠나 혼자 있는 방도 무섭다고 말했습니다. 그런데 내 마음에 주님이 어린 나와 같이 있어 주시면서 자취방에서도 지켜주시는 느낌이 들어오는 거예요. 갑자기 제 가슴이 찢어지는 것처럼 아프고 울음이 나더군요. 한참을 울고나니 점점 가슴이 따뜻해지고 제 속에 끓어오르던 분노가 녹아져서 작아졌다는 느낌이 들었어요. 이젠 사람들을 만날 수 있을 것 같습니다."

이처럼 A의 분노와 대인기피증은 아무 이유 없이 생긴 것이 아니다. 그의 마음속에 씨앗이 떨어지고 그 씨앗의 쓴 뿌리는 그의 성격을 형성시켰다.

그렇다고 해서 A 안에 이런 쓴 뿌리가 만들어진 원인을 모두 부모에게 돌릴 수는 없다. 성령께서 이런 기억들을 생각나게 하시는 것은 그 사건이 A에게 어떤 영향을 주었으며 그 때문에 어떤 쓴 뿌리를 스스로 만들어 냈는지를 깨닫게 하심으로 나를 바로 이해해 가는 과정인 것이지 상처와 그로 인한 결과를 부모에게 전가시키라는 것이 아니다. 똑같은 상황을 겪어도 그것을 가지고 인생을 만들어가는 것은 사람마다 다르다.

하나님께서 우리 내면의 상태를 보여 주실 때에 우리가 가져야 할 바른 태도는 악한 씨앗을 품고 거기에서 몇 십 년 동안 쓴 뿌리가 자라게 된 책임이 전적으로 내 자신에게 있다고 받아들이며 주님에게 도움을 구하는 것이다.

> 상처 자체는 죄가 아니다. 하지만 치유되지 않은 상처는 반드시 죄의 생산 공장이 된다.

만일 다른 사람들에게 계속 원망의 화살을 쏘아댄다면 치유는 계속되지 못하고 오히려 과거에 묶여 버리는 부작용이 만들어 진다. 인간에게는 죄의 습성이 있어서 틈만 나면 죄악쪽으로 치우치곤 하는데 가장 쉽게 치우치는 것이 책임전가 즉 투사이다. 하나님은 책임전가를 싫어하신다.

하지만 하나님은 우리가 경험했던 모든 사건을 아시고 그 사건이 우리 마음에 새긴 흔적을 아신다.

상처 자체는 죄가 아니다. 하지만 치유되지 않은 상처는 반드시 죄의 생산 공장이 된다. 그러기에 성령께서는 우리의 잘못된 삶에 대한 책망 이전에 이런 삶을 만들도록 영향을 미친 사건들을 가르쳐 주시고 그것을 바르게 치유할 수 있는 힘을 주시는 것이다.

25세 된 B자매의 힘들었던 고백을 들어본다.

"저는 오래전부터 고민해오던 문제가 있었어요. 변태적이고 도착적이며 비정상적인 음란한 욕구나 생각이 자주 드는 것이었습니다. 또한 동성에게 성적 욕구가 느껴지고 실제로 그런 죄를 짓게 되었습니다. 하나님에게 저를 고쳐 달라고 기도하는데 주님은 제가 부모님에게 구타당하고 쫓겨난 일들을 떠올리며 부모님을 용서하라고 하셨습니다. 그리고 영적 전쟁에 대한 강의를 듣던 중 저의 죄가 어떤 것인지 선명하게 알아졌습니다. 그것은 어머니에 대한 원통함과 서운함, 미움을 풀지 않으려고 결심 한 것들이었습니다. 이것이 저를 동성애로 빠지게 하는 원인이라는 생각이 들면서 하나님에게 회개했습니다. 그리고 죄를 끊는 기도를 했습니다. 기도 중에 제 마음에 이런 생각이 들더군요.

'어머니가 나를 대신할 수 있다고 생각하느냐? 나는 그를 대신할 수 있어도 그는 나를 대신할 수 없다.'

저는 어머니에 대한 환상적인 사랑을 가지고 그 환상에 집착하고 있음을 알았습니다. 제가 가진 환상적 사랑을 포기했을 때 하나님의 사랑이 제안에 깊이 들어옴을 느꼈습니다."

이처럼 치유되지 않은 상처는 별별 추악한 종류의 가시와 엉겅퀴를 다 만들어 낸다. 하지만 아무리 불모지로 변해 버린 땅일지라도 성령께서는 옥토 밭으로 만드실 수 있다.

우리가 처음 예수님 안에 들어와서 우리의 삶 속에 나타난 가시와 엉겅퀴들을 잘라내는 일을 열심히 할 수 있다. 이것도 물론 중요하다. 하지만 반드시 병행해야할 것은 보이지 않는 땅속 즉 마음 깊은 곳에 퍼져있는 쓴 뿌리를 잘라내는 것이다. 그리고 더 나아가 근본적인 씨앗을 찾아 제거하는 것이다. 지상의 가시와 엉겅퀴를 자르는 행위를 신앙생활의 외적훈련으로 비유한다면 땅속의 뿌리를 자르고 씨앗을 제거하는 일은 내적치유 라고 말 할 수 있다.

이런 과정은 나 혼자로는 불가능하다. 또한 성령님만 원하셔도 되지 않는다. 내 마음의 영역이기 때문에 반드시 나와 성령님이 함께 힘을 합해야만 새로운 땅을 만드는 작업이 성공적으로 이루어진다. 성령께서는 이 일을 우리 안에 하시겠다고 약속하셨다.

이것이 새 언약이며 예수님은 이 새 언약의 중보자다.

이런 과정은 나 혼자로는 불가능하다. 또한 성령님만 원하셔도 되지 않는다. 내 마음의 영역이기 때문에 반드시 나와 성령님이 함께 힘을 합해야만 새로운 땅을 만드는 작업이 성공적으로 이루어진다. 성령께서는 이 일을 우리 안에 하시겠다고 약속하셨다. 이것이 새 언약이며 예수님은 이 새 언약의 중보자다.

"너희에게 새로운 마음을 주고 너희 속에 새로운 영을 넣어주며 너희 몸에서 돌같이 굳은 마음을 없애고 살갗처럼 부드러운 마음을 주며 너희 속에 내 영을 두어 너희가 나의 모든 율례대로 행동하게 하겠다. 그러면 너희가 내 모든 규례를 지키고 실천할 것이다."(에스겔서 36:26)

내 마음을 새롭게 하는 일에 전심을 다해야 한다. 마음의 땅이 새롭게 되지 않을 때 우리의 소중한 인생은 질이 낮아진다.

"땅이 그 위에 자주 내리는 비를 흡수하여 맡기는 자들의 쓰기에 합당한 채소를 내면 하나님께 복을 받고 만일 가시와 엉겅퀴를 내면 버림을 당하고 저주함에 가까워 그 마지막은 불사름이 되리라."(히브리서 6:7–8)

속사람의 치유 02

구덩이에 빠진 아이

ⓒ 내적치유사역연구원

어릴 때 수두에 걸려 염증이 생기면 패인 자국이 피부에 남는다. 이렇듯 사람의 마음에도 사건들을 만나면서 패여진 크고 작은 구덩이가 있다. 그리고 그 구덩이는 비어 있지 않고 그 속에 그 사건으로 인한 나의 아픔과 기억과 충격 즉 나의 일부분이 담겨져 있다. 저장된 이런 기억들은 아주 생생하고 분명한 산 교훈이 된다. 우리는 같은 고통을 다시 맛보지 않으려는 본능이 있기 때문에 만일 어떤 사람을 만났을 때 내가 아픔을 당한 사건과 비슷하다는 해석이 들면 마음에서 요란한 경고음을 내면서 그 상대방을 경계하게 한다.

힘든 아픔을 경험한 구덩이에 빠진 아이가 어른이 된 나의 현실을 조정하는 것이다. 그래서 우리의 현실은 내안에 있는 가장 아픈 마음이 끌어가는 상태가 되며 현재의 마음의 분위기, 나의 기본 감정은 내 속의 아픈 아이의 감정 색깔이 주로 표현된다.

J목사는 중소도시에서 200여명 가량의 교회를 섬기고 있으며 성격은 조용한 편이며 성실했다. 그런데 한 교회에서 목회를 오래 하게 되면서 점점 힘들어지는 부분이 있었다. 그것은 교인들과의 관계였다. 물론 J목사는 모든 교인들과 원만한 관계를 유지하고 있었다. 누구와도 잘 지내지만 적당한 거리를 두는 그런 관계는 초창기에는 문제가 없었으나 십년이 지나면서 장기화되자 교인들 대하는 것이 편해지는 것이 아니라 점점 불편하고 긴장감마저 느끼게 되었다. 그는 자기 성격이 내성적이고 사람 친화적이지 못하기에 이런 문제가 발생한다고 나름대로 해석했다.

그런데 내적치유세미나에 참여하여 기도 하던 중에 뜻밖의 사건을 기억하게 되었다. 그 사건은 초등학교 시절의 일이었다. 그가 다닌 학교는 바로 뒤에 야산이 있었다. 아이들은 쉬는 시간이면 그곳에 가서 놀곤 했다. 그날도 아이들과 산에서 간첩놀이를 하는 중 하필 J목사가 그날 간첩이 되었다. 아이들은 그의 입과 눈을 가리고 손과 발을 묶었다. 그리고 나무 아래 무릎을 꿇게 했는데 그때 수업 시작종이 울렸다. 어린 철부지들은 묶여 있는 친구를 놓아두고 와 하며 우르르 교실로 들어가 버렸다. 처음에 J목사는 수업 종을 듣지 못했기에 아이들이 놀이를 하고 있는 줄 알았다. 그래서 이제나 풀어줄까 저제나 풀어줄까하며 기다리는데 결국 방과 후 어둠이 내릴 때까지 그는 움직이지 못하고 그 산속에 있었던 아이들이 간첩이었던 친구를 산에 두고 온 사실을 모두 잊은 것이다.

이 사건은 어른이 된 지금 하나의 아련한 추억인줄 알았는데 세미나 시간에 이 사건이 떠올랐을 때 갑자기 J목사의 마음에 그 어린 아이가 느낀 아픔과 함께 그 아이가 그 사건으로 인해 평생 동안 마음에 새긴 결심이 생각났다. 자신의 존재를 잊어버린 친구들을 향해 '아무도 믿지 말자. 내게 친구란 없다.'라는 다짐이었다.

주마등처럼 그의 머리에 이런 시간들이 흘러가며 자기가 사람들을 대한 태도가 깨달아졌다. 친절하게 하지만 절대로 믿지 않으며 누구에게도 상의하지 않고 자기의 깊은 마음을 털어놓지 않고...... 그래서 결국 자기 주위에 적당한 관계의 사람들은 많고 유머도 많지만 진짜 마음을 털어 놓을 친구란 한사람도 만들지 않았고 이런 습관이 교인들에게도 마음을 열지 못하는 원인이 되었음을 알게 되었다.

그 사건으로 충격을 받은 아이는 깊은 잠재의식의 구덩이 안에 자기를 숨기고 J목사의 의식 안에서 사라졌기에 어른이 된 J목사는 자기가 사람들을 믿지 않는 태도가 있다는 것을 스스로 깨닫지 못하고 그저 자신의 선천적인 성격탓으로 여겼기에 관계는 변화되지 않았던 것이다. 변화하기 위해서 우리는 먼저 자신을 알아야한다.

> 자기안의 웅덩이를 알고 그 웅덩이 안에 빠진 자신을 발견하는 것은 엄청난 변화의 출발이 된다.

무엇보다도 자기안의 웅덩이를 알고 그 웅덩이 안에 빠진 자신을 발견하는 것은 엄청난 변화의 출발이 된다.

또 한사람의 삶의 이야기를 들어 본다. L씨의 간증이다.

"저는 나이가 32세이며 남편이 참석하고 큰 변화가 있었어요. 결혼 후 남편은 입으로 손톱을 뜯는 습관이 있었는데 이제는 손톱깎이로 손톱을 깎는 거예요. 크고 작은 남편의 변화된 모습을 보며 꼭 오고 싶다는 마음이 들어 이제 출산한지 5개월 된 아이를 남편에게 맡기고 왔어요.

제가 꼭 오고 싶었던 이유는 아무에게도...... 정말 남편에게도 말할 수 없는 고민이 있었기 때문인데요. 그게 뭐냐면 칼로 자꾸 다른 사람을 찌르는 영상이 보이는 거예요. 문득 문득 그 영상이 보일 때 마다 저는 엄청난 죄책감에 빠지면서 무서워집니다. 내가 어떻게 이런 생각을 하지? 어느 땐 가까운 가족과 대화 할 때도 칼로 그 사람의 몸을 찌르는 영상이 떠올라 너무 끔찍하고 괴로웠어요. 내안에 악마가 살고 있다는

'네게 있는 칼을 내게 달라.' 주님의 말씀은 제가 저를 지키지 않아도 된다는 말씀이었어요. 저는 예수님에게 그 칼을 드렸어요.
정말 너무 감사해요. 평생 누르던 정죄감에서 벗어나고 이제는 그 영상이 사라졌어요. 그리고 또 보인다해도 이젠 무섭지 않습니다. 원인을 분명히 알았으니까요.

생각이 들기도 했거든요. 하나님이 저를 싫어하실 것 같고...... 제가 그러니 어떻게 행복 할 수 있겠어요. 이 문제를 꼭 해결 받고 싶어서 무리하게 참석한 겁니다.

기도를 하고 있는데 저의 어린 시절의 장면 하나가 생각이 났어요. 저의 아버지와 할아버지가 농사를 마치고 해질녘에 집에 오셨는데 서로 심하게 다투면서 할아버지가 낫으로 아버지를 죽이려 하는 거예요. 큰 사고는 없이 지나갔지만 그때 엄마가 많이 울었고 저는 엄마 옆에서 정말 이 그림의 아이처럼 큰 충격을 받았어요. 엄마는 그 일이 있던 며칠 후에 집에 굿하는 사람을 불러 굿을 했어요.

그런데 무당이 여러 개의 칼을 마당에 꽂았어요. 제게 이 장면이 크게 떠오르면서 그때의 충격 때문에 공포심이 저를 잡았다는 것이 깨달아졌어요. 그 공포심 때문에 제가 칼을 쥐게 되었다는 생각이 들었어요. 저를 지키려고요. 그때 예수님은 저에게 말씀하셨어요.

'네게 있는 칼을 내게 달라.' 주님의 말씀은 제가 저를 지키지 않아도 된다는 말씀이었어요. 저는 예수님에게 그 칼을 드렸어요.

정말 너무 감사해요. 평생 누르던 정죄감에서 벗어나고 이제는 그 영상이 사라졌어요. 그리고 또 보인다해도 이젠 무섭지 않습니다. 원인을 분명히 알았으니까요."

우리가 조용한 침묵의 시간을 갖게 되면 우리는 속에서 울리는 소리를 들을 수 있다. 그리고 그 속에는 구덩이에 빠져있는 작은 나의 소리가 들릴 수도 있다. 어쩌면 L씨와 같이 그 소리가 너무 커져서 영상으로 마음의 눈에 비칠 수 있다. 우리는 너무 바빠서 내 안에 무슨 일이 일어나는지 모르고 신기루를 쫓아다니듯 살면서 내 마음에서 울리는 이 소리를 외면하기 쉽다. 하지만 그러다보면 어느 날 내 인생에 힘든 위기가 닥칠 때 이제는 어른이 된 나까지 완전히 구덩이에 빠져 버리게 된다. 구덩이에 빠져 있는 아이를 도울 자는 어른이 된 나다. 내가 내속에서 울리는 그 소리를 듣고 그 소리를 주님에게 말씀드려야 한다. 그리고 주님에게 그 아이를 도와 달라고 요청해야 한다.

속사람의 치유 03

쪼개진 마음

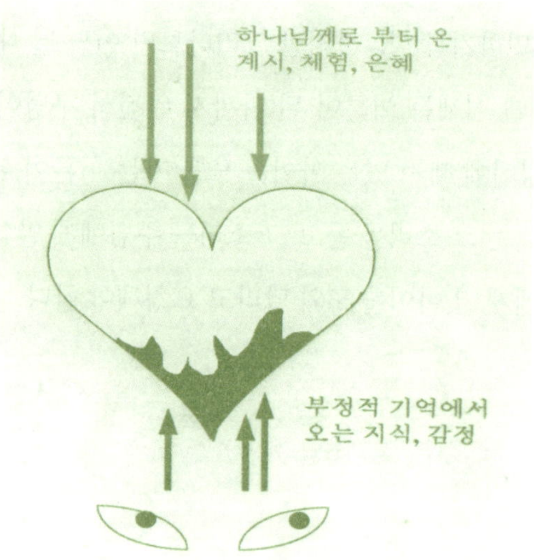

내적치유사역연구원

왜 우리는 하나님 앞에서 두개의 마음을 가진 것처럼 느껴질까? 왜 하나님께서는 우리 안에 있는 더럽고 악한 마음을 없애 주시지 않는 것일까? 성령의 능력도 우리 안에 있는 더러운 마음을 없애지 못 할 만큼 힘이 약하신 걸까? 이 그림은 이런 마음의 갈등을 내적치유적 관점으로 설명하고 있다.

이 그림은 그리스도인의 마음을 나타내고 있는데 완전 다른 두개의 색은 전혀 다른 가치관을 지닌 두 마음을 의미한다. 이 두 마음이 공존하고 있다. 두개의 다른 것이 공존할 때 그 안에 갈등과 긴장이 있다. 여기 그림에서 나타내는 흰 부분은 하나님의 진리로 인해 새롭게 된 부분이다. 하지만 하나님으로부터 영적 체험이나 성경적 지식들이 있음에도 불구하고 마음 한 부분은 더 이상 하나님의 진리가 들어가지 못하고 까맣고 어두운 채로 남아 있다.

왜 이런 상태가 돼야 할까?

이것은 흰 부분은 하나님의 진리에 동의했기에 그 진리가 마음을 차지했지만 다른 부분은 그가 경험한 실제 사건으로 인해 하나님의 진리에 동의하지 않기 때문이다. 이렇게 될 때 삶의 어떤 부분은 그리스도인의 삶의 태도가 나타나지만 다른 부분은 믿지 않는 자와 똑같은 행동과 사고로 살아간다.

K는 하나님의 일에 대단한 열성을 가지고 있었다. 그는 자기의 시간과 물질을 쪼개어 많은 이들에게 성경을 나누어주고 성경의 진리에 대해 가르쳤다. 하지만 그에게는 한 가지 해결할 수 없는 문제가 있었으니 곧 구원의 확신에 관한 것이었다.

'내가 과연 오늘 죽으면 하나님의 나라에 들어갈 수 있을까?

나는 하나님의 자녀일까?'

K는 다음과 같이 말했다.

“하나님이 나를 사랑하신다는 것을 확신합니다. 내 생활 속에서 너무 많이 하나님의 사랑을 체험했습니다. 하지만 막상 구원의 문제에 대해서는 자신이 없습니다.”

이것은 논리적인 모순이다. 그도 이 사실을 알고 인정했다. 하지만 가슴속 깊은 곳에서 구원의 문제에 대한 두려움이 있는 것은 어떤 이성적 논리나 성경의 지식들 그리고 심지어는 자신에게 그동안 주어졌던 은혜로도 해결이 안 됐다. 이런 두려운 마음이 느껴질 때마다 K는 자신의 죄가 아직 해결 되지 않았기 때문이라는 결론을 내리고 더욱 더 열심히 신앙적 헌신을 했지만 이십여 년이 지나도 그의 마음에 만족스런 확신이 들지 않았다. 결국 나이가 들어가면서 그는 섭리 혹은 예정설이라는 것을 생각지 않을 수 없었다.

‘내가 아무리 하나님에게 열심을 내도 나는 택함을 입지 못한 자식이 아닐까? 그러니까 구원에 대해 의심과 불안이 있는 것 아닐까?’

나는 K에게 이런 마음의 현상을 하나님에게 그대로 고백하고 이런 모순적 태도가 만들어지는 원인이 있을 수 있으니 그 원인을 알려 달라고 기도하기를 제안했다.

K는 기도하기 시작했고 조용히 집중해서 기도하는 가운데 생각난 것이 있었다. 그것은 어머니의 태몽이었다. 그 어머니는 이 자녀를 잉태할 때 왕관을 쓴 용이 하늘로 올라가는 것을 보았다고 했다. 이런 특별한 태몽은 두고두고 그 어머니의 자랑이었고 장차 큰 인물이 될 것이

라는 확신을 어머니도 갖고 본인도 갖게 되었다. 그런데 막상 신앙을 갖고 보니 용이란 축복의 상징이 아니라 오히려 하나님과 반대세계의 상징물이었다. 이것이 자신의 마음에 깊이 걸림돌이 되었음을 그는 알았다. 우리는 이 꿈에 대해 바른 해석을 하나님에게 구했다.

꿈은 대부분 그 사람의 심리적인 부분과 문화적인 전통 등과 연결이 될 수 있다.

외국인이 태몽으로 용을 보았다는 자는 흔치 않지만 우리나라처럼 불교 문화권에 들어가 용을 신성시했던 곳에서는 많은 어머니들이 용꿈을 꾼다.

그는 그 꿈이 하나님으로부터 온 계시 같은 성격이 아님을 인정했다. 이런 영적인 성격의 생각들은 그자체가 논리적이지 않고 엉뚱하다고 해도 그 힘이 아주 강하다. 하지만 예수그리스도의 이름으로 이 부분을 기도할 때 그 강력한 힘에서 우리의 마음이 풀려날 수 있다.

K가 이런 설명을 듣고 난후 다시 기도했을 때 하나님께서 K에게 상담내용을 확신하게 하는 응답을 해 주셨다.

"기도하던 중 바다 밑에 오랫동안 가라앉은듯한 네모 철 상자가 보였습니다. 그 상자는 무거운 자물쇠가 달려 있는데 아무도 열수 없어 보였습니다. 가끔 금식기도를 하거나 새벽에 깊이 기도하면 이 영상을 보곤 했지만 무슨 의미인지 그리고 어떻게 해야 자물쇠를 열 수 있는지 알 수 없었지요. 그런데 어제 기도 중에 그 자물쇠가 파괴되고 그 상자가 열어지는 것을 보았습니다. 이 상자는 바로 제가 고민하던 구원의 확신에 관한 아픔이었음을 알았습니다."

속사람의 치유 04

놀라운 사역자의 집

내적치유사역연구원

이 사람의 이름은 놀라운 사역자다. 사람들이 보는 그는 하나님과 가깝고 무서울 것이 없는 하나님의 사람처럼 보인다. 하지만 혼자 있을 때 이 사람은 외롭고 어두우며 연약하다.

사람들은 말한다. "저 사람은 하나님의 사람이다. 하나님이 특별히 택하신 놀라운 사람! 얼마나 훌륭한가. 저 사람의 삶은 풍성해 보이고 얼마나 행복해 보이는가! 정말 부럽다."

하지만 뜻밖에도 이렇게 훌륭한 하나님의 사람이 혼자 있게 되는 시간에 이런 모습을 하고 있을 수도 있다.

하나님께서 우리를 부르신 이유는 양으로 생명을 얻게 하고 더 풍성한 삶을 살게 하기 위해서라고 하셨다. 우리의 개인적 행복과 충만을 누구보다도 원하시는 하나님이신 것이다. 그렇다면 하나님에 대해 놀라운 사역을 하는 사람이 그의 실제 삶은 어떻게 이럴 수 있단 말인가? 그런 양면의 모습이 진정 가능한 것인가? 이런 의문들에 대해 그리고 어떻게 해야만 사람들에게 보이는 삶과 개인적 내면의 삶이 일치가 될 수 있는지에 대한 답으로 자신의 모습을 겸손하고 솔직하게 기록해 주신 목사님의 글을 옮겨본다.

"나는 36세의 목회자다. 살인적인 사역의 스케줄과 연말연시 몰려드는 요구에 내 몸은 거의 탈진 상태였다. 하지만 그것보다 더 힘든 것은 내적 공허감과 무엇인지 모를 불안과 분노였다. 누군가 내게 친한 사람이 있냐고 묻는다면 대답 할 말이 없을 정도로 오랫동안 사귄 벗이 없다. 하지만 외적으로 나는 매우 사교적인 사람이었고 일을 깔끔하게 처리해 많은 사랑을 받지만 일이 끝나고 헤어지고나면 그 뒤로 연락을 하고 지내는 법이 없다. 그리고 이렇게 밖에 나오면 아내나 딸이 보고 싶다는 생각도 없고 마음 한 곳에는 처자가 부담감으로 느껴지기까지 한다. 하지만 이런 나의 모습에 대해 심각하게 기도해야할 문제라고 느껴보지 않고 그저 내 성격이 그런가 보다 할 뿐이었다. 하지만 이번에는 이 부분에 대해 솔직한 기도를 해보고 싶은 마음이 들었다.

어색하지만 나는 솔직하게 나의 감정을 고백하기 시작했다.

'주님! 아무도 믿지 못합니다. 가족도 부담스럽습니다. 제가 왜 이럴까요?'

그런데 강의를 듣는 중 전혀 이상이 없던 배가 아프기 시작했다. 나는 과민성 대장염을 앓고 있었다. 그래서 조심하고 있는데 다시 이 증세가 올라와 배가 아프니 강의에 집중할 수가 없었다. 그런데 몸은 괴롭지만 마음은 이상하게 간절해지면서 처음 이곳에 왔을 때 계획했던 대충 들으며 집회의 흐름이나 알고 갈까 했던 처음의 교만한 생각이 없어지고 마음이 모아졌다. 무언지 모르지만 내 마음속에 있는 이런 혼란들을 꼭 해결하고 싶다는 마음이 든 것이다. 정말 해결해서 사람들과 있을 때는 어벌쩡하게 둘러싸인 관계를 나누면서 바쁘고 충만한 듯 보이지만 혼자 있을 때는 슬픈 목회자의 꼴이 되고 싶지 않았다. 나는 새롭게 해달라고 간절히 기도했다. 그때 속에서 울컥하고 울음이 터지면서 내입에서 전혀 예상치 못한 말이 계속 나왔다.

'나보고 어쩌라고! 나보고 어쩌라고!

그리고 생각나는 장면이 있었다. 아직 초등학교에 들어가지도 않은 한 아이가 울고 있고 그 앞에 술에 취해 쓰러져 헛소리를 하며 망가진 채 정신을 잃고 있는 아버지의 모습이었다. 갑자기 이 장면이 왜 떠오르는 것인지 그리고 지금의 내 문제와 무슨 상관이 있는지 알 수 없지만 다만 이 사건이 생각나면서 나도 모르게 아버지에 대한 한스러운 말이 쏟아져 나왔다.

사실 나는 이제껏 아버지에게 한 번도 대들어보지를 못한 아들이었고 아버지에게 무엇을 요구해 본 기억도 없다. 그런데 기억지도 못한 이 사건이 생각나면서 평생 동안 못 해본 아버지에 대한 요구가 내 가슴속에서 한꺼번에 쏟아져 나오기 시작하는 것이었다.

'아부지! 이러면 안 되잖아! 나에게 이럴 수 없잖아!'

내가 감당 할 수 없이 정신을 놓고 쓰러져있는 술취한 아버지의 영상이 갑작스레 떠오르자 나는 실신한 듯이 통곡이 나왔다. 그런데 그 장면 속에 놀랍게도 주님이 보였다. 주님은 아버지 옆에서 울고 있는 나를 부르고 계셨다. 나를 부르는 주님의 목소리와 그 눈빛이 너무도 자애롭고 부드럽게 다가왔다.

이 글을 쓰는 지금도 내 눈에는 눈물이 가득하다. 그 주님의 소리를 듣고 나니 미칠 것 같은 마음이 가라앉으며 더 이상 불안하지도 않고 더 이상 가족들이 부담스럽지도 않았다. 내 속사람 그 어린 아이의 울음이 멈추자 어른이 된 내 마음이 평화로워진 것이다. 내 속 사람이 주님의 품에 안겨있구나 하는 감동이 내 안에 가득하다."

이 목회자의 나이는 36세다. 하지만 그의 마음속에는 아버지를 책임져야하는 엄청난 일에 부딪힌 어린 아이가 있었다. 그 막중한 부담감은 삶을 살아갈 때마다 부딪혔을 것이다. 그래서 사랑하는 가족마저 사랑보다 부담감으로 먼저 다가오고 목회지 역시 무거운 짐이었다. 마치 어린 아이가 결혼을 하고 목회를 하는 모습이 된 것이다. 그 중압감이 원인이 되어 과민성 대장염이라는 신체증상이 만들어졌다. 세미나 기간중 갑자기 이 신체증상이 다시 느껴진 것은 그 원인이 이 사건과 연결이 되기 때문이다. 이런 경우 마음의 원인이 온전히 치유되면 육체적 증상도 서서히 혹은 빠르게 치유되고 사라진다. 하나님은 우리가 행복하기를 원하시는 아버지다. 목회자도 예외는 아니다. 하나님의 품에 안긴 작은 아이가 될 때만 행복한 목회자가 될 수 있다. 행복하지 못한 목회자는 어느 날 갑자기 자신이 하나님의 이용물처럼 여겨질 수도 있다. 하지만 하나님께서는 어떤 사람도 이용물이나 소모품으로 사용하시지 않는다. 다만 그가 하나님 품의 아이가 되지 않고 혼자서 하나님의 일을 너무 많이 할 때 남은 행복하게 해주지만 자기는 그 행복을 누리지 못하게 되었을 뿐이다.

> 하나님은 우리가 행복하기를 원하시는 아버지다. 목회자도 예외는 아니다.

너무나 지나치게 어른 대접을 받은 사역자는 사람들에게 아버지의 사랑이 필요하듯 자기에게도 아버지의 사랑이 필요하다는 것을 잊을 때가 있다.

"사랑? 은혜? 돌봄? 그런 것은 신앙초기의 어린아이들에게나 필요한 것이지 나같이 성숙한 사람에게는 더 큰 비전과 심오한 일이 필요해. 언제까지나 질질 짜고 있을 거야?"

이런 목회자는 매우 훌륭해 보인다. 하지만 무섭다. 이 사람 앞에서 사소한 일상의 일은 감히 거론하기 어렵다. 멀리서 존경하고 싶지만 같이 있고 싶지 않은 사람이다. 하지만 예수님은 우주보다 더 큰 분이시지만 작은 아이에게도 낯설지 않고 편안한 분이었다.

제자는 스승을 따르고 닮는다. 왜 예수님은 뻣뻣하지 않으신데 그의 제자라고 칭하는 자들은 이토록 권위를 드러내려 할까?

권위는 자신이 만드는 것이 아니라 권위의 근거이신 하나님으로부터 내려온다. 아이들하고 숨바꼭질을 할지라도 그 사람에게 하나님으로부터 권위가 주어졌다면 그 권위는 사라지지 않는다.

속사람의 치유 05

으악! 내 모습

ⓒ 내적치유사역연구원

사람마다 자기만이 아는 자기의 모습이 있다.

이것은 마치 몰래 숨겨놓고 혼자 보는 거울과 같다. 이 거울로 세상을 비춰보고 자신을 비춰본다. 이 거울은 그 사람 자신이 마음대로 만들어 놓은 거울이기에 사실은 정확하게 사물을 비취는 것이 아닌 엉터리 거울인데도 불구하고 본인은 이 거울을 자신이 만들었다는 것도 인정치 않을 뿐 아니라 그 거울에 비춰진 상이 잘못된 것이라고는 더더욱 인정하지 못한다. 그는 생각하기를 이 거울이야말로 세상에서 가장 정확하게 나의 실체를 비춰주고 있으며 가면을 사용해서 철저히 숨기지 못하면 세상 모든 사람의 눈에 이 거울에 보이는 끔찍한 모습이 보일 거라고 믿는다.

하지만 그림에서 보듯이 이 거울은 사실을 비춰주는 거울이 아니다. 실제로 이 사람의 모습은 이렇게 험악한 꼴이 아니다. 하지만 거울에 비춰진 모습은 왜 이렇게까지 험악할까?

이 거울은 보는 사람이 '믿는 대로 보여지는' 거울이기 때문이다. 그는 이 거울이 진실의 거울이라고 생각해서 자신의 진실을 말하는 이 거울을 딴 사람이 보지 못하게 하려고 숨겨놓고 혼자서만 자신의 모습을 들여다보고 있지만 사실 이 거울은 거짓의 거울이다. 거울에 비춰진 것은 자신이 잘못 만든 자아상이다. 이렇게 자아에 대한 부정적 확신은 그 사람의 삶을 광야로 몰아넣는다.

이스라엘 백성은 이 세상 어떤 민족도 본적이 없는 기상천외한 기적들을 개인이 아니라 집단적으로 경험하면서 이집트를 빠져 나왔다. 생각해 보라. 당신이 집단으로 하늘에서 불이 내려오고 바다가 갈라지며 원수의 자식들만 골라서 다 죽는 사건을 경험했다면 당신은 하나님에 대해서 어떻게 생각하겠는가?

그들은 그 기적이 가져다 준 생생한 체험을 가지고 가나안 땅에 도착했다. 하나님은 이집트에서 기적을 일으키시고 세계적으로 막강한 이집트 군대를 다 이기신 것처럼 이 가나안의 부족들에게도 그렇게 하겠다고 하셨다. 하지만 그들은 가나안의 거인족과 현실적인 장벽들을 보고 큰 두려움에 빠졌다.

그리고 그 두려움은 자신들의 눈을 내면으로 돌리게 했다. 그동안 잊고 있던 거울에 비쳐진 그들의 모습을 보았다. 대를 이어 이집트 사람에게 짐승 같은 천대를 받고 있던 터라 그들은 자기가 사람인지 짐승인지 알 수 없는 지경이 되어버렸다. 그들은 자신들이 이집트사람들이 내뱉은 쓰레기만도 못하고 쓸모없는 인종이라는 말이 내면화되었다. 그것은 곧 그들의 자아상이 되었다. 잠시 동안 하나님의 기적이 나타나고 앞에서 모세가 던지는 새로운 신분의 확인 – 너희는 하나님의 자녀라는 – 말들에 도취되어 잊고 있던 자신의 존재가 다시 각인되었다.

"우리는 메뚜기 같아. 우리가 보기에도 그러니 다른 사람 보기에도 그렇게 보일거야. 우리가 메뚜기라는 것을 깜박 잊고 있었다니......"

우리에게도 이런 모습이 많다. 우리 안에 감춰 두고 나만이 아는 나의 모습.

이에 대한 확신은 너무나 확고해서 자신의 실제 모습이 다를 수 있음을 생각해볼 여지를 두지 않는다. 이런 태도는 자기의 삶을 광야의 척박한 삶으로, 유랑하는 삶으로 만들어 버린다.

이스라엘 백성들이 가나안에 들어가지 못한 결정적 이유는 자신 안에 감춰둔 자신의 허상 때문이었다.

> 마음의 나이가 들어버리면 자신의 모습에 대한 확신이 더욱 굳어 져서 결코 자아상의 변화를 꾀하려 들지 않는다. 우리역시 오랫동안 죄의 종살이를 하고 하나님에게 들어온 자들이다. 기적을 보고 애굽에서 탈출했지만 마음에 각인 시킨 애굽에서 만들어진 내면의 자아상을 깨뜨리는 시간이 필요하다.

이러한 잘못된 자아상을 가짐으로 인해 그 당시 20세가 넘은 자들은 두 사람을 빼고 다 죽었다. 그리고 20세였던 청년들이 40년 동안 광야에서 훈련을 받고야 그들은 마음속에 각인해둔 거짓되고 잘못된 자아상의 거울을 깨뜨리고 하나님에게서 부여받은 성능 좋은 거울로 자신을 볼 수 있었다. 그제서야 하나님께서는 그들을 요단강 앞에 세우실 수 있었고, 요단강의 물을 믿음으로 걸어갈 수 있었고 광야의 생활을 마치고 가나안 땅에 들어가 정착할 수 있었다.

마음의·나이가 들어버리면 자신의 모습에 대한 확신이 더욱 굳어져서 결코 자아상의 변화를 꾀하려 들지 않는다. 우리도 역시 오랫동안 죄의 종살이를 하고 하나님에게 들어온 자들이다. 기적을 보고 애굽에서 탈출했지만 마음에 각인 시킨 애굽에서 만들어진 내면의 자아상을 깨뜨리는 시간이 필요하다.

거지근성! 노예근성!

이것이 벗어지고 하나님의 자녀라는 새로운 신분을 입게 되기까지 나무를 심는 가나안의 삶은 이루어지지 않는다. 죽을때까지 하나님 안에서 광야를 헤맬 수도 있는 것이다. 또한 애굽에서 탈출했다는 그것으로 하나님의 구원이 여기까지라고 생각하며 주저앉는 인생도 많다.

하지만 하나님의 약속은 우리의 이성이 결코 예측할 수 없을 만큼의 풍성한 삶이다.

'거짓 된 자아상!' 내 인생을 파괴시키고 함께한 가족의 인생을 광야로 몰아넣는 원흉이다.

다음 한 형제의 이야기를 통해서도 우리는 우리 자신이 갖고 있는 내면의 자아상이 우리의 삶에 얼마나 큰 영향을 끼치는지 그 영향력을 볼 수 있다.

"저에게는 누가 저에게 너는 누구냐고 묻는다면 주저 없이 제 머리에 떠오르는 말이 있습니다. '불량 청소년' 딱 그것이 제 이름이었어요. 지금 이 순간 이 자리에서 이 말을 하게 되기 전까지도 저는 그 이름이 당연하다고 생각하며 살고 있었습니다. 전 교회도 안다니고 성경도 안 읽어 보았으니 기도도 못합니다. 교회는 나 같은 사람이 갈 곳이 아니라고 생각했죠. 하지만 이상하게 나쁜 짓을 할 때마다 교회에 오고 싶었습니다. 그래서 어쩌다가 이곳까지 왔는데 강의를 들어보니 제 이야기 비슷한 것도 많더라고요. 특히 이 그림이 꼭 저 같더라고요. 기도시간에는 저도 눈감고 기도했습니다.

'하나님 저는 누굽니까? 사람들이 저를 불량청소년이라고 하는데 왜 저를 착한 사람으로 안 만드시고 이렇게 나쁜 놈으로 만드셨어요?'

근데 참 이상합니다. 갑자기 제 마음에 까마득한 옛날 사건의 한 컷이 확 스치는 거예요. 그것은 거의 잊어버리고 산 일이었는데 재수 없게 왜 그 장면이 스치나 싶었어요. 그런데 말이죠, 놀랠 일은 제가 그 장면을 보면서 가슴에 콱 하고 느껴지는 것이 있더라고요. 전혀 생각해보지 않은 생각이 확 드는 거 있죠! 꼭 하나님이 말하시는 것 같았어요.

사실 그 사건은 제겐 끔찍한 장면입니다. 제 동생이 죽은 사건이거든요. 제 밑에는 두 살 아래 동생이 있었어요. 그날이 지금도 생각납니다. 그 날 엄마가 저에게 유치원 끝나고 동생을 데리고 놀라고 하시는 거예요. 난 친구들과 놀고 싶었죠. 그래서 유치원차에서 내려 친구와 막 달려갔어요. 동생이 우리 못 쫓아오게요. 내가 달려가니까 동생이 형아! 부르면서 나를 죽자 살자 따라 오더군요. 우린 더 빨리 달렸죠. 깔깔거리면서요. 근데 갑자기 그 일이 일어 난겁니다. 유치원버스가 후진을 하다가 동생을 치었어요. 동생이 내 앞에서 죽은 거예요. 난 그때 울지도 못했어요. 그리고 내 가슴에 그 사건은 절대 생각하고 싶지 않은 일이기에 꾹꾹 묻어 버렸죠. 그런데 어린 제가 생각하더라고요. 난 나쁜 사람이라고. 그때 그 생각이 머릿속에 콱 박혀 버린 거예요. 그러고 보니 전 그 후로 항상 저를 나쁜 애라고 생각하게 되었어요. 나쁜 애라고 생각하니 더 나쁜 짓을 하게 되고...... 아니 사실은 일부러 나쁜 짓만 더 했어요. 내가 나쁜 애라는 것을 다 알게 하려고요. 벌을 받고 싶었던 것 같아요. 동생을 내가 죽인 것 같아서요......"

주님께서는 이 형제에게 왜 이 사건을 생각나게 하셨을까? 그 이유는 정죄감과 자책 속에서 자신을 괴물처럼 느끼게 만든 그의 멍에를 풀어주기 원하신 것이다. 죄책감이 사라지면 자아상도 변하게 된다. 이제 스무 살이 된 청년이 몰래 꺼내보던 거울은 더 이상 추악한 자신을 비추는 것이 아니라 조금씩 변화된 자아상을 비추게 되는 것이다. 그 거울 속에 자신의 모습이 아름답게 변해 갈수록 그의 삶 또한 자신과 남을 사랑하는 삶으로 만들어 질 것이다.

진정한 자아 사랑은 자신에 대한 용서를 필요로 한다.

속사람의 치유 06

이런 나무는 없다

내적치유사역연구원

나무의 뿌리는 곧 그 나무의 본질이다. 겨울의 앙상한 가지를 보면 사과나 배나 똑같아 보이지만 그 나무의 본질이 다르기에 사과나무에서는 사과가 배나무에서는 배가 달린다. 이 나무는 뿌리와 열매가 전혀 다른 본질을 가지고 있다. 즉 가시나무에 맛있는 사과가 달려 있는 것 같다. 이 세상에 이런 나무가 존재할 수 있을까? 즉 행동은 매우 아름답지만 마음이 더러울 수 있을까?

이 그림의 나무는 열매는 아름답고 인격적인 성령의 열매가 가득하다. 하지만 그 뿌리는 온갖 더러운 것들로 채워져 있다. 이런 나무는 존재할 수 없다. 열매는 속일 수 없기 때문이다. 즉 이런 인생은 존재할 수 없는 것이다. 주님은 보이지 않는 뿌리를 인간의 내면적 인격 즉 성품과 속성으로 비유하셨고 가지에 달린 열매는 그 사람의 행동과 삶의 태도로 비유하시면서 다음과 같이 말씀하셨다.

> "좋은 나무가 나쁜 열매를 맺지 않고 또 나쁜 나무가 좋은 열매를 맺지 않는다. 나무는 각각 그 열매를 보면 안다. 가시나무에서 무화과를 거두어들이지 못하고 가시덤불에서 포도를 따지 못한다. 선한 사람은 그 마음속에 선한 것을 쌓아 두었다가 선한 것을 내고 악한 사람은 그 마음속에 악한 것을 쌓아 두었다가 악한 것을 낸다. 마음에 가득 찬 것을 입으로 말하는 법이다."(누가복음 6:43-45)

나무를 사과나무가 되게 하고 배나무가 되게 하는 본질이 뿌리이듯이 사람을 천사가 되게 하기도 하고 악마가 되게 하기도 하는 것은 그 사람 속에 들어있는 성품과 속성이다. 주님의 생명으로 충만한 속사람이 되면 유행가를 불러도 그것을 통해 듣는 사람이 은혜를 받는다. 독으로 충만한 속사람은 찬송을 부르고 예수님의 사랑을 전해도 그 찬송과 말 속에 한이 들어 있고 독이 들어있고 분노가 들어 있어서 듣는 자의 속사람에게 그 독소를 전염시킨다.

증오와 한의 뿌리에서 나오는 메세지도 사람의 마음을 감동시켜 마음을 얻고 충성과 헌신을 얻어 낼 수 있다. 하지만 그 충성과 헌신은 두려움과 죄책감과 무서운 응징에 대한 공포가 동기가 되어 만들어진 것으로 순수한 사랑과는 색이 다르다.

사랑은 두려움을 자극시켜 조건부로 얻어 내는 것이 아니다. 예수님은 결코 이런 악한 방법으로 사람들을 회개시키지 않으셨다. 도둑은 사람들에게 공포를 주어 자기의 원하는 바를 이루지만 선한 목자는 사랑하기 때문에 자유롭게 나를 드리는 순종의 사람들을 만들어 낸다.

에덴동산에서부터 인간은 미사여구와 거짓말에 속아 넘어갔다. 하지만 속임은 일시적일 뿐이다. 이것은 마치 토기에 싸구려로 금물을 묻혀 놓은 것 같아 조금만 긁혀도 금방 속이 드러난다. 그래서 가까운 이들은 그 속의 더러움을 볼 수밖에 없다. 열매는 하루아침에 만들어지지 않는다. 수십 년의 시간 속에서 인격이라는 열매가 만들어진다. 열매가 아름답다는 것은 그 사람의 마음 즉 뿌리가 깨끗하고 아름답다는 것을 말해준다. 그래서 그의 말이 아니라 그의 열매를 보고 판단하라고 예수님은 말씀하신다.

사람들은 보이는 외면적인 것으로 판단하고 속는다. 하지만 하나님은 사람의 중심 즉 그의 마음 그의 뿌리를 보신다.

우리는 사람들에게 보이지 않고 나만이 볼 수 있는 내면의 뿌리를 예수님의 뿌리로 바꾸어야한다. 이 교체작업을 모든 힘을 들여 해야 한다. 더러운 뿌리가 있으면 가차 없이 잘라내야 한다. 이 일을 하는 동안 성령께서는 어느 때보다 더 가까이 우리를 도우실 것이다.

아름다운 꽃을 피우기 위해 찬란한 태양아래 모든 잎들이 다 펼쳐 있듯이 우리도 건강한 뿌리를 위해 어두운 땅속 아래를 파헤쳐 태양의 빛 아래 나타내야 한다.

내적치유센터에 정성을 다해 심어 놓은 나무가 죽어 가서 뿌리를 파헤쳐보니 달팽이들이 뿌리에 엄청나게 달라붙어 뿌리를 갉아 먹고 있었다. 태양빛 아래에 드러난 달팽이들을 뿌리에서 다 제거하고 좋은 땅에 새로 심고 물을 주고 뿌리 힘을 기르라고 토닥여주는데 유월이 오면서 나무에서 늦은 새순이 나오며 아름답게 꽃이 피었다.

사람도 이와 같다. H는 이제 고등학교 일학년이다. 얼굴은 앳되고 순진해보이며 나뭇잎만 흔들려도 웃는 평범한 아이이다. 그런데 가끔 내비치는 그 아이 안에 있는 사람들에 대한 저주와 분노, 의심과 냉소적인 태도는 등골을 서늘하게 할 정도다.

병원에서 간호보조사로 근무하고 있는 Y 역시 이제 20대 초반의 아름다운 자매다. 그런데 Y의 숨겨진 삶은 보이는 것과는 너무 달랐다.

"저는 밤마다 악몽을 꾸어요. 그런데 그 꿈이 금방 일어난 것 같고 매일 같은 꿈이 반복되니 이제는 꿈이 아니라 곧 일어날 현실인 것 같아요. 저는 꿈에서 매일 저의 아버지와 오빠를 죽입니다. 그것도 너무 너무 잔인하게 죽이는 거예요. 어느 때는 오빠가 죽지 않고 제 따귀를 때리는데 너무 아파서 꿈을 깼어요. 그런데 세상에! 깨고 난후에도 제 뺨이 아픈 거예요. 전 제 자신이 무서워요. 무슨 일을 저지를 것 같아요. 어느 날은 길을 가는데 어떤 사람이 제게 와서 제게 신기가 있대요. 전 이런 제가 싫어요. 보통 사람처럼 살고 싶어요. 왜 안 될까요?"

우리 주변에는 H나 Y처럼 극단적이지는 않을 지라도 수많은 이들이 사람들에게 보이는 모습과는 너무 다른 자신들만이 아는 자신의 더럽고 죄된 부분 때문에 놀라고 괴로워한다. 하지만 이들이 만일 지도자가 되어서도 이런 이중적인 삶을 산다면 그 피해는 얼마나 엄청날 것인가?

비전이 없는 보통 사람들에게 아름다운 비전의 제시는 젊은 청년들을 끌어 모으는 강력한 깃발이 된다. 더구나 그 비전이 하나님의 이름으로 제시되는 비전이라면 그 영향력은 더욱 클 것이다. 그런데 막상 그 지도자의 내면적인 삶이 겉모습과 너무 다르다면 그를 따랐던 수많은 자들의 마음은 큰 상처를 받고 헌신했던 시간들은 후회로 바뀔 것이다.

순진함만으로는 삶의 이정표를 바로 볼 수 없다. 이브가 순진하지 않아서 사단에게 속아 넘어간 것이 아니었다. 이세상의 어떤 여인보다 순수하고 순진했지만 그는 최악의 선택을 하지 않았던가!

우리는 정신을 차려서 분별해야한다. 주님은 우리에게 분별하라고 이성적 기능과 판단력을 주셨다. 주님께서 대신 분별해 주시지 않는다. 그 분별의 하나의 척도가 바로 열매인 것이다. 그 사람의 말이 아니라 그 사람이 실제로 행하고 있는 삶의 모습들...... 그것은 속일 수가 없다고 했다. 멀리서는 열매를 따볼 수가 없다. 그러므로 거짓된 삯군 지도자일지라도 멀리서는 아름답게 보인다. 하지만 분별하기 위해 가까이 가서 그를 보고 그의 과거를 보고 그의 삶을 보면 완전히는 모를지라도 그 열매를 파악할 수 있다.

하지만 인간은 자기가 한번 결정한 것에 대해 번복하는 것을 끔찍하게 두려워한다. 내가 믿었던 것이 가짜라니...... 내가 믿었던 사람이 사기꾼이라니......

두려워하는 이유는 자기선택의 잘못을 인정해야하기 때문이며 그것은 곧 자신의 부족을 인정해야 하기 때문이다.

하지만 아닌 것은 수십 년이 지나도 아닌 것이고 언젠가는 그 실체가 드러나기 마련이다. 이 세상은 모를지라도 성령님은 다 알고 계신다. 성령께서는 그 비전이 아무리 아름다울지라도 자신의 뿌리의 악을 인정치 않은 자와 결코 함께 하시지 않는다. 솔로몬의 성전이 금으로 덮여 있었지만 그 밀실에서 행해지는 우상숭배의 죄악을 알고 계신 성령께서는 그 성전의 예배를 받지 않으시고 그 성전을 지켜주시지 않았고 그 성전의 모든 것은 철저히 파괴되었다.

우리가 지도자를 판단하고 비판해야한다고 말하는 것이 아니다. 판단과 비판은 절대 행해서는 안 되는 죄악이다. 하지만 그 반대로 많은 사람이 따르고 말솜씨가 좋고 좋은 학교를 나왔다면 아무 분별없이 그저 하나님의 사람으로 생각하고 따라버리는 것 또한 사단에게 속는 것이며 우리의 귀한 일생을 허비하는 죄악이 되는 것이다. 우리 주위에는 영적인 단체나 교회에서 이런 지도자들 때문에 받은 피해로 인해 하나님을 떠난 자들이 수없이 많다. 또한 교회는 떠나지 않았지만 하나님에 대한 기대는 다 잃은 채 하나님에 대한 두려움과 분노를 가지고 삶에 찌들고 이분법적 사고만이 팽배해져 매우 교만해진 병을 앓고 있는 자들도 많다. 우리는 분별해야 한다. 말이 아니라 열매를 보고 내가 따를 지도자를 분별할 줄 알아야 하며 나 자신 또한 정직하게 보기를 원해야 한다. 이것은 나에게 주어진 책임이다.

또한 숨기는 것은 지혜로운 해결책이 아니다. 마음이 보이지 않는다고 착각하면 안 된다. 마음이 보이지 않는다고 악이 자라는 것을 방치해선 안 된다. 있는 힘을 다해 우리는 우리 내면의 뿌리가 정결하게 되기를 위해 하나님에게 기도하며 나가야한다. 뿌리가 더러운 것이 문제가 아니라 그 더러움을 인정치 않고 숨기려는 것이 문제를 키우는 핵심이다.

세상은 보이지 않는 것은 어찌 되든 상관없다고 교육한다. 처녀막 재생수술로 과거의 성적 방종함이 말끔히 지워질 수 있다고 교육시키는 것이 이 세상이다. 하지만 죄악은 그의 영혼과 세포 속에 이미 새겨졌다. 만일 그 영혼이 그 죄를 주님께 해결받지 않은채 방치한다면 그로 인한 결과는 대를 이어 나타난다.

보이지 않는 뿌리를 깨끗하고 건강하게 만드는 작업은 눈에 드러나는 성과도 없고 사람들 눈에 띄는 것도 아니기에 별로 중요하게 생각이 들지 않을 수도 있고 재미도 없다. 시간이 많이 소요되며 잘되고 있다는 확신도 없다. 그러므로 내면의 마음을 청결하게 하는 작업을 하려고 하면 오히려 자신이 소진 되어가는 것 같고 후퇴하는 것 같아 회의가 생긴다.

보이지 않는 뿌리를 깨끗하고 건강하게 만드는 작업은 눈에 드러나는 성과도 없고 사람들 눈에 띄는 것도 아니기에 별로 중요하게 생각이 들지 않을 수도 있고 재미도 없다. 시간이 많이 소요되며 잘되고 있다는 확신도 없다. 그러므로 내면의 마음을 청결하게 하는 작업을 하려고 하면 오히려 자신이 소진 되어가는 것 같고 후퇴하는 것 같아 회의가 생긴다.

반대로 눈에 보이는 영적 사역을 할 때는 열매도 눈에 보이고 에너지도 생기는 듯하며 보람도 많이 느껴지고 사람들에게 칭찬도 받는다.

하지만 마음의 변화 작업을 계속하면 어느 날 문득 마음에 드리워진 혼란의 안개가 걷혀질 때가 있다. 그리고 전에 볼 수 없던 것들이 차츰 보이고 그토록 잡다하고 부정적인 생각들이 점점 힘을 잃어가고 있음을 느끼게 된다. 그러면서 내가 나의 생각을 선택할 수 있고 나의 파괴적인 감정을 변화시킬 수 있고 내가 원하는 것을 선택할 수 있는 의지가 길러졌음을 알아차리게 된다. 즉 내가 나의 온전한 주인이 되기 시작한 것이다. 내가 원치 않은 생각과 감정이 나를 끌고 다니는 것이 아니라 내가 나의 주인이 되어 있는 놀라운 자유를 맛보게 된다.

그리고 나를 이렇게 나로 만드신 하나님의 사랑을 느끼게 된다. 그 이제는 인간의 자발적 의지로 '주님 나는 당신의 종입니다.' 하는 순종을 드리게 된다.

러므로 이제는 감정적인 충동으로 고백하는 헌신이 아니라 자유로운 인간의 자발적 의지로 '주님 나는 당신의 종입니다.'하는 순종을 드리게 된다.

이 사람은 이제 혼적이고 인간적 힘으로 무언가를 만들어보려는 잔재주를 부리지 않는다. 온전히 영적인 생명의 힘으로만 행하기를 원하고 그럴 때 가장 많은 열매가 맺혀지게 된다는 것을 체험해 간다.

누가 가까이와도 부끄러울 것이 없고 한여름의 찬란한 빛이 땅속 깊은 곳을 비추어도 두려울 것이 없다.

그의 새로워진 뿌리는 계속 성장한다. 그래서 바위도 뚫고 마른땅도 견딜 수 있는 튼튼한 뿌리가 되어 시절을 좇아 과일을 맺는 나무가 된다. 그 열매는 먹는 자에게 생명의 기력을 북돋워주는 열매가 되어 열매를 먹는 자는 이 나무가 아니라 나무를 자라게 하신 하나님이 더 많이 생각나서 하나님을 찬양하게 된다.

하나님의 새 언약

속사람의 치유 07

날지 못하는 새

내적치유사역연구원

거듭난 그리스도인의 삶을 그 이전의 삶과 비교할 때 흔히 나비가 번데기의 고치 속에 묶여 있다가 그 틀을 깨고 하늘을 나는 나비로 바뀌는 놀라운 변화의 삶으로 묘사하고 있다.

하지만 주님을 믿기 전과 후에 자신의 변화를 스스로 생각할 때 별로 큰 차이를 못 느끼는 그리스도인들도 있다. 그래서 예수님의 십자가가 얼마나 엄청난 일인지 모르고 감격도 없다. 그 이유는 무엇일까?

이 그림은 오랫동안 발목이 줄에 묶여 있는 채 지내오다 그 줄이 끊겨진 새의 모습을 묘사한 것이다. 날 수 있는 모든 물리적 조건이 갖추어져 있지만 새는 날지 않고 하늘을 날아가는 다른 새들을 동경하며 동경하는 만큼 자신의 처지를 비관할 뿐이다. 왜 이 새가 이렇게 되었을까?

이 새는 태어나면서부터 하늘을 향해 날아오르고 싶은 내면의 깊은 욕구가 있었다. 하지만 아무리 날개 짓을 해도 몸이 움직여지지 않았다. 수백 번의 좌절 끝에 결국 새는 날고 싶다는 소원은 이룰 수 없는 꿈이며 현실적으로 자신은 날 수 없다는 사실을 받아 들이게 되었다.

어느 날 이 새를 새로운 주인이 샀다. 그리고 그 주인은 그 새가 무엇을 해야 가장 행복한지 알기에 그 새의 밧줄을 끊었다. 그리고 말했다. '그동안 너의 발에 굵은 쇠줄이 묶여 있어서 네가 날아오르지 못했던 것이다. 그러나 이제 내가 그 쇠줄을 끊었으니 너는 날 수 있다. 날아 봐라.' 그 말을 들은 새는 너무나 고마웠지만 날려고 시도하지 않았다. 본래 자신은 날아본 적도 없었고 자기 발에 쇠줄이 묶여 있었다는 사실도 금시초문이고 더구나 그 줄이 이제 끊어졌다는 사실도 믿어지지 않았다. 새의 머릿속에는 실패의 경험이 뚜렷이 입력되어 있기에 또 다시 실패하고 난 후의 실망감을 맛본다는 것이 너무 두려웠다. '절대 못 해! 전에도 움직이다가 머리만 박았잖아. 창피만 당했잖아. 하늘을 나는 새들과 나는 다른 종류야.' 결국 새는 밧줄이 끊어졌지만 자기의 더러운 사방 일 미터를 벗어나지 못하고 있는 것이다.

우리는 이 새를 어리석다 할 것인가?

예수님은 우리에게 오셔서 죽음이라는 권력이 휘두르는 쇠사슬을 끊어주셨다. 그리고 새로운 멍에를 주셨다. 이 멍에는 지금까지 우리의 목을 묶고 있던 사슬과는 차원과 목적이 다른 것이다.

이전의 사슬과 결박은 창녀를 관리하고 감시하기 위해 만들어 놓은 포주의 문서 같은 것이었다. 그것은 소속감을 주는 것이 아니라 다른 일을 하지 못하게 하는 낙인이며 이미 끝났다고 포기하라고 하는 포기각서 같은 수치의 증명서였다.

'너는 이런 사람이었잖아. 그런데 네가 무슨 일을 하겠다고?'

하지만 주님의 멍에는 나의 새로운 신분을 보장해 주는 신원보증서다. '이 사람은 우리 사람이다. 이 사람의 신원은 우리가 보증한다.' 주님의 멍에는 내가 실수했을 때도 내가 죄를 지었을 때도 나를 보호해 주시겠다는 신분증인 것이다. 하지만 우리는 오랫동안 포주의 결박 같은 멍에만 알았지 나에게 많은 혜택을 주는 신분증 같은 멍에는 상상을 해보지 않았기에 주님이 주신다는 멍에의 고마움을 이해 못한다.

그러나 성령께서 열심을 다해 끊임없이 우리에게 용기를 주시고 우리가 받을 수 있는 은혜와 선물들을 가르쳐 주신다.

하지만 아무리 아름다운 선물도 알지 못하고 믿지 않으면 받을 수 없기에 주님은 탄식하신다.

"내 백성이 나를 알지 못하여 망한다."(호세아 4:6)

그래서 호세아는 권하고 있다.

"우리가 주를 알자.
애써 주를 알자
새벽마다 여명이 오듯이
주께서도 그처럼 어김없이 오시고
해마다 쏟아지는 가을비처럼 오시고
땅을 적시는 봄비처럼 오신다."(호세아 6:3)

속사람의 치유 08

뿌리 잘린 나무

ⓒ 내적치유사역연구원

아름드리 아름다운 나무의 뿌리가 잘려있다.

잎사귀가 아직 시들지 않았고 꽃도 달려있다. 하지만 이 나무는 죽어있다. 하루살이의 눈으로 볼 때 이 나무가 살아있는 줄 알고 이 나무에 집을 짓겠지만 하루살이 보다 더 오래 사는 사람들은 알고 있다. 이 나무에 달려 있는 꽃이 곧 시들고 잎사귀도 곧 마를 것이라는 점을......

이 나무가 살 수 있는 길은 한 가지밖에 없다. 건강한 새 뿌리에 접붙임을 다시 받는 것이다. 그것은 잘라진 나무 스스로가 할 수없는 일이다. 뿌리기 잘려져 있는 그 나무보다 훨씬 더 능력이 있는 존재가 이 일을 대신 해주어야한다.

모든 심리적 질병과 육체적 질병은 생명의 근원인 하나님에게서 떨어져 나옴으로 생긴 것이다. 그러므로 심리적 육체적 치유의 시작은 생명의 근원이며 나의 근원인 하나님에게 다시 돌아가 그분과 연결되는 것부터이다.

잎사귀가 다 시들어 노랗게 말라 들어가는 식물을 소생하기 위해서 어떻게 해야 할까? 어떤 것도 소용없고 오직 물이 있어야 한다. 만일 어떤 사람이 식물을 살린다고 몇 백 억 수표를 화분 위에 올려놓는다면 우리는 그를 정신이상자라 할 것이다. 하지만 우리는 우리의 삶을 그렇게 살아보려고 한다. 내가 얻고 싶은 그것을 얻으면 시들어가고 죽어가는 내가 살아 날 수 있을 것이라고 확신한다.

하지만 식물이 사는 방법은 한 바가지 물이듯이 시들고 죽어가는 사람이 사는 방법은 생명의 근원인 하나님과 다시 연결되는 것 밖에 다른 길이 없다.

P는 사람들이 부러워하는 유명한 의사부인이다.

하지만 그녀는 오래전부터 극심한 우울증에 시달리고 있다.

"내가 왜 이런지 모르겠어요. 누가 죽인다고해도 아무것도 하기가 싫어요. 집에는 항상 먼지가 수북하고 음식하기도 싫으니 식구들에게는 걸핏하면 음식 시켜주고...... 나도 이래서는 안 되는 줄 아는데 정말 손 하나 까딱하기가 싫어요. 사지가 땅바닥에 딱 달라붙어 떨어지지 않아요. 남편도 이젠 지쳤는지 집에도 잘 안 들어와요. 애들도 자기 스스로들 알아서 살고 있어요. 내가 왜 이럴까요? 차라리 남들처럼 연애라도 하면 얼굴에 생기라도 돌 텐데 하는 생각까지 한다니까요. 나는 산 사람이 아니라 죽은 사람이에요."

P는 모든 것을 다 가지고 있지만 그녀의 모습은 뿌리 잘린 나무와 같다.

아무것도 하고 싶은 것이 없다. 아무것도 재미있는 것이 없다.

절망 속에 빠진 것이다.

절망은 여러 형태로 변형된다.

갑자기 찾아오는 공포증, 폐쇄된 공간에 대한 두려움, 소망이 없이 계속되는 일상의 무의미함, 심심함, 무기력함, 우울증, 중독증......

P에게는 죄를 짓는 것보다 더 무서운 것이 절망과 무의미함이다. 그래서 침묵의 시간을 끔찍하게 싫어하고 죽어간다는 걸 알기에 살려고 하지만 방법을 모르고 아무것에든지 열정을 일으키는 것이라면, 심심하지 않게 해주는 것이라면 거기에 몸을 맡긴다.

땅은 넓고 넓지만 자신과는 아무 상관이 없다. 철저히 버려진 느낌이다.

우리 주위에 이런 절망에 빠진 자들이 얼마나 많은가!

이것은 다만 믿지 않은 자들만의 이야기는 아니다.

40세의 H의 이야기를 소개한다.

"아버지는 목회에 성공을 못하셨고 지금 우울증을 앓고 계신다. 난 아버지의 그런 모습에 분노를 느낀다. 어린시절부터 부모님은 늘 다투셨는데 두 분 다 내겐 너무 힘들었다. 나를 발가벗겨 내쫓고 내게 칼을 휘둘러대던 엄마, 왜 그렇게 두 분 다 나를 때렸는지 모르겠다. 난 교회를 떠나고 하나님을 떠나는 것이 내 목표였고 20세에 그렇게 했다. 처음엔 너무 좋았다. 해방되는 것 같았다. 그러다 점점 불안해졌고 죄가 커질수록 하나님이 두려웠다. 그 두려움 속에서 난 너무 외롭고 세상이 저주스러웠다. 하지만 하나님이 나를 버리지 않으실 거란 실오라기 같은 생각이 그나마 나를 지탱하게 했다. 대학 4학년 때는 자살을 시도했다. 하지만 그것도 실패로 끝나고 난 결혼을 했다.

그런데 나를 몸부림치게 만든 것은 내가 우리 엄마의 모습과 우리 아빠의 모습을 그대로 닮아가고 있다는 사실이다. 큰 아이를 피멍이 들도록 때리면서 내게서 엄마의 모습을 보았을 때의 그 좌절감...... 그렇게 난 죽어가고 있었다. '내 마음속에......' 책을 읽으면서도 이런 사례들은 너무 극단적이라며 나는 이미 다 알고 있다고 하는 교만한 나의 모습에서 순간 또다시 아빠를 보았다. 지금도 항상 무슨 교단 무슨 파를 외치며 하나님을 자기처럼 잘 알고 있는 사람이 없고 하나님을 바로 믿는 사람은 자신뿐이라고 생각하면서 실제 생활은 그저 하루 종일 TV를 보고 과식하고 비판하고 분노하고...... 아빠가 걸린 '내가 최고'라는 그토록 내가 싫어하던 그 병에 나도 걸려 있음을 알고 내 자신이 미치도록 싫었다. 또한 내 몸도 병이 들어버렸다. 우리 막내가 겨우 여섯 살인데 내 몸은 강직성 척추염에 걸려 온몸을 제대로 쓸 수가 없다.

그런데 이곳에 와서 강의를 듣는데 하염없이 눈물이 나면서 내 병이 나을 것 같은 느낌이 들었다. 불같은 성령을 받은 것도 아니고 방언이 터진 것도 아니다. 다만 내 병의 원인을 알았기 때문이며 하나님이 나를 치유해 주시기 원한다는 것을 알았기 때문이다. 난 하나님에게서 떨어져 나왔었다. 하나님의 종이었던 아빠, 엄마의 모습이 싫어 하나님까지도 버린 것이다. 하지만 이젠 아니다. 하나님은 우리 아버지와 다르다는 생각이 가슴 깊이 느껴진다. 또한 하나님은 나를 부모님과 다르게 너무도 귀하게 여기고 있다는 생각이 든다. 이 생각이 내 안에서 새 힘이 되고 기둥이 되어 줄 것이 확신된다. 아무것도 붙잡을 것이 없던 뿌리 잘린 내 마음에 이젠 든든한 뿌리가 생겼다. 그래서 내 병이 나을 줄 믿는 것이다."

죽어가는 나무는 스스로 뿌리를 찾아 자기 몸을 접붙일 수 없으나 선한 농부가 그 나무를 접붙여 줌으로 나무는 다시 대지위에 설 기회를 갖는다. 선한 농부이신 주님은 뿌리 잘린 우리를 하나님 아버지라는 뿌리에 새롭게 접붙이시기를 원한다. 하지만 인간이 나무와 다른 것은 인간은 식물에게 없는 의지적 선택권이 있기에 인간이 하나님에게 요청하고 하나님의 방법에 동의해야 한다는 점이다.

"나는 참 포도 나무요 내 아버지는 농부이시다."(요한복음 15:1)

"영접하는 자 곧 그 이름을 믿는 자들에게는 하나님의 자녀가 되는 권세를 주셨으니 이는 혈통으로나 육정으로 나지 않고 오직 하나님께로서 난 자들이니라."(요한복음 1:12)

우리가 스스로 하나님을 택한 것이 아니요 하나님이 나를 먼저 택하셨다는 이 사실은 그분과 나의 사랑이 그분에게서 시작되었음을 말하는 것이고 그래서 나의 죄가 나를 이겨 내가 죄 가운데 떨어질찌라도 하나님께서 나를 반드시 붙드실 것을 확신할 수 있다.

2부 나를 속이는 것들

속사람의 치유 09

내가 누구인지 말해 주세요

ⓒ 내적치유사역연구원

하나님과 생명의 사귐이 끊어지고 죄 중에 태어난 우리는 진정한 자신을 상실한 상태로 태어난다. 하지만 자신에 대한 자아 인식이 생겨나기 시작하면서 우리 안에는 끊임없는 존재의 의문이 있다.

'과연 나는 누구인가 내가 왜 이곳에 있어야하나?'

그림의 아이가 들고 있는 피켓속의 질문들은 존재하는 생명이라면 반드시 알아야만 하는 것들이다. 하지만 이 아이는 아무리 질문을 하고 또 해봐도 마땅한 답을 찾을 수 없고 기껏 찾아 낸 답들은 바로 이 피켓속의 답변의 한계를 벗어나지 못한다.

나는 내 자신에 대해 어떤 존재의 답을 가지고 있나?

나의 정체성에 대한 이 질문과 답은 우리로 하여금 인생을 살아가는 이유를 만들고 행동을 결정하게 하는 모든 근원이 된다.

인간은 어떻게 자신의 존재에 대한 답변을 채워 갈까?

대부분 그 답변들은 가장 가까운 주변의 사람들이 심어준 말들이다. 이 세상에 태어 날 때부터 가장 가깝고 영향력 있는 존재는 부모다. 물론 부모만이 인간의 자아상을 형성하는데 영향을 끼치는 것은 아니다. 유아기를 벗어나 바로 또래 집단으로 들어갔을 때 만나는 또래들의 의견 혹은 학교선생들이나 사회의 기준들이 자아상 형성에 큰 영향을 주게 될 것이다.

그런데 만일 내가 들고 있는 피켓의 글들이 전혀 거짓이라면 우리는 자신에 대한 바른 진실을 알기까지 평생을 거짓된 신분증, 잘못된 자아정체성을 가지고 인생을 살아 갈 수밖에 없을 것이다. 내가 아닌 내가 진짜라고 믿고 내가 아닌 내가 되기 위해 평생을 노력하는 삶은 절대로 자기의 목적지에 도착 할 수 없다. 그래서 남은 잘 하는 것을 나는 할 수 없고 남은 잘 가는 길을 나는 잘 갈 수 없기에 인생은 혼란스럽고 자신감은 점점 사라져간다.

고등학교에서 학생들을 가르치고 있는 K선생은 얼마 전부터 수업을 제대로 할 수가 없었다. 수업이 끝나고 나면 항상 잘 못 가르쳤다는 후회가 들고 아이들의 눈빛도 자기를 무시하고 실력 없는 선생이라고 수군대는 듯했다. 하지만 실제로 자신은 주임을 몇 번 하기도 했고 주변 사람들의 의견을 조용히 떠봐도 자신이 생각하는 것처럼 그렇게 못난 사람이라는 평가를 받고 있지는 않은 것 같았다. 하지만 그런 생각도 그의 열등감을 없애 주지 못했다. 갈수록 압박감은 더욱 심해져 가고 그저 소원이 있다면 사람들이 안 보이는 곳으로 가고 싶은 마음뿐이었다. 이러다보니 건강상으로도 문제가 생겨 위 내시경을 해보았지만 특별한 이상은 발견되지 않았다. 그러나 K선생은 스스로 자신의 몸이 점점 더 나빠져 가고 있다는 생각이 들었다. 이런 남편의 모습을 옆에서 안타까이 지켜보던 부인의 권유로 K선생은 세미나에 참여 하게 되었고 강의를 들으며 그가 뜻밖에도 알게 된 것은 자신 안에 있는 엄청난 두려움의 실체였다.

그는 자신 안에 숨겨둔 자신의 자아상을 보았다.

아주 연약하고 작은 아이가 무서워서 벌벌 떨고 있는 모습인 자신의 자아상! K선생은 이미 중년의 나이에 접어든 자신 안에 이런 모습이 있다는 것에 적지 않게 당황스러워졌다. 심리학을 전공 했지만 자신의 내면에 이런 자아상이 있는 줄은 몰랐다. K선생이 자신의 속사람을 본 순간 마치 칼로 찌르는 듯한 아픔과 함께 아버지가 생각이 났다. K선생의 아버지는 매우 강하고 엄해서 그에게는 아버지가 다정하게 말을 하신 기억이 없었다. 조금이라도 본인의 마음에 들지 않거나 술을 먹고 화가 나면 몽둥이 세례가 시작되었고 특히 큰 아들인 K선생에 대해 아버지는 더욱 심하게 야단을 쳤다. 야단을 칠 때마다 아버지는 '아무짝에도 쓸모없는 병신 같은 새끼'라는 독설을 퍼부었다. 그 말이 싫고 매가 싫었지만 K선생은 아버지가 너무 무서워 한마디 반항을 할 수가 없었다. 가장 고통스러운 기억은 옆방에서 어머니가 아버지에게 맞고 있는 데도 무서워서 이불을 뒤집어쓰고 그 소리를 듣지 않으려고 몸부림치던 기억이다. 그 생각이 날 때마다 K선생은 자신이 비겁한 놈이라는 자책과 함께 자신에 대한 심한 혐오감에 사로잡히곤 했다는 것을 처음으로 알게 되었다.

아버지의 말과 어린 시절의 아픔들은 K선생의 자아상 형성에 영향을 미쳤고 부정적인 자신에 대한 자아상은 이제 인생의 중반기에 그로 하여금 정상적인 삶을 살지 못하도록 영향을 주고 있는 것이다.

자신에 대한 부정적 이미지는 삶의 의욕과 희망을 뺏고 우울증을 만들어 낸다. 이미 치유가 필요한 중증 우울증의 증상을 나타내고 있던 K선생은 자신의 내면의 모습을 보면서 이 문제를 하나님에게 가지고 나가 기도하기 시작했다.

이제 인생의 나이는 중년에 들어섰지만 K선생은 이렇게 말했다.

"마치 이제 유치원아이가 모든 것을 새로 배우는 것 같은 기분이 듭니다. 그동안 여러 공부를 하고 사회적 지위도 얻었지만 그 모든 것들도 나의 내면에 떨고 있는 나의 초라한 자아상을 치유해 주지는 못했다는 사실이 교육하는 사람 입장에서 볼 때 참으로 안타깝습니다."

하나님께서는 거짓선지자들에 대해 분노하시며 그들을 엄중히 심판하신다고 말씀하셨다. 거짓선지자란 하나님이 말하시지 않은 것을 마치 하나님의 말처럼 말하는 자들이다.

거짓선지자란 반드시 이단교회의 두목들만이 아니다. 바로 부모들이 최고의 거짓선지자가 될 수 있다. 어린 아이들에게 부모의 권위는 하나님의 권위와 같기 때문이다. 하나님은 부모에게 하나님의 자리와 같은 자리를 물려주셨다. 아이들의 생명이 부모의 손에 달려있다. 부모들이 이런 권위를 가지고 아이들에게 잘못된 자아상을 심어준다면 그것이 바로 거짓선지자의 짓을 하는 것이다. 그 아이는 평생 부모에 의해 형성된 자기의 부정적 자아상을 가지고 열등감에 묶인다. 자신을 열등하게 생각하는 자는 결코 행복하지 못하고 만족할 줄 모른다. 그래서 이런 말이 있다. '한 인간의 인생을 파괴시키려면 그의 마음속에 자신에 대해 혐오적이고 부정적인 자아상을 심어주라. 그러면 그는 반드시 파괴 될 것이다.'

만일 우리자신이 우리도 모르게 이런 역할을 했다면 우리는 하나님 앞에서 회개해야 한다. 그리고 아이가 자신의 바른 자아상을 갖도록 노력하며 기도해야할 것이다. 나는 사역 중에서 이런 부정적 자아상을 가슴에 품은 채 살고 있는 슬픈 사람들을 너무나 많이 만나고 또 그 자아상으로 말미암아 부정적 결과들이 얼마나 많이 일어나고 있는지 보고 있다.

자신에 대한 바른 정체의식과 바른 자아상 정립은 모든 치유의 기반이 되며 또한 치유의 결과이기도 하다. 이것은 인생의 가장 중요한 기초다. 이 기초가 건강해야만 건강한 신앙생활 건강한 대인관계 나아가 건강한 영성생활이 이루어질 수 있다.

자신에 대해 바른 정체의식과 바른 자아상정립은 모든 치유의 기반이 되며 또한 치유의 결과가 이기도 하다. 이것은 인생의 가장 중요한 기초다. 이 기초가 건강해야만 건강한 신앙생활 건강한 대인관계 나아가 건강한 영성생활이 이루어질 수 있다.

속사람의 치유 10

땅 속에 숨은 노예감독

ⓒ 내적치유사역연구원

예수님께서 우리에게 오신 이유는 자유를 잃고 노예된 우리를 해방시키러 오셨다. 사도 바울은 자신에 대해 가문적으로도 종교적으로도 자신감이 있는 자였다. 그는 하나님 앞에 자신 있게 설 수 있는 고귀한 신앙적 행위와 지식을 갖추었다고 생각했다. 하지만 그가 진실로 하나님의 빛을 받았을 때 그는 자신의 무력함과 죄의 힘 앞에서 자유롭지 못한 상태를 뼈저리게 느끼며 절규한다.

> "나의 행하는 것을 내가 알지 못하노니 곧 원하는 이것은 행하지 아니하고 도리어 미워하는 그것을 함이라...... 내 속사람으로는 하나님의 법을 즐거워하되 내 지체 속에서 한 다른 법이 내 마음의 법과 싸워 내 지체 속에 있는 죄의 법 아래로 나를 사로잡아 오는 것을 보는 도다. 오호라 나는 곤고한 사람이로다. 이 사망의 몸에서 누가 나를 건져 내랴."(로마서 7:15-24)

노예는 자신이 원하는 것을 선택할 권리가 없는 자다.

우리는 모두 가장 귀중한 것을 잃어버린 노예였지만 주님의 빛이 비추기 전까지 사단의 종노릇하면서도 우리 자신이 노예인 것을 모른다. 이 그림에서처럼 사단은 눈앞에서 보이는 노예감독이 아닌 자신을 철저히 숨긴 노예감독이기 때문이다.

그림의 벽돌은 인생의 업적이나 내가 도달하고자 하는 목표를 의미하며 움직이는 다림줄은 세상의 문화 종교 그리고 삶의 기준과 가치를 의미한다.

건축가들이 집을 세울 때 무너지지 않는 집을 짓기 위해 중력의 힘을 이용한 다림줄에 따라 벽을 세우고 기둥을 세운다. 이것은 어느 나라 어느 시대를 막론하고 같다. 몇 백 층짜리 건물이나 작은 한 칸짜리 집도 마찬가지다.

어떤 사람도 아무 이유 없는 행동을 하거나 이유 없는 선택을 하지는 않는다. 아무렇게나 마음 내키는 대로 행동하는 사람도 그 마음 내키게 하는 이유가 내면에 숨겨져 있다. 내면에 숨겨진 이유가 곧 그의 인생관이며 가치관이며 세계관이다.

이것이 곧 그 사람의 다림줄인 것이다.

이 다림줄에 맞춰 집을 세우듯 우리는 가치관에 따라 목표를 설정하고 그것을 이루기 위해 죽을힘을 다해 벽돌을 쌓는다. 그것의 꼭대기에 내가 원하는 모든 것이 있을 거라고 믿기 때문이다.

하지만 막상 올라가 보면 그 꼭대기의 자리에는 원했다고 생각하는 것은 있지만 정작 그것은 내게 필요한 것이 아니었음을 알게 된다. 그런데 그 빈자리에서 허망 해 지려는 우리에겐 더 그럴 듯한 새로운 방법이 제시 된다. 마치 이번에는 진짜야 하는 것처럼...... 그러면 그쪽으로 가서 다시 쌓아 간다.

우리는 이 모든 것을 내가 결정하고 있는 나의 삶이라고 생각하지만 뜻밖에도 그 모든 것을 땅속의 악마가 조종하고 있다. 즉 이 세상의 권세 잡은 어둠의 영이 세상의 가치관과 문화, 사상, 종교 등을 조종하여 사람들을 헛된 수고로 인생을 허비하게 하고 있는 것이다.

본래 다림줄은 움직일 수 없는 것이다. 중력의 힘이란 수천 년을 지나도 변경 될 수 없는 우주의 법칙이기에 천 년 전의 건축물이 지금도 건재할 수 있는 것이다.

그렇듯 하나님으로부터 제시된 다림줄은 움직이지 않는다.

시대가 바뀌어도 나라가 바뀌어도 세계의 지도가 바뀌어도 하나님의 뜻과 원리는 변하지 않는다. 이것은 생명의 법칙이어서 하나님의 다림줄에 맞추어서 살아가는 자는 생명을 풍성하게 얻는다.

이에 반하여 움직이는 다림줄은 하나님으로부터 온 것이 아니다. 이 다림줄은 성공한 인생을 만들어주기 위해 세워진 푯대가 아니라 이 사람을 완전히 엎드러지고 파괴시키기 위해 내려온 썩은 다림줄이다. 우연히 제시된 것이 아니라 인격적 지능을 가진 사단의 속임수다.

이 시대의 사악한 거짓 다림줄을 구체적으로 적어 보면 다음과 같다.

■ 돈이 생명을 지켜준다.

(가족보다 돈이 있어야 안전한 노년을 보낼 수 있다.)

■ 돈이 많아야 존경받는다.

(존경받아야 내가 훌륭한 사람이라는 입증이 된다.)

■ 돈이 최고다. 돈이 있으면 행복이 만들어진다.

(돈만 있으면 내게 반드시 필요한 것들을 모두 살 수 있다. 그러므로 돈이 내게 행복을 가져다준다.)

> 성령께서는 우리가 하나님의 다림줄 앞에서 자신을 비춰보고 자신의 치유의 필요성을 깨닫기를 원하신다.

남편이 죽은 후 열심히 일해서 받은 품삯을 방바닥 구들장 밑에 평생 모으며 그 돈이 노후의 모든 것을 보장 해 주리라 믿었는데 어느 날 화폐개혁으로 그 돈이 휴지조각이 됐음을 알고 미쳐 버린 어느 여인처럼, 거짓된 다림줄은 자기만을 믿고 따른 자에 대해 아무 책임 없이 움직이며 지쳐서 파괴 되어가는 사람의 모습을 즐긴다.

이런 인생에서 벗어나는 길은 하나님이 주신 다림줄을 내 삶의 기준으로 세우고 거짓된 다림줄을 과감히 치워버리는 것이다.

거짓은 진짜가 있다는 역설적 증거가 된다. 우리에게는 하나님의 다림줄이 내려져있다.

하나님의 다림줄이 구체적으로 우리의 눈에 이해하기 쉽게 나타난 것이 예수그리스도요 그분의 말씀이며 그분의 성품이며 그분의 가치기준이고 그분이 살았던 방식이다.

하나님은 이 다림줄을 우리 인생의 벽에 세우고 심판을 하시겠다고 하셨다.

"다림줄을 드리우고 쌓은 성벽 곁에 주께서 서 계시는데 손에 다림줄이 들려 있었다."(아모스서 7:7)

성령께서는 우리가 하나님의 다림줄 앞에서 자신을 비춰 보고 자신의 치유의 필요성을 깨닫기를 원하신다. 속사람이 치유된다는 것은 예수그리스도와 하나 되어가는 것이며 예수그리스도와 하나 되어 갈수록 나는 하나님이 본래 창조하신 그 사람이 되어진다. 예수님은 진정한 나의 자아가 되시기 때문이다.[1]

그러므로 내적치유는 정체성을 회복하는 과정이다.

1 토마스 머튼은 '새명상의 씨' 에서 '내가 누구인가에 대한 비밀을 간직하고 계시는 하나님자신은 나의 창조주로서 뿐만 아니라 다른 나의 진정한 자아로서 내안에 사신다. 예수그리스도는 나의 상위자아가 되신다.' 라고 설명하며 이 세상에 거짓 자아로 태어나 살아가는 나를 하나님만이 나를 나로 내가 완성될 나로 만드실 수 있다고 강조한다.

속사람의 치유 11

실제로 은근히 의지하는 것

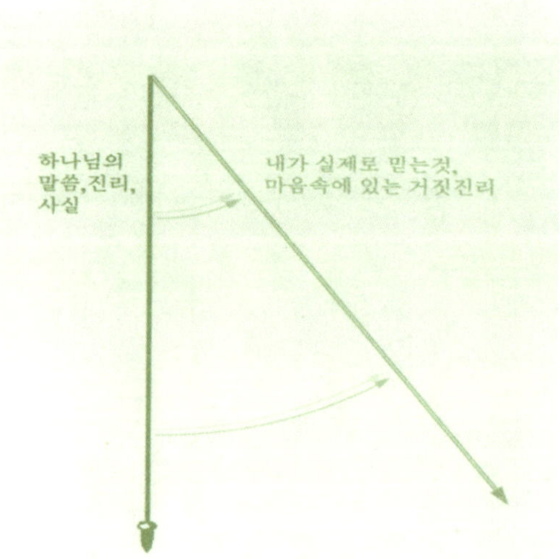

내적치유사역연구원

대학의 철학교수든 혹은 시장에서 하루 종일 호떡만 만들어 파는 상인이든 막론하고 모든 사람은 자기 나름대로의 인간관과 세계관을 가지고 있다. 우리가 갖고 있는 인간관과 세계관은 인생의 가치관과 방향을 만들어 내는 매우 중요한 기본틀이다. 이런 틀이 종교마다 나라마다 시대마다 직업마다 수천 개 일 것 같으나 방향에 따라 분류해볼 때 결국은 성경적 인간관과 비성경적 인간관으로 나눠진다.

이 그림에서 제시하는 직선은 성경이 말하는 인간모델 즉 인간이란 이런 존재다 라고 내린 정의이며 사선은 비성경적 인간모델이다. 우리가 인간모델 즉 인간관을 갖는다는 것은 다만 생각하나를 갖는 것이 아니라 우리의 인생전체를 그 틀에 맞추게 하며 기차가 서울로 갈지 부산으로 갈지 방향을 결정해버린다. 그러므로 어떤 인간관을 선택할지의 문제는 인생이 바뀌는 심각한 문제다.

인간의 마음을 연구하는 심리학은 어느 시대보다 더 사람들의 흥미분야가 되었고 일부 목회자들조차도 사람의 심리를 집중 연구하는 학문인 심리학이야 말로 인간에 대한 가장 정확한 교과서라고 생각하지만 사실 성경이 바로 심리학이전의 심리학서적이다.

왜냐면 심리학이란 인간의 행복증진을 위해 인간의 심리를 연구한 학문인데 성경이야말로 인간이 겪고 있는 심리적 문제들뿐 아니라 심리적 이상이 생겨나게 된 근본 원인을 제시하며 그에 대한 분명한 해결책을 말하고 있기 때문이다. 그리고 모든 심리학 이론들이 실제 임상적용실험에서 수많은 부작용과 미비된 점 때문에 이론적 수정이 계속되어지는데 반해 오직 성경은 수천 년 전부터 지금까지 이론적 오류가 발견되어 수정된 적이 없으며 이론을 임상에 적용시켜 보는 임상학적 테스트의 결과도 매우 뛰어나 시대와 남녀노소 빈부귀천과 문화적 전통에 상관없이 가장 놀라운 임상학적인 결과를 보이고 있기 때문이다.

시대와 인종을 불문하고 헤아릴 수 없는 사람들이 성경적 원리에 의해 그들의 심각한 정신적 질병과 성격적 이상들에서 치유받고 건강한 인격체로 성장할 수 있었다.

성경에는 파괴되어져 가는 인간의 심리적 과정과 회복되고 치유되어져 가는 원인과 과정들이 과학적이고 논리적으로 기록되어져 있다.

심리적 이상과 정신질환에 대해 어떤 인간 모델을 가질 것인지는 각자의 자유이나 어떤 이론을 선택하여 사람을 치유하고 상담하고 이해하는지에 대한 선택의 책임은 자신의 몫임을 기억해야한다.

성서적 내적치유는 성경이 말하는 인간모델을 따라 인간의 모든 고통과 심리적 이상을 이해하며 성경이 말하는 방향대로 인간이 교정되어져야 한다고 생각하고 그 전체 과정 속에 성령의 도우심과 주도하심이 필요하다고 믿는다. 또한 성령께서 적극적으로 이 과정 속에 개입하신다고 믿는다.

어떤 이들은 가벼운 신경증정도는 성서적 내적치유의 방법으로 치유할 수 있으나 정신분열등과 같은 질병은 전문 정신과 의사만이 고칠 수 있다고 단언하는 자들이 있다. 또한 내적치유는 기독교의 복음으로 해결되지 않은 인간의 문제를 심리학의 이론들을 빌려 해결 해가는 것이라는 무식한 말을 하는 이들도 있다. 이런 주장은 온전하지 않은 기독교적인 짧은 지식을 가지고 실제적인 성령의 역사하심의 체험 없이 책상 앞에서 생각하고 판단하는 것이다.

만일 성서가 인간을 만든 하나님에 의해 인간이 읽고 치유되고 구원의 길로 들어서도록 도움을 주기 위해 씌여진 책이라면 일반 심리학서적과 같은 구성으로는 되어있지 않을지라도 성경안에는 인간심리와 치유에 대한 완전한 답이 들어 있음을 기대할 수 있다.[1] 그리고 이런 확신과 신뢰를 가지고 성경을 대하는 자에게 성경은 사람의 마음을 찾아가는 길을 보여준다.

> 성서가 인간을 만든 하나님에 의해 인간이 읽고 치유되고 구원의 길로 들어서도록 도움을 주기 위해 씌여진 책이라면 일반 심리학서적과 같은 구성으로는 되어있지 않을 지라도 성경 안에는 인간심리와 치유에 대한 완전한 답이 들어 있음을 확신할 수 있다. 그리고 이런 확신과 신뢰를 가지고 성경을 대하는 자에게 성경은 사람의 마음을 찾아 가는 길을 보여준다.

또한 실제적인 인격이신 성령 하나님의 직접적 관여가 있다. 예수님은 그분이 카운슬러라고 말씀하셨다.

보혜사 (the Counselor, the Holy Spirit) 곧 아버지께서 내 이름으로 보내실 성령 그가 너희에게 모든 것을 가르치시고 내가 너희에게 말한

1 심리학자 로렌스 크랩 2세는 그의 저서 '인간이해와 상담' 에서 심리학과 성경에 대해 '성경은 상담가가 다루는 문제들에 관해 많은 것을 말해준다. 그리고 성경은 상담가들이 고민하는 모든 근본문제를 이해하기 위한 기초를 제공해준다. 그러나 성경은 우리가 자신의 모습을 솔직히 드러내야만 비로소 살아있는 말씀으로서 그 진가를 충분히 발휘하게 될 것이다' 라고 쓰고 있다. 즉 성경은 인간의 현실적 문제와 동떨어진 책이 아니라 우리의 모든 문제(심리적 문제를 포함해서)에 대한 답들을 모두 찾아 낼 수 있는 살아 있는 책이지만 성경에서 실제적인 답을 찾아 낼 수 있다고 믿는 태도가 필요하며 그런 태도로 성경을 연구하고 접근할 때 비로소 우리는 성경을 통해 우리가 직면하고 있는 심리적 문제들에 대한 살아 있는 답을 찾아 낼 수 있는 것이다.

모든 것을 생각나게 하시리라.(요한복음 14:26)

성서적으로 인간심리를 이해하고 치유하는 내적치유는 세속 심리학의 정보를 무조건 배격하는 것은 결코 아니다. 지금 내가 여기서 말하는 바는 치료의 기술적 방법 – 즉 약에 의해 치유하느냐 기도로 치유하느냐 식의 – 을 말하는 것이 아니라 인간을 근본적으로 이해하는 시각을 말하는 것이다. 기독교 상담가나 목사일지라도 성경적 인간 이해에 따르지 않고 세속심리학이론에 따라 인간을 이해하고 치유하려고 할 수 있고 정신과의사일지라도 철저한 성경적 이론에 따라 인간을 치료할 수 있다. 심리학자냐 아니면 정신과의사냐 목사냐 하는 외부적 직책이 아니라, 또한 약물요법을 병행하느냐 하지 않느냐가 아니라, 융이 말했느냐 성경이 말했느냐가 아니라 그 이론이 성경을 가장 절대적 권위에 분명히 두고 성경의 범주 안에서 인간을 이해하고 있는지 그 근본적 태도를 말하는 것이다. 성경과 심리학의 이론이 상충 될 때 두 개를 절충시켜 마음대로 절충안을 만들어 내는 것이 아니라 분명하게 성경적 관점의 인간이해를 선택하려는 태도의 문제 인 것이다.

심리학 서적을 마치 하나님이 성경에서 심리적 문제들을 다 말씀하시지 않았기 때문에 특별한 전문가들을 사용하셔서 쓰신 또 다른 인간이해의 책처럼 바라보는 태도는 성경과 심리학의 권위를 동등하게 보게 되는 태도요 이렇게 될 때 과거 18세기의 역사를 보면 백 년이 못되어 성경은 상담의 테이블에서 사라져 버렸고 그 자리에 심리학 서적들만이 즐비하게 진열되게 만들었다.

하지만 실제로 그 심리학 이론들이 책에 제시된 질서 정연한 모습만큼 실제 임상에서 사람들을 살려내는데 큰 도움을 주고 있는가?

당신이 이해 할 수 없는 불안과 상실감에 시달리고 있다가 평안을 얻게 된 것은 심리학적 이론들을 당신에게 적용시킨 결과인가?

죽고 난 뒤에 천국에 가는 문제외에 성경은 인간의 심리적 문제들에 대해서는 관심이 없다고 생각하고 있나?

인간은 심리적 영역만으로 되어 있지 않고 몸과 영이 심리영역에 깊이 영향을 준다. 또한 사람의 심리는 넓고 넓은 바다와 같다. 경험과 이성의 힘만으로는 도저히 풀 수 없는 문제들이 인간의 심리의 땅을 어지럽히고 있다. 인간보다 더 크신 분이 심리의 땅을 평정하는데 개입하시지 않으면 그 땅을 회복하는 것은 한계가 있다.

사람의 마음은 마치 집과 같다. 튼튼하고 바른 집을 짓기 위해서는 바른 설계도가 필요하다. 당신은 당신자신에 대한 어떤 설계도를 선택할 것인가? 나를 이해하고 내 가족을 이해하는 데 어떤 설계도를 선택할 것인가?

사람들의 머리와 이성적 판단에서 나온 인간모델이라는 심리학적 설계도인가 아니면 인간을 만드신 분에게서 나온 기독교적 인간모델인가?

설계도는 곧 우리가 우리를 보는 눈이 되며 또한 타인을 보는 눈이 된다. 눈은 인생의 방향을 결정한다. 그러므로 바른 설계도를 갖는 다는 것은 얼마나 중요한 일인가!

마음의 올바른 치유는 바른 인간관을 갖는 것부터 시작되며 선택에 따른 책임은 본인이 져야 한다는 사실을 반드시 기억하자.

속사람의 치유 12

사주팔자 운명론

내적치유사역연구원

사단은 하나님이 인간에게 주신 능력을 사장시키기 위해 온갖 속임수를 쓰는데 그중에서 운명론적 세계관은 사단이 쓰는 대표적인 속임수다. 인간의 삶을 운명론적으로 보는 사고방식은 기독교외의 모든 이방종교가 가지고 있는 특징이다. 하지만 이런 운명론적 사고방식에 빠질 때 우리는 도전하는 삶을 살 수 없고 하나님이 우리에게 주신 창조적 능력이 계발되지 못한다. 운명론적 세계관이 우리의 삶에 어떤 영향을 미치는지 다음 사례를 통해 생각해 본다.

"저는 어릴 때부터 여자가 혼자서 외롭게 있는 사진만 보면 꼭 나 같다는 생각이 들었어요. 특히 여자가 머리를 바람에 날리며 쓸쓸히 서있거나 울고 있는 사진을 보면 영락없이 저것은 나와 똑같다는 생각이 들더라고요. 그 여자는 사랑하는 남자에게 버림을 받고 혼자서 저렇게 외롭고 쓸쓸해서 울고 있는 거로 보였어요. 그리고 그런 모습들이 제 운명이라는 생각이 그냥 드는 거예요. 결혼을 하면 그 남자가 나를 버릴 것이라는 불안함이 너무 컸기 때문에 결국 저는 제가 좋아한 사람보다는 절대로 저를 배반하지 않을 것 같은 남자와 결혼을 했어요. 그런데 얼마 못가 남편은 다른 여자와 바람을 피웠고 어쩔 수없이 두 아이와 함께 이혼을 해야 했어요. 이런 일을 겪다 보니 현재 전도사로 일을 하고 있지만 저는 역시 사람에게는 정해진 팔자와 운명이 있다는 생각이 항상 들었고 제 팔자가 그러니까 제가 그것을 예감하고 있었다는 생각을 했어요. 제 운명은 버림받고 혼자 사는 운명이라는 생각을 항상 하고 있었던 것 같아요. 그런데 이런 생각은 교회사역을 할 때도 영향을 미쳐서 누구와도 깊은 정을 못 나눠요. 혼자서 쓸쓸히 살 운명이라고 생각하고 있으니 어떤 사람도 결국에는 저를 다 떠날 것 같거든요. 그래서 마음을 주려다가도 이 사람도 이러다가 나를 떠날 거야

싫은 마음이 들어 얼른 마음을 닫아 버리죠. 버림을 당할 때 아프지 않으려고요. 이런 저의 모습이 불안하게 보였나봐요. 저희 담임 목사님께서 직접 신청하고 회비까지 내주시면서 저를 이곳에 보내셨어요. 저는 사실 이런 저에 대해 별 이상하게 생각지도 않았는데요. 그런데 이곳에 와서 저의 이런 생각이 얼마나 잘못된 것인지 알게 되었어요. 기도시간에 저를 임신하고 있는 어머니가 떠올랐어요. 어머니는 이제 신혼인 것 같더라고요. 그런데 너무 슬프게 한탄을 하는 거예요. 아버지가 외도를 해서 우신다는 이해가 되더군요. 실제 저의 부모님은 아버지가 외도를 해서 이혼을 했거든요. 난 아버지가 결혼 하고 한참 후에 그런 행동을 하신 줄 알았는데 아버지의 외도는 결혼 초부터 였더라구요. 결혼하고 첫 아이를 임신한지 얼마 되지 않았는데 아버지가 외도를 하니까 어머니가 탄식을 하는데 그것이 태중에 있는 저에게 그대로 전해졌다는 생각이 들었어요. 어머니가 자기 남은 인생을 보며 너무 외롭고 비참할 것을 생각하며 탄식하고 있는데 그 불안이 태아에게 그대로 전해지더라고요. 전 예수님에게 이것을 끊어 달라고 기도했어요. 그리고 주님은 결코 이런 운명을 미리 만든 분이 아니라고 선포했어요. 한참을 그렇게 기도하는데 제 마음에 기쁨이 넘치기 시작하는 거예요. 얼마나 기쁜지 말할 수 없이 기쁘고 제가 그렇게 싫어하던 우리 어머니가 보고 싶어지는 거 있죠. 어머니와 한 집에서 사는데 저는 어머니와 눈도 안 마주쳤어요. 전도사가 이래서는 안 되는 줄 알지만 안 돼요. 어머니의 말 한마디 행동 하나하나가 너무 싫은 거예요. 제가 얼마나 죄책감이 들었겠어요. 왜 싫은지도 몰랐는데 지금 보니 어머니와 제가 너무 똑같은 꼴을 하고 있어서 그런 것 같아요. 그런데 이게 다 속았다는 생각이 들었어요. 어머니의 팔자가 저에게 그대로 전해진 것도 아니고 하나님이 제 팔자를 이렇게 만든 분이 아니었어요. 전 하나님이 너무 공평하지 않고 마치 저는 의붓자식 같은 느낌이었거든요. 어떤 사람은 좋은 환경에서 멋있게 하나님 일 하는데 나는 일부러 이렇게 비참하고 외롭게 만들어서 하나님이 자기 일에 편리하게 사용하시려고 하나 뭐 이런 식의 생각을 하고 있었어요. 하나님에게 이런 쓴 오해를 가지고 있으면서도 말로는 하나님 좋은 분이라고 하고 하나님에 대해 다 알고 있는 줄 착각하며 사람들을 가르쳐왔네요. 제가 그동안 생각 해 왔던 것들이 다르게 다시 생각이 들더라구요. 남편에 대해서도 생각하기를 나는 하나님의 자녀고 남편은 마귀의 자식이어서 저에게 못된 짓을 하고 이혼까지 했다고 생각했는데 지금 생각해 보니 제가 한 번도 남편을 믿어주지 못했어요. 결혼하고 너무 불안했거든요. 이제나 바람을 피울까 저제나 바람을 피울까 하는 마음에 조금만 늦어도 다그치고 힘들게 했어요. 그러니 남편이 가정을 떠난 것은 제가 원인제공을 한 셈이죠. 지금 너무 안타까운 것은 제가 이런 사실을 조금만 더 일찍 알았더라면 하는 거죠. 그랬다면 다른 태도로 남편을 대했을 것 같고 문제가 생겨도 극단적인 행동으로 아이들에게 이혼이라는 상처를 주지 않았을 텐데요."

이 분처럼은 아니더라도 많은 그리스도인들이 자기의 인생을 운명론적 관점으로 바라보고 있다. 특별히 가장 운명론을 많이 적용시키는 부분은 결혼이다.

"하나님이 내게 주신 자매를 찾고 있어요."

"그 사람이 하나님이 정한 저의 배필이라고 목사님이 말해서 결혼했어요. 저는 목사님을 믿었으니까요."

이런 말을 하는 젊은이들 중의 일부는 삶 전체를 하나님에게 맡기고 그분의 섭리를 따르려는 태도라기보다는 삶의 다른 부분은 자기 마음대로 살면서 오직 결혼에 대해서만 이런 태도를 갖는 것을 볼 수 있고 그래서 그 동기가 신앙이라기보다는 하나님의 계획하심에 대한 오해와 실패에 대한 두려움 이라고 말 할 수 있다.

우리가 인생을 운명론적 관점에서 바라볼 때 혼란의 소용돌이에 갇힐 수 있다. 다음의 사례를 보자.

"저는 교회생활을 계속하면서 남자에 대해서는 아무것도 몰랐죠. 그런데 같은 교회형제가 저에게 하나님의 음성을 들었다고 하면서 내가 자기의 정해진 짝이라고 하는 거예요. 그리고 기도해 보래요. 전 신앙생활을 그 형제처럼 열심히 하지는 않았기에 하나님의 음성 같은 것은 들어본 적도 없어요. 하지만 하나님이 말씀하셨다니까 그대로 믿고 결혼했죠. 그런데 신혼 초부터 이게 뭔가 잘못됐다 싶더라고요. 형제의 모습이 겉과 너무나 달랐거든요. 뜻밖에도 자매들과 관계가 복잡하고 가정에서는 전혀 믿는 사람이라고 볼 수 없는 모습이었어요. 그러다 IMF가 터져서 실직을 하니까 완전히 신앙을 떠나면서 저를 폭행까지 하는 거예요. 그런데 이런 말을 친정에도 못했어요. 누가 믿어주겠어요? 전 몇 번이고 이혼하고 싶었지만 그 형제에게 하나님이 말씀하셨다는 것이 저를 주저하게 했어요. 이것이 제 운명이라면 어떻게 벗어 날 수 있겠냐 뭐 그런 자포자기 심정 때문에요. 거역 할 수 없다는 생각이 드는 거죠. 그러면서 하나님이 싫어지고 신앙은 다 없어졌어요. 이젠 기도도 하기 싫어요."

또 다른 사례다.

"전 극심한 우울증과 혈액순환이 안돼서 아무것도 할 수 없는 상태가 되었어요. 조금만 온도가 낮은 곳에 있어도 손발이 저리고 온몸을 가눌 수가 없어요. 제가 이렇게 된 것은 일 년 전부터예요. 일 년 전에 남편이 죽었거든요. 저의 교회에 부목사님이 계셨는데 그분은 기도 중에 환상을 보고 예언을 하시는 분이래요. 그분이 저를 아꼈는데 어느 날 저에게 한 형제를 소개해주며 하나님이 환상 중에 그 사람과 제가 짝이라고 하셨다는 거예요. 전 목사님은 하나님의 종이라고 생각 했고 더구나 환상 중에 말씀하셨다니 다른 것 알아보려고 하지도 않고 어떤 생각이나 의심도 없이 그 사람과 결혼했어요. 그는 외모도 좋고 학교도 우리나라에서 제일 좋다는 대학 출신이더라고요. 그런데 결혼하고 보니 성격이 이상해요. 나를 의심하는 것에서부터 시작해서 직장이고 집에 서고 가만히 앉아 있지를 못해요. 그러다 나를 폭행하기 시작하는데 죽을 때까지 그랬죠. 저는 그것이 병인 줄 모르고 성격이 예민

한가 했는데 자살하고 난 후에 생각해보니 남편은 병이 깊었던 거예요. 어느 직장에서도 적응을 못해서 나오고 결국 결혼한 지 일 년 후부터 평생 동안 제 월급으로만 살면서 밤에는 저를 계속 때리고........ 하지만 하나님이 정해준 사람이라는 생각 때문에 다른 생각을 못했어요. 그러다 결국 일 년 전에 남편은 자살하고 말았어요. 아파트에서 뛰어내린 거예요. 후에 알았지만 남편은 이미 결혼 전에 편집증으로 정신과 치료를 받았더라고요. 저만 몰랐죠. 제가 충격을 받은 것은 그 사람이 편집증 환자였다는 것이 아니라 그가 어떤 사람인지 하나님은 다 아셨을 텐데 저에게 결혼하라고 하셨다는 사실이에요. 전 하나님에게 기도할 수도 없고 하나님이 사랑이라는 것을 믿을 수가 없었어요. 그렇지만 평생 하나님만 바라보고 살아 왔기에 하나님과 이런 관계가 되니 이젠 무엇을 잡고 어떻게 살아가야 할지 알 수가 없네요. 그동안 쌓인 것들이 몸의 병으로 만들어져서 혼자 움직일 수도 없어요. 솔직히 이곳에 와서도 하나님에게 마음을 열수가 없어요. 전 결혼하기 전에는 너무 꿈도 많고 행복한 사람이었는데 뭐가 잘못되었을까요? 목사님의 말만 순종하고 따른 것이 잘못일까요?"

위에 소개된 모든 사례들을 보면 한 가지 공통점이 있는데 그것은 하나님의 음성을 듣는 것에 대한 분별이 부족한 점과 인생을 운명론적 시각으로 받아들이는 면이 있다는 것이다.

운명론이란 내 인생이 나의 자발적 참여 없이 오직 전능자의 손에 의해 모든 것이 계획되어 있고 그렇게 되어져 간다는 사고방식이다.

운명론이란 내 인생이 나의 자발적 참여 없이 오직 전능자의 손에 의해 모든 것이 계획되어 있고 그렇게 되어져 간다는 사고방식이다. 이런 운명론적 시각을 가지고 있을 때 자연히 관심사는 나에 관한 미래의 계획표가 궁금하게 되고 그래서 별을 보고 점치는 자들에게 혹은 영매나 무당 혹은 관상이나 사주를 보는 이들에게 물어본다.

이런 운명론적 시각을 가지고 있을 때 자연히 관심사는 나에 관한 미래의 계획표가 궁금하게 되고 그래서 별을 보고 점치는 자들에게 혹은 영매나 무당 혹은 관상이나 사주를 보는 이들에게 물어본다.

이것이 모든 이방종교나 샤머니즘의 특성이다. 기독교인들도 이런 운명론을 받아 들여 하나님이 모든 것을 이미 계획하고 각본을 짜놓았다는 식으로 이해한다. 그래서 나의 미래를 어떻게 하시려는 것인지 그것을 알고 싶어 하나님의 음성을 듣고 싶은데 나는 신앙생활을 잘 못해 하나님이 알려주지 않을 것 같으니 하나님과 특별 관계에 있는 듯한 은사자(?)들에게 부탁한다. 내 미래를 어떻게 하실 건지 하나님에게 물어봐주시오 하고.

하지만 성경은 이런 식의 운명론을 철저히 배격한다. 하나님께서 인간에게 주신 선택이라는 권리는 말뿐인 권리가 아니다. 엄청난 힘과 엄청난 한계를 가진 인간만이 누리는 특권이며 창조할 수 있는 열쇠다. 그만큼 책임도 크다.

물론 하나님께서는 모든 것을 섭리하시는 분이고 우리의 일생에 대한 계획을 가진 분이다. 하지만 그 계획은 우리의 선택과 의견은 전혀 무시된 채 우리는 각본대로 살기만 하면 된다는 의미가 아니다. 하나님은 철저히 관계중심적인 분이시다. 아버지와 아들, 남편과 아내, 포도나무와 줄기, 양과 목자, 모든 언어가 관계의 모양을 나타내는 언어다. 나의 인생은 하나님과 나의 관계 속에서 하나님의 계획과 나의 선택들이 합작품이 되어 만들어지는 창조적인 그림이다.

> 나의 인생은 하나님과 나의 관계 속에서 하나님의 계획과 나의 선택들이 합작품이 되어 만들어지는 창조적인 그림이다.

대천덕 신부는 이와 같이 말한다.

'개인에게 성령이 보여 주신 예언은 미래에 대한 (결정론적) 선언이 아니라 하나님의 역사를 통해 미래를 창조하는 것이다. 그러니 그 예언을 받은 자는 기도하고 성령의 인도하심에 순종해야 한다. 그러면 하나님의 시간에 하나님의 방법으로 그 예언은 성취될 것이다.'[1]

우리를 향한 하나님의 계획이란 운명론적 관점이 아니다. 내가 하나님에게 대하는 태도와 반응에 의해 천 가지 만 가지의 색으로 나뉜다. 사울이 바울이 될 수도 있고 예수님의 충성된 제자가 악마가 될 수도 있다. 성경은 이런 사례들로 가득하다.

하나님은 우리에게 자유와 창조정신과 선택의 권리를 주셨다. 우리는 오늘 하루 24시간을 내 마음대로 쓸 수 있다. 물론 직장에 매여 있는 자도 있다. 그러나 그 안에서도 그 사람만이 가질 수 있는 권리의 영역이 무한하다. 열심히 일할수도 있고 상사를 미워하며 일할수도 있고 슬픈 마음으로 일할수도 있다. 모든 것이 내 권리이며 자유다. 하

1 브래드 롱 지음 '대천덕 신부에게 배우는 영성' 요단 출판사 p74

지만 중요한 것은 어떤 상황 속에서든지 하나님이 나에게 '이렇게 해주었으면 좋겠다.' 하는 하나님의 원하시는 바가 있다는 점이다. 마치 아이를 교육하는 엄마가 그 아이에게 자유를 주지만 그 아이가 이렇게 행동했으면 좋겠다는 소원을 가지고 있듯이.

그러므로 우리가 하나님의 음성을 듣고 하나님의 뜻을 구한다는 것은 내 미래가 어떻게 적혀있는지 그 정보를 듣겠다는 것이 아니라 이 상황에서 주님이 나에게 원하시는 소원은 무엇인지 내가 해야 할 역할은 무엇인지 그것을 알고자 구하는 것이다.

그러므로 우리가 하나님의 음성을 듣고 하나님의 뜻을 구한다는 것은 내 미래가 어떻게 적혀있는지 그 정보를 듣겠다는 것이 아니라 이 상황에서 주님이 나에게 원하시는 소원은 무엇인지 내가 해야 할 역할은 무엇인지 그것을 알고자 구하는 것이다.

그리고 하나님에 대한 순종이란 내가 하기를 원하시는 그 역할에 대해 기꺼이 따르는 것이다. 미래는 하나님에게 맡기고......

사람들은 미래를 알고 싶어서 하나님의 신령한 자들을 찾는다.

하지만 나의 미래의 모습은 오늘 내 삶을 보면 알 수 있다고 한다.

기독교의 하나님은 오늘 바로 이 순간을 충실하고 충만하게 살기를 원하신다. 천국을 바르게 소망하는 자는 현실을 가장 충실하게 살 수 밖에 없다.

현재를 가장 잘 살기위해 현재의 하나님을 드러내기 위해 나는 하나님에게 물어야한다.

"주님! 제가 지금 이 상황에서 미래는 어떻게 될지 모르지만 제가 어떤 역할을 하기를 원하십니까? 제가 해야 할 제 역할과 행동을 가르쳐 주십시오."

나를 속이는 것들

속사람의 치유 13

마음 속에 숨은 사람

ⓒ 내적치유사역연구원

성경은 우리 마음 안에 숨어있는 사람 즉 속사람이 있다고 한다.

"너희 단장은 머리를 꾸미고 금을 차고 아름다운 옷을 입는 외모로 하지 말고 오직 마음에 숨은 사람을 온유하고 안정한 심령의 썩지

아니할 것으로 하라. 이는 하나님 앞에 값진 것이니라."(베드로전서 3:3~4)

이 그림에서 보는 것처럼 겉 사람은 행복해 보이지만 속사람은 겉 사람의 모습과는 달리 고통스럽고 행복하지 않다. 하지만 우리는 속사람의 고통에 주의를 기울이지 않고 무시하며 오직 겉 사람을 치장하기 위해 모든 노력을 기울이기 쉽다.

그러나 하나님의 관심과 초점은 외부적으로 사람들에게 보이는 내가 아니라 내 안에 숨어있는 사람 즉 속사람에게 관심을 보이신다. 하나님은 겉 사람의 모양으로 사람을 쓰시는 것이 아니라 속사람의 품새를 보고 사람을 쓰신다.

"너는 그의 준수한 겉모습과 큰 키만을 보아서는 안 된다. 그는 내가 세운 사람이 아니다. 나는 사람이 판단하는 것처럼 그렇게 판단하지 않는다. 사람은 겉모습만을 따라 판단하지만 나 주는 '중심' 을 본다."(사무엘상 16:7)

여기에서 '중심'이란 단어가 곧 '마음에 숨은 사람' '속사람'을 뜻한다.

나라는 진정한 존재는 외형적 물질로 만들어진 육신이 아니다. 만일 그 육신이 진정한 나의 존재라면 사고로 두 팔을 잃고 두 다리를 잃은 자는 그 존재자체가 줄어 든 것인가? 아니다. 겉모습의 변화와 속사람의 변화는 다르다. 화장터에서 한줌 회색빛 재로 변해도 내 안의 속사람이란 존재는 영원히 없어지지 않는다. 하나님이 보실 때 건강한 사람 깨끗한 사람이란 바로 이 속사람의 상태를 말하는 것이다.

영국의 라브리 공동체에 어느 날 게시판에 사진 한 장이 붙어있었다. 그 사진속의 인물은 태어날 때부터 한 팔과 다리한쪽이 형성 되지 않고 나머지 다른 팔도 온전치 않은 장애를 가지고 있었다. 하지만 너무도 환한 웃음으로 짧은 한 팔을 번쩍 들고 만세를 외치고 있다. 그리고 그는 이렇게 묻고 있다.

"누가 장애인인가? 멀쩡한 사지를 가지고 마약에 절어 자기가 누구인지도 모르고 인생에 아무런 희망도 없이 거리에 누워 잠을 자는 그가 장애인인가? 아니면 비록 이렇게 다른 사람과는 다른 모습의 몸을 가졌지만 삶에 대한 의미를 바로 알고 사회의 유익한 구성원이 되고자 노력하며 나를 만드신 하나님을 찬양하는 내가 장애인인가?"

그는 이 물음을 선천적 기형의 소지가 있는 태아라면 낙태시켜도 된다고 주장하는 부분적 낙태 허용론 자들과 그들의 사고에 동조하는 이 사회에 던지고 있다.

그의 외형은 장애를 가지고 있지만 그는 누구보다도 건강한 사람이다. 그는 자신의 건강한 속사람을 그의 삶의 태도와 열매로 증명해보이고 있다. 아무리 아름답고 출중한 외모와 교육적 배경을 가졌다 할

지라도 속사람이 건강하지 못하면 그 사람의 인생은 절대로 건강할 수 없다.

다음의 사례가 이를 말해준다.

"저희 아버지는 교육자이지만 실제 삶은 도저히 교육자라고 할 수가 없었습니다. 몇 살 때인지 모르지만 지금도 선명하게 그려지는 기억은 아빠가 엄마를 때리는 모습입니다. 가죽허리띠로, 발로, 주먹으로, 빗자루가 부러지도록 집에 있는 온갖 물건이 부서지도록 안방에서부터 마당까지 엄마를 끌고 다니면서 때리셨습니다.

외할머니와 엄마의 두 남동생이 계신 앞에서...... 전 그냥 마구 소리질러 우는 것 말고는 할 수 있는 것이 없었습니다. 그 후 또 한 번 크게 아빠는 엄마를 때렸습니다. 엄마의 머리를 잡고 벽에다 박고 발로 배를 차고 주먹으로 때리고...... 오빠와 제가 그만하라고 울며불며 소리지르자 저희까지 때리려 하셨습니다. 그렇게 엄마를 때리고 주일이면 강단에 서서 사랑하라고 설교하는 아빠의 모습에 가증스럽다고 분노했고 주먹을 쥐고 눈물을 흘렸습니다. 그 뒤로 몇 번 아빠가 엄마를 때리는 소리를 옆방에서 들으며 전 결심했습니다. 한번만 더 엄마를 때리면 나는 엄마를 데리고 도망치거나 저런 아빠를 경찰에 신고하거나 칼로 찔러 죽이고 세상 사람들에게 이런 모습을 다 알리겠다고...... 이제 저는 대학생이 되었지만 아직도 그런 기억들이 떠올라 밤에 잠을 자기 어렵고 항상 불안하고 죄책감에 시달리고 있습니다."

이 목회자는 겉으로 보이는 겉사람과 그의 속사람이 너무 달랐다. 우리의 속사람은 다른 자에게는 감출 수 있으나 가까운 가족들에게는 보여질 수밖에 없다. 겉사람과 속사람의 모습에 차이가 커서 분열이 심할수록 가족들이나 주위 사람들에게 엄청난 상처를 주게 될 뿐 아니라 본인에게도 삶의 갈등이 심하며 그 분열이 심해 질 때 정신 분열이라는 질병으로 진행된다.

사람들은 보이지 않는 속사람은 신경을 쓰지 않고 눈에 보이는 겉사람의 치장에 모든 에너지를 쏟는다. 그래야만 다른 자에게 더 사랑받고 인정받을 수 있다고 믿기 때문이다. 물론 눈에 보이는 겉사람을 치장하는 것이 당연할 수 있으나 문제는 겉 사람에 대한 관심이 아니라 오직 '겉 사람만'에 대한 관심으로 치닫는 다는 것이다. 이것은 인간을 파괴해 가는 사단의 속임수이다. 이런 속임수에 걸려있으면 병든 자신의 속사람의 상태를 자각하지 못한다.

우울해 있으면서도 우울하다는 걸 의식하지도 못하고 외로워도 외로운 줄 모르고 상처받아도 상처 받은 줄 모른다. 우리 피부에 벌레들이 기어다녀도 벌레가 눈에 보이지 않고 감각이 없으면 어찌 그 벌레들을 없앨 수 있겠는가!

눈이 있어도 자신을 보지 못하고 귀가 있어도 자신의 신음소리를 듣지 못하고 그래서 다른 자의 아픔도 보이지 않고 들리지 않기에 치유받으려고 하지도 않고 상처를 준다.

병든 속사람은 가까운 가족들의 속사람까지 병들게 한다. 속사람의 질병은 전염성 질환처럼 부모에게서 자녀에게로 대물림 되어 결국 병들고 슬픈 가계도를 만들어버린다.

이것은 하나님의 저주가 아니라 그 사람이 자신 안에 있는 속사람에 대해 무관심하므로 나타나게 된 결과이다.

몸이 아프면 비록 내 몸일지라도 의사의 도움을 받아야하듯이 속사람도 의사의 도움을 받아서 건강을 회복해야 한다.

내 몸의 이상을 정확히 진단해서 고쳐줄 수 있는 명의를 만나기는 쉽지 않다. 그렇듯이 내 속사람의 병을 바르게 치유해 줄 의사를 만난다는 것은 몇 천배 더 어려운 일이다.

하지만 믿는 자 그리스도인들에게는 그렇게 어려운 일이 아니다.

왜냐면 마음의 병을 고치는 최고의 의사, 절대로 오진하는 법이 없는 최고의 심리치료자의 도움을 언제든지 받을수 있기 때문이다.

그분의 이름은 성령님이다. 성령님은 카운슬러 곧 상담자다.

세상 사람들은 비싼 돈을 내도 그분을 청할 수 없다. 하지만 당신이 예수님의 이름으로 그분을 청한다면 성령께서는 당신이 거리의 행려병자들 사이에 누워 있을지라도 기쁘게 찾아가신다.

이 책은 마음속에 숨은 사람을 위로하시고 치유하기 위해 쓰인 책이고 모든 사례들은 이일을 각자 자신의 솔직한 경험을 들어 증거하고 있다. 성령님과의 만남은 주인공과 엑스트라가 없다. 성령님 앞에서는 모든 사람이 주인공이다. 이글을 읽고 있는 당신 자신이 바로 성령께서 초대하신 주인공임을 믿으라.

나를 속이는 것들

속사람의 치유 14

내게 보이는 하나님

내적치유사역연구원

사람마다 똑같은 성경책에서 똑같은 하나님을 읽고 있지만 모든 사람은 그들의 마음의 눈에 비친 하나님이 다 다르다. 신앙이 성장해 간다는 것은 자신이 만든 주관적 하나님의 상이 깨어지고 예수그리스도를 통해 계시된 하나님의 상이 점점 더 우리 안에 세워지는 과정이라고 말할 수 있다.

기독교인임에도 불구하고 하나님에 대한 상이 왜곡되어 있는 이유는 대부분 자신이 보아온 육신의 부모로 인한 이미지 때문이다. 육신의 부모를 통해 우리 안에 형성된 부모라는 개념에 대한 이미지는 매우 강해서 성령의 도우심이 아니고는 일생동안 그 틀에서 벗어나기 어렵다.

이 그림의 아이처럼 우리 모두가 하나님을 생각할 때 부모의 영향을 받아 형성된 틀에 의해 왜곡 현상을 일으킨다.

A는 운동선수처럼 몸집이 장대했다. 아마 별명이 있다면 자이언트였을 것이다. 하지만 상담을 하러와서 우람한 체구와 전혀 어울리지 않게 조그만 아이처럼 머리를 들지 못하고 쩔쩔 매고 있었다. 나는 그에게 왜 상담을 요청했는지 물었다.

"하나님이 나를 사랑하신다는 것이 안 믿어져서요."

그는 정말 모기소리만 하게 겨우 이 한마디를 뱉었다.

지금 6개월 동안 신앙훈련을 받으면서 하나님에 대한 지식은 더욱 늘었지만 감정적으로 하나님의 사랑이 전혀 느껴지지 않아 훈련을 받기가 너무 괴롭다는 것이다. 우리는 A의 지난날의 삶에 대해 이야기를 나누었다. 어렵게 들려 준 그의 삶은 이러했다. 아직 학교도 안 다닐 어린 시절에 아버지가 집에 낯선 아줌마를 데리고 들어왔다. 그리고 며칠 후에 어머니가 집을 나갔다. 하지만 그때는 그 상황이 무엇을 의미하는지 몰랐었다. 어느 날 아버지가 A와 세 살짜리 여동생의 손을 잡고 엄마를 보러가자고 했다. 기쁜 마음에 아버지 손을 잡고 따라 나섰는데 아버지는 두 아이를 역 플랫 홈에 세워두고 여기서 기다리면 엄마가 올 것이라고 말하며 잠깐 다녀온다고 했다. 금방 다녀온다는 아버지 말에 그리고 또 엄마가 온다는 말에 A는 무서웠지만 어린 동생의 손을 꼭 잡고 역에 서있었다. 하지만 아무리 기다리고 또 기다려도 아버지도 엄마도 오지 않았다. 오줌이 마려워도 그 자리를 벗어 날 수가 없었다. 움직이면 아버지와 엄마가 자기를 찾지 못 할까 봐 두려웠기 때문이다. 날이 저물어 갔고 드디어 모든 인적이 끊어 질 어둔 무렵 역 승무원이 와서 무언가를 물었고 그리고 두 남매는 고아원에 넘겨졌다. 고아원에서 체구가 큰 이유만으로 그는 싸움패에 들어가게 되었고 고아원을 나와서는 오갈 데가 없어 싸움패거리들과 어울려 지내다가 결국 교도소에 여러 차례 들어가게 되었다. 그곳에서 신실한 기독교인 권사님을 만나게 되었고 A의 사정을 안 권사님은 그를 양자로 삼았다. A는 권사님을 따라 교회에 나오고 여러 가지 신앙훈련에 참여 해 보며 노력을 했지만 도저히 안되는 게 있었다. 그것은 하나님의 사랑이 믿어지지 않았던 것이다. 믿고 싶어도 믿어지지 않고 느껴지지 않으니 나는 택함을 입지 못한 사람이 아닌가 하는 의심 속에 자꾸만 빠지게 되었던 것이고 그래서 상담을 신청 한 것이었다.

A의 마음에는 어린 시절 자기에게 대한 아버지의 행동과 태도들이

각인 되었고 그것은 아버지라는 존재의 이미지가 되었다. 그리고 그 이미지는 A의 속사람의 눈에 안경이 되어 버렸다. 아픔이라는 재료로 만들어진 안경을 쓴 A는 그 안경을 통해 세상을 보고 하나님을 볼 수밖에 없었다. 그러다 보니 하나님의 인상은 플랫 홈에서 어린 두 아이를 버린 아버지로 느껴져 도저히 신뢰 할 수가 없었고 의지할 수가 없었던 것이다. A가 체험한 아버지라는 존재의 이미지가 하나님을 신뢰하는데 어려움을 주고 있다.

결혼 그리고 가족이라는 이 시스템은 인류가 만든 것이 아니다. 그 시작은 하나님이다. 사람들은 자신이 왜 결혼을 해야 하는지 모른다. 하지만 결혼을 해왔다. 그리고 가족관계를 형성시켜왔다. 왜 아버지가 되어야 하는지 왜 어머니가 되어야 하는지 모르지만 아버지가 되고 어머니가 되었다. 이렇게 가족이 만들어지고 가족 간의 관계가 만들어지고 그 관계를 통해서 세상에서 배울 수 없고 경험할 수 없는 귀한 것들을 배우고 체험한다. 사랑, 희생, 돌봄 그리고 책임감 등등...... 우리는 가족을 통해 나타나는 사랑을 통해 하나님을 이해 해 간다. 하지만 인류가 하나님을 배반하면서 가족공동체는 깨어져가고 위협을 받고 있다.

가족 안에 죄가 들어오면서 치명적인 상처들이 오히려 가족관계를 통해 만들어지는 경우가 많다. A의 경우처럼 말이다. A도 자신이 육신의 아버지에 대한 부정적 인상 때문에 하나님을 바로 알지 못한다는 것을 이성적으로 이해할 것이다.

하지만 이런 사실은 '내가 하나님과 우리 아버지는 다르다고 생각하면 되지' 라고 결심해서 해결 되는 간단한 문제가 아니다. 어린 시절의 기억일수록 기억의 저장고 가장 아래까지 내려가 행동양식과 감정 깊숙이 영향을 미치며 특히 부모와의 관계 그중에서도 아버지와의 관계는 하나님에 대한 이미지 형성에 더욱 결정적 역할을 하기 때문이다.[1]

선교단체에서 훈련을 받고 선교사로 사역중인 M의 이야기는 이런 점들을 더 분명히 설명해준다.

"선교사의 삶을 살면서 저의 모난 성격들을 발견하게 되었어요. 특히 세 자녀를 키우면서요. 물론 지금까지 하나님이 많이 치유하셨지만 이번 세미나에서 저를 돌아보고 싶었어요. 전 나름대로 추측하기를 내게 불같이 화를 내며 때리곤 하던 엄마와 저의 관계가 지금의 저의 문제에 원인이 될 거라는 생각이 들었어요.

그런데 하나님은 전혀 엉뚱한 곳의 문제를 가르쳐 주시더군요. 기도하는데 우리 남편이 막내딸을 따뜻하게 안아 주고 있는 모습이 보이는데 질투심이 일어나는 거예요. 보니까 내가 그 막내딸처럼 우리아빠에게 한번이라도 따뜻이 안겨보고 싶은 간절한 마음이 있기 때문에 딸

1 이영돈의 '마음' p198에서 '모든 정신분석의 사례를 꿰뚫고 있는 공통점이 있다. 그것은 성인의 정신세계를 형성하는 것이 어릴 적 부모와의 관계라는 것이다.

에게 질투심을 느끼고 있다는 것을 알게 되었어요. 놀랬죠. 어! 내가 이런 마음을 가지고 있었나? 너무 부끄럽고 그러면서 남편에게 한 행동들이 생각나더군요. 결혼 초에는 정말 남편과 사이가 좋았는데 아이들이 태어난 후 괜히 남편에게 심통을 부리고 골탕을 먹이고 싶은 마음까지 들어 남편을 힘들게 했거든요. 그런데 그것이 바로 남편이 세 딸을 너무 예뻐하니까 질투하는 마음 때문에 일어난 불화였다니 너무 부끄럽고 제 자신이 황당하더군요. 엄마가 딸을 질투한다는 것이 말이 되겠어요? 더구나 저는 대학 때부터 선교훈련을 받고 선교사로 사는 사람인데요. 전 저의 이런 면에 대해 전혀 인식하지 못하고 있었어요. 더구나 충격적인 것은 제가 하나님을 깊이 사랑하고 있는 줄 알았는데 제 친정아빠와의 관계와 똑같이 가깝지도 않고 친밀하지도 않았다는 것을 알게 된 거예요. 이번에 저에 대해 새롭게 알게 된 이런 시각은 제 가족관계나 신앙생활에 큰 전환점이 될 것 같아요. 몰랐다면 저는 더욱 남편과 딸들에게도 상처를 주는 엄마가 될 뻔했고 저를 혼자서 불쌍히 여기며 살았을 것 같네요."

이처럼 육신의 아버지의 이미지는 내 몸 구석구석에 스며들어 현재의 삶에 영향을 끼치며 하나님을 바라보는 눈을 뿌옇게 가려 버린다.

이 안개가 개이고 하나님을 바로 알기 위해 필수적으로 중요한 과정이 바로 건강하게 부모로부터 독립하는 것이며 성령님의 도움으로 하나님을 아버지로 알아 가는 것이다. 건강한 독립은 부모와 헤어지는 것이 아니라 부모로부터 받은 부정적 영향력에서 벗어나 객관적으로 부모를 보는 것이며 하나님의 자녀의 위치에서 나를 대리로 양육해 주신 부모님을 보는 것이다. 지금까지는 하나님과 부모를 혼동했지만 그 두 존재를 분리시키는 것이다.

부모로부터 건강하게 독립되기 위해서는 맺혀있는 감정의 끈을 풀어야한다. 용서해야할 것을 용서하고 그들도 죄인이며 연약하고 두려워하는 인간이었다는 사실을 받아들여야 한다. 우리가 자란 가정은 다만 몇 사람이 함께 사는 곳이 아니라 내 모든 감정의 원천이 들어있는 감정덩어리다. 그 감정덩어리로부터 말끔하게 떨어져 나와야 한다. 그러기 위해서 필요한 것이 부모가 나에게 미친 영향들을 깨닫고 그들을 용서하고 하나님의 관점으로 그들을 새롭게 받아들이는 것이다.

> "너는 네가 살고 있는 땅과 네가 난 곳과 너의 아버지의 집을 떠나서 내가 보여주는 땅으로 가라.(창세기 12:1)

아브라함에게 주신 이 명령은 신앙의 여정을 떠나는 우리 모두에게 주어진 명령이며 건강한 인생을 살기위한 필수적인 과정이다.

우리가 육신의 부모로부터 건강하게 독립할 때 하나님은 그의 모습을 우리에게 계시하여 주신다. 즉 하나님이 나에게 어떤 아버지인지 우리의 속사람에게 깨닫게 하시고 이해시켜 주시는 것이다.

"아버지밖에는 아들을 아는 이가 없으며 아들과 또 아들이 계시하여 주고자하는 사람밖에는 아버지를 아는 이가 없습니다."(마태복음 11:27)

하나님 아버지에 대해 바로 아는 사람은 깨어진 마음에서 온전히 치유되고 회복되어 질 수 있다. 자기를 온전히 아버지의 손에 맏길 수 있기 때문이다.

속사람의 치유 15

잘난 동생 못난 언니

ⓒ 내적치유사역연구원

20세기에 들어 인간의 문제를 한 개인의 문제로 보기 보다는 문제 행동을 보이는 개인은 그가 속한 가족체계의 결함을 표현하고 있다고 보는 견해가 등장했다.[1] 가족이란 매우 특별한 집단으로 가족 간에 갖

1 문제 행동은 문제를 나타내는 개인의 문제가 아니라 가족전체의 인간관계의

는 상호관계는 개인에게 엄청난 의미를 주게 된다. 가족들이 나를 대하는 태도는 내가 나를 받아들이는데 큰 영향을 주고 자연히 성격형성에도 영향을 미치게 될 수밖에 없는 것이다.

이 그림은 부르스 탐슨 박사[2]의 저서 '내 마음의 벽'에 있는 도표를 응용한 것이다.

이 그림의 남자모습은 가정에서 가장 권위가 있는 사람, 그리고 가운데 중심에서 아래로 내려오는 선은 하나님 아버지의 아가페적 사랑을 의미하며 이것은 하나님이 나를 대하시는 관계의 원리며 모습이다. 양쪽 선은 이런 하나님의 사랑과 비교 해 볼 때 권위자가 자녀에게 대하는 바르지 못한 태도를 나타낸다.

만일 우리의 부모가 하나님처럼 자녀들을 바른 진리와 사랑의 태도로 대한다면 자녀의 성격은 중심선에 가까워져서 자기의 정체성이 바르게 확립되고 대인관계에서도 건강한 안정감을 보이겠지만 권위자 즉 아버지가 바르지 못한 태도로 자녀를 대하고 그것이 하나님의 진리에서 멀어질수록 자녀들의 내면은 중심선에서 멀어져 자신에 대해 왜곡된 정체성과 건강하지 못한 성격이 형성되어 진다.

병리적 현상으로 보는 새로운 관점으로 1950년대 이전까지는 개인을 강조하는 관점이었다면 이제는 개인을 둘러싼 관계를 강조하는 관점으로 전환하게 되었는데 이것은 개인의 행동은 환경의 역동성을 반영하는 것이라는 전제가 성립된 것이다. 이로 인해 환자와 가족을 직접 만나는 여러 프로그램과 가족치료이론이 발달하게 되었다.

2 부르스 탐슨 박사는 내과의사이며 기독교 상담가이고 예수전도단 하와이 열방대학 강사입니다.

그렇다면 그림에서 보여주듯이 한 가정안에 있는 권위자의 태도가 성격형성에 왜 그토록 큰 영향을 미치는 것일까?

> 흙으로 만들어진 겉사람에게 음식이 필요하듯이 영이신 하나님의 형상으로 만들어진 속사림은 사랑을 필요로 한다.

그것은 사람 안에 들어 있는 하나님의 특성 때문이다. 하나님은 인간을 사랑의 관계를 나눌 수 있는 고귀한 인격체로 창조하셨다. 사랑을 주고 또 받기 원하는 마음은 인간의 본질이다.

흙으로 만들어진 겉 사람에게 음식이 필요하듯이 영이신 하나님의 형상으로 만들어진 속사람은 사랑을 필요로 한다. 사랑이란 상대가 나를 있는 그대로 용납하며 나를 존중해 주고 인정해 주는 관계성이다. 음식과 사랑은 인간에게 필수적이다. 그러므로 인간은 이 두 가지를 얻기 위해 필사적이 되고 이런 필사적인 필요는 우리가 접하는 모든 사건과 사람들의 태도를 소재로 성격이란 작품을 만들어나간다.

이 그림은 권위자의 태도에 의해 형성 된 가장 극단적인 두 가지 형태의 성격을 잘난 동생과 못난 언니로 표현하고 있다.

잘난 동생은 그 아버지나 가족들에게 잘났다는 (언니와 비교 속에서)평가를 받고 자란 사람이다. 그의 성격에 나타나는 특성들을 부르스 탐슨은 다음과 같이 쓰고 있다.

'거절을 느낄 때 적개심, 자만심, 우월의식과 심한 경쟁심, 자신의 생각에 대한 완고함과 교만, 분노, 비판, 지배욕과 강한 소유욕, 불안정, 다른 자를 누르고 일어서려는 살인적 조정감'이 나타나며

못난 언니 성격의 특성을 보면

'거절감, 슬픔, 자신을 동정하는 마음, 우울함, 불안정, 죄의식, 자기 혐오, 죄책감, 낙망과 패배감, 실망, 꺼져 가는 삶의 의지'이다.

이런 성격적 특성은 하나님이 창조하신 것이 아니고 우리 자신이 외부의 영향을 받아서 스스로 만들어 간 것이다.

대부분 우리는 이 두 타입의 성격의 내용이 섞여져 있지만 대체적으로 어느 한쪽으로 치우쳐있게 된다. 당신은 어떤 유형에 더 치우쳐 있는가?

먼저 못난 언니의 유형에 속하는 사례를 보자.

34세 B의 이야기다.

"저의 직장 사람들은 저에게 신앙이 좋은 사람이라고 합니다. 저도 제 나름대로 소명을 가지고 열심히 전도하며 살고 있습니다. 하지만 가정에서 제 모습은 전혀 달라요. 특히 아이에게 야단 칠 때나 남편이 나를 사랑해주는 것 같지 않을 때 서운한 생각이 들기 시작하면 신앙의 뿌리까지 흔들리면서 힘들어 집니다. 서운한 감정들이 꼬리에 꼬리를 물고 일어나 정말 가슴이 터져 버릴 것 같아요. 내적치유세미나의 강의를 들으며 기도할 때 '외로움'이란 단어가 크게 다가왔습니다. 그리고 제가 어릴 적에 가진 아버지의 이미지가 떠오르더군요. 제 어린 눈에 새겨진 아빠의 모습은 너무 무섭고 엄하고 늘 야단치는 모습이예요.

그런데 그 아빠의 무서운 이미지와 함께 어린 저의 모습이 생각났어요. 아빠에게 선물을 받고 좋아하는 남동생 뒤에 서서 부럽게 쳐다보던 생각, 그 장난감을 부러워하며 동생에게 빌려 쓰던 생각이 나는데 왜 그런지 한없이 눈물이 나서 부끄러운 줄도 모르고 엉엉 울었습니다. 내안에 그때 만들어진 외로움이 그대로 살아 있었더군요.

주님께서 인정해 주시지 않은 것이 아니라 내가 주님을 저의 아버지처럼 느끼면서 나보다 더 열심히 하는 사람에게로 사랑이 옮겨 갈까봐 불안해했던 거예요.

제가 그렇게 외로워하고 있었다는 것을 저는 잊고 살았어요. 왜냐하면 학교에 들어가면서 판도가 달라졌거든요. 딸이라고 나를 싫어하던 아빠가 제가 동생보다 공부를 잘하니 예뻐하기 시작하셨고 남동생은 공부에 담을 쌓고 사니 아빠 엄마가 기대를 저에게 옮겼어요. 놀라운 변화였죠. 저는 굉장히 승부욕이 강하고 등수에 집착하는 욕심이 많은데 기도 중에 저의 어린 시절의 이런 몇 가지 장면들을 생각하면서 '아! 내 욕심이 여기에서부터 만들어졌구나.' 하고 깨달아 지더군요.

저의 이런 경쟁심은 신앙생활에도 이어졌어요. 저는 기도를 많이 하지 않거나 주님에 관한 일을 열심히 하고 있지 않으면 불안하고 주님이 인정해 주지 않을 것만 같은 생각에 기분이 우울해지곤 했거든요. 왜 이러는지 몰랐는데 이젠 나의 감정에 대해 이해가 됩니다. 주님께서 인정해 주시지 않은 것이 아니라 내가 주님을 저의 아버지처럼 느끼면서 나보다 더 열심히 하는 사람에게로 사랑이 옮겨 갈까봐 불안해했던 거예요. 이제 이런 어리석은 경쟁으로 얻어지는 관계가 아닌 새로운 방법으로 주님을 만나고 가족들을 만나고 싶어요."

B는 딸이라는 이유 때문에 동생과 비교 당하고 거절감과 외로움을

깊이 느꼈다. 하지만 공부를 잘해 부모의 사랑을 얻고 난 이후 그 기쁨과 성취감은 외로웠던 것만큼 크고 좋았을 것이다. 하지만 그것은 경쟁으로 얻어낸 것이기에 잘하지 못하면 언제든지 다시 뺏길 수 있는 불안한 자리였고 사랑이었다. 이런 불안은 B를 경쟁적이고 욕심 많은 성격으로 만들었고 그 불안은 신앙생활에까지 이어졌다. 조건적인 사랑을 받은 사람일수록 아무 조건 없이 나에게 내미는 하나님의 손을 잡고 그 품안에서 안식하는 것이 너무 어렵다. 하나님은 우리에게 이런 부분이 치유가 필요한 부분인 것을 아시기에 정죄하지 않고 치유하시는 것이다.

잘난 동생의 대우를 받은 Y의 삶을 보자.

Y는 참으로 금쪽같은 삼대독자였다. 그 아버지는 전처가 아들을 낳지 못하자 후처를 두었고 후처에게서 딸 넷을 얻고야 겨우 아들을 얻었다. 환갑도 훨씬 지나 어렵게 얻은 아들에게 아버지는 지극정성이었고 상대적으로 딸들은 그 집 종보다도 못한 신세였다. 딸들은 아버지에게 부탁할 일이 있으면 동생 Y를 통해 말을 했다. Y는 밥도 아버지와 따로 먹고 반찬도 물론 달랐다. 이런 Y가 사회에 나가 직장생활을 하는데 문제가 생겼다. 도무지 적응을 하지 못하는 것이다. 어디가든지 불평이었다. 왜냐하면 지금껏 왕처럼 자기를 떠받드는 사람들만 있었고 그 대우가 몸에 배인 Y에게 사람들의 태도는 도저히 용납 할 수 없었기 때문이다. 결국 Y는 직장을 때려치우고 부모가 Y 앞으로 물려

준 재산도 모두 탕진하고 말았다. 그리고 Y를 하늘같이 떠받쳐주던 절대 후원자 부모님도 세상을 뜨셨다. 아내와 두 자식도 있었지만 아내와도 불화가 심하던 Y는 결국 알코올 중독자가 되어 세상을 떠돌다가 어느 날 길에서 쓰러져 죽었다. 어느 누구도 금쪽같은 Y가 이런 인생이 될 줄을 몰랐을 것이다.

Y와 비슷한 삶을 살았던 M의 이야기다.

M 역시 딸 다섯 끝에 낳은 귀한 아들이었다. 그 부모의 절대지지 속에 순탄한 청소년기를 보내고 직장생활을 하던 중 아버지가 갑자기 세상을 떠나셨다. 어머니는 남편 있을 때에도 아들밖에 몰랐지만 남편이 죽은 후에 더더욱 M에게 모든 것을 의지했다. 그런데 그 어머니도 세상을 떠나고 말았다. 어머니가 세상을 떠난 후 며칠 안 되어 M는 직장에서 상사와 심하게 다툰 후 그날 밤 자살했다.

물론 잘난 동생으로 부모의 편애를 받고 자란 사람들이 다 이렇게 되지는 않는다. 하지만 가족들이 보여 주는 태도가 대인 관계의 지침서가 되기 때문에 부모의 일방적 편애 안에서 모든 것이 자기 원하는 대로 되는 관계에 익숙해진 사람에게 세상 사람들의 태도는 견디기 어려울 수 있다. 자기 가족들처럼 자기의 뜻을 받아 주고 자기에게만 특별관심을 보여주지 않을 때 반사적으로 거절감과 깊은 적개심을 느낀다. 또한 근거 없는 우월 의식 속에서 쉽게 사람들을 무시하며 자기보다 잘나 보이는 사람을 만날 때 그의 경쟁심은 불꽃처럼 타오른다.

어딜 가든지 대화의 주인공이 되거나 사람들이 자기의 말에 모두 복종하고 인정해주어야 마음에 평화가 오는데 그렇지 못한 상황들이 발생될 때 그의 마음은 분노와 불안정 시기심과 경쟁심등으로 마음이 불쏘시개로 쑤셔 넣은 것처럼 엉망이 되어 버린다. 자신도 자기가 왜 이러는지 이해 할 수 없을 정도로 말이다.

많은 사람들이 자기 성격이 변화되어야 할 필요성은 조금 느끼고 상대방 특히 배우자의 성격이 변화되어야 할 필요성에 대해서는 매우 큰 필요를 느낀다. 그래서 서로를 개조하려고 온갖 지혜를 다 짜낸다.

하지만 나를 비롯해서 상대방의 성격이 변화되기 위해서 먼저 성격의 형성 과정을 어느 정도 이해해야 한다. 성격은 우연히 만들어진 것은 아니다. 그러므로 그 과정을 살펴보면 어떤 부분의 치유가 필요한지 찾아 낼 수가 있다.

치유나 변화란 굽어지고 비정상적인 부분이 있다는 것이다. 그렇다면 어떤 성격을 정상적인 성격이라고 말할 수 있을까? 성경은 하나님이 인간 안에 만들어지기 원하는 가장 건강한 성격의 내용을 다음과 같이 말하고 있다.

> "사랑과 기쁨과 평화와 인내와 친절과 선함과 신실과 온유함과 절제"(갈라디아서 5:22)

그리스도인이란 그 사람 안에 살아 계신 예수그리스도의 영이신 성령께서 내주하시는 사람이다. 위의 성격은 성령이 가진 성격이다. 성령께서 그 사람을 지배 하며 진정한 자아를 찾아 갈수록 이와 같은 성격이 나타나게 된다.

사람의 성격은 대부분 자신이 만들어가는 것이며 그래서 자신이 책임져야할 부분이다. 성격과 기질은 다르다. 기질은 하나님께서 각각 다르게 만드셨기에 어떤 기질이든지 다 아름다운 하나님의 형상을 지닌다. 하지만 성격은 본인이 환경과 자극이라는 소재를 가지고 만들어 낸 자기 작품이다.

못난 언니와 잘난 동생이 보여주는 성격은 하나님이 전혀 의도하지 않은 작품이다. 이제 우리는 성령 하나님과 함께 본래 하나님이 의도하셨던 나의 성격을 창조해 나가야 한다. 우리가 협조하면 성령께서 이일을 하시겠다고 새 언약으로 약속하셨다.

속사람의 치유 16

우물 안의 지혜자

ⓒ 내적치유사역연구원

하나님이 보시기에 가장 무지하고 미련한 자는 스스로를 지혜롭게 여기는 자다. 그의 머리에는 수많은 지식으로 가득 채워져 빈곳이 없다. 하지만 이 지식은 통합된 지혜가 아니며 생명의 지혜가 아닌 각각 따로 돌아다니는 정보조각들이다. 하지만 그는 자기 안에 정보의 양이 많다는 것에 대해 큰 힘이라고 생각한다. 바로 이점이 그의 눈을 더욱 장님으로 만드는 요인이다. 그는 열심히 생각한다. 그리고 판단하고 비판한다. 하지만 그 모든 기준이 오직 자기 자신이다. 자신이 아무리 깊이 생각하고 명상해도 그 생각은 처음 출발한 그곳으로 다시 돌아오고 있다는 것을 그는 모른다. 그러는 사이에 그의 인생 또한 다 흘러가고 있음을 모른다.

예수님께서는 이런 자들에 대해 말씀하셨다.

> "하늘과 땅의 주인이신 아버지 이 일을 지혜롭고 똑똑한 사람들에게는 감추시고 어린아이들에게는 드러내어 주셨으니 감사합니다. 그렇습니다. 아버지, 이것이 아버지의 은혜로운 뜻입니다. 내 아버지께서 모든 것을 내게 맡겨주셨습니다. 아버지밖에는 아들을 아는 이가 없으며, 아들과 또 아들이 계시하여 주려고 하는 사람밖에는 아버지를 아는 이가 없습니다."(마태복음 11:25~27)

우리의 어두움이 벗겨지기 위해서는 나의 한계 밖에 계시는 하나님이 가르쳐 주시는 계시가 필요하다. 하나님은 자칭 지혜롭고 똑똑하다고 하는 자들에게는 그 가르치심을 베풀지 않으신다. 그래서 스스로 지혜로운 자들이 가장 어리석고 무지한 자가 되는 것이다.

41세의 S가 남편에 대해 써 놓은 글이다.

"제 남편은 완벽주의자입니다. 무엇이든지 그날 해야 할 모든 것들이 실수 없이 정확히 되어야 하고 정리정돈이 잘되어 있어야 합니다. 집에 왔을 때 저와 아이들이 웃고 있지 않으면 화를 불같이 냅니다. 그리고 자기 말에 무조건적으로 순종하고 따르지 않으면 난리가 납니다. 자신은 모든 일에 완벽하니 자기에 대해 말하지 말고 그저 따르기만 하라고 합니다. 자기의 단점을 조금이라도 말하면 큰일이 나구요. 저와 아이들은 아빠가 집에 오면 긴장상태가 되어버립니다. 애들도 저도 점점 소심해져서 이제는 어떤 말도 그의 앞에서 할 수 없습니다. 이런 세월을 지내다보니 제가 혈액 순환장애가 생겨 병원에 입원했습니다. 며칠 동안 병원에서 그의 얼굴을 안보니 마음이 편해지고 있었는데 갑자기 그의 목소리가 들리니 긴장해서 가슴이 뛰고 즉시로 먹은 게 얹히고 소화 장애가 돼 버렸습니다. 나는 제명에 못살지 싶습니다. 그런데도 남편은 자기가 완벽한 남편이고 아빠라고 늘 말합니다."

우물 안의 지혜자는 식구들에게도 그 벽을 열지 않는다. 언제든 자기의 세계 속으로 들어가 버린다. 식구들은 그 벽 앞에서 외로움을 호소한다. 하지만 벽속으로 들어가 버린 아빠는 나오지 않는다. 아내와 자녀들은 그 벽 밖에 서서 아빠가 나오기를 기다린다. 기다림은 실망이 되고 슬픔이 되고 슬픔은 분노로 그리고 포기로 바뀐다. 그래서 이제 어느 날부터는 아빠를 기다리지 않는다. 스스로 살아갈 방법들을 마련한 것이다. 어느 날 조용히 부인이 떠난다. 이 남편은 자기 부인이 왜 자기를 떠나는지 알지 못한다. 자기가 안 해 준 것이 무엇이냐고 반

문한다.

우물 안의 지혜 자는 항상 다른 사람들에 대해서 이야기하며 귀에 들어온 출처도 없는 정보들을 말한다. 정치인들은 이래야하고 나라는 이래야하며 그 사람은 이렇고 이 시대는 이렇다고 말을 하지만 아무도 그의 이야기를 듣지 않는다.

성령님의 계시의 필요성을 느끼지 못한 채 자신의 지식으로 판단한 뒤 신은 없다고 말하든지 아니면 하나님은 이러저러하다고 말함으로 이미 하나님까지 그의 아랫사람처럼 판단하고 교정하려고 한다. 이미 자신이 신의 자리에 앉은 것이다.

그의 세계는 열려본 적이 없기에 빛이 들어와 본적도 없다. 어둡다는 인식이 생겼다면 그는 이미 빛을 본 사람이다. 하지만 이 사람은 어두움에 대한 인식 자체가 없기에 빛을 필요로 하지도 않는다. 그는 자신이 가장 의롭다고 생각하기에 상대적으로 어느 사람도 믿을 수 없고 존경할 수 없다. 자신은 다른 자보다 우월하다고 믿기에 사람들과 거리를 두고 스스로 만든 외로움에서 탄식한다.

그는 자기의 변화의 필요를 느끼지 않는다. 세상과 다른 사람들이 변화되어야 한다고 주장한다. 세상과 사람들의 어리석음을 경멸하고 자기와 같은 완벽한 지혜자를 알아보지 못하는 것을 증오한다.

무서운 흑암이란 상식표면적 지식을 가지고 본질 전체를 추측하는 것이다. 추측은 하나님으로부터 오는 바른 진리를 덮어 버린다. 인간이 가진 어두운 흑암은 하나님의 계시의 빛을 차단시켜 버리므로 흑암

> 무서운 흑암이란 상식표면적 지식을 가지고 본질 전체를 추측하는 것이다. 추측은 하나님으로부터 오는 바른 진리를 덮어 버린다. 인간이 가진 어두운 흑암은 하나님의 계시의 빛을 차단 시켜 버리므로 흑암이 되는 것이다.

이 되는 것이다. 무지한 자는 비어있는 자가 아니라 자기의 얇은 지식으로 가득 채워져 있는 사람이다.

인간의 이성은 귀로 들리는 온갖 잡다한 지식들을 주워 담기위한 것이 아니라 멀리서오는 하나님의 통찰의 빛을 받을 수 있는 놀라운 레이더망이다. 하나님으로 부터 오는 바늘 한끝 같은 빛이라도 수천 권의 인간적 지식들이 할 수 없는 일을 사람 안에서 행한다. 그래서 우리는 이 빛 된 지혜를 사모해야 하며 그 빛을 볼 수 있게 해달라고 기도해야한다.

주님께서 이 사람에게 말씀하신다.

"눈은 몸의 등불이다. 그러므로 네 눈이 성하면 네 온몸이 밝을 것이요 네 눈이 성하지 못하면 네 온몸이 어두울 것이다. 그러므로 네 눈 속에 있는 빛이 어두우면 그 어둠이 얼마나 심하겠느냐?"
(마태복음 6:22-23)

"너희가 눈이 먼 사람들이라면 도리어 죄가 없었을 것이다. 그러나 너희가 지금 본다고 말하니 너희의 죄가 그대로 남아있다."
(요한복음 9:41)

속사람의 치유 17

먹을 수 없는 열매

내적치유사역연구원

하나님은 당신의 자녀들을 택하신 이유가 있다.

"너희가 나를 택한 것이 아니라 내가 너희를 택하여 세운 것이다.
그것은 너희가 가서 열매를 맺어 그 열매가 언제나 남아있게 하려

는 것이다."(요한복음 15:16)

하나님은 우리가 열매를 맺기 원하신다.

열매 맺는 나무는 더 열매를 맺게 하기위해 하나님이 돌보신다. 하지만 열매가 없는 나무는 찍어 불에 던져버리신다고 하셨다.

사람들이 생각하는 열매와 하나님이 생각하신 열매의 의미가 많이 다를 수가 있다. 여기 이 나무를 보자. 이 나무는 과연 열매가 풍성한 나무라고 말할 수 있을까?

이 나무에 많은 열매가 달려있다. 그리고 나무는 매우 만족하게 웃고 있다. 하지만 그 곁의 사람들은 행복한 모습이 아니다. 주변의 사람들은 주로 이런 말들을 마음에 품고 그 나무를 보는듯하다.

'흥! 어디 얼마나 잘되나 두고 보자'

'그래 이 사람은 정말 잘난 사람이네. 근데 나는 이게 뭐야? 내가 이놈만 못한 것이 뭐가 있어? 나도 부모 잘 만나고 배경이 좋았어봐!'

'정말 수단 방법 안 가리고 자기 밖에 모르고 살아가네. 나만 바보같이 산 것 같아.'

사람들이 이런 생각을 하고 있다는 것은 이 나무가 자기 주위의 사람들의 마음에 선한 영향력, 즉 그들에게 하나님을 생각하게 하는 영향력을 조금도 주지 못하고 오히려 사람들의 마음을 더럽히고 있기 때문이다.

이 나무에 맺힌 열매는 사람들이 갖고 싶은 것 들이다. 내 자식이 가져 주었으면 하는 것들일 수 있다. 하지만 이것들은 하나님이 의도하신 열매가 아니다. 하나님 보시기에 나무에 달려서는 안 되는 돌연변이 들이다.

이 나무에 달린 것들은 생명현상과 아무 관계가 없다. 그래서 주위를 행복하게 해주지 못한다.

이 나무에 달린 것들은 마치 물건과 같다. 사람은 물건을 만들 수 있으나 열매를 만들 수 없다. 열매는 하나님과의 연합이 없으면 만들어 질 수 없다. 열매는 영이요 물건은 육이다.

열매는 나무 자신을 위한 것이 아니다. 자기가 먹으려고 열매를 만들어 꽁꽁 숨겨놓고 먹는 나무는 세상천지에 없다. 삼라만상 모든 것이 자신을 위해 존재하는 것이 아니라 남을 위해 존재하도록 만들어졌고 남을 위해 자신을 내어주는 것으로 결국 자신의 생명 또한 영위된다.

민들레가 힘을 다해 수고하여 홀씨를 만들어 내면 세상으로 다 흩어져간다. 맛있는 열매가 새의 밥이 된다. 하지만 그것은 또 다른 민들레를 만들어내고 또 다른 나무를 만들어낸다.

하지만 오직 사람만은 아무도 먹을 수 없는 자기만의 열매를 만들어 놓고 자랑에 겨워한다.

"살리는 것은 영이요 육은 무익하니라."(요 6:63)

혼자서는 크고 무성하지만 자기 곁에서 죽어가는 자에게 줄 것이 없는 삶은 하나님이 보실 때 살아 있는 삶이 아니라 죽은 삶이며 인생을 허비한 삶이고 하나님이 의도하신 인간의 모습이 아니다.

자기 자녀들이 이런 삶을 살기를 원하는 부모는 아무도 없을 것이다. 그런데 아주 흥미로운 조사 결과가 나온 적이 있다. 전주지방의 한 교회목사님께서 교인들에게 이런 리서치를 해보셨다.

부모들에게는

'자녀를 키우면서 가장 많이 기대하는 것은 무엇입니까?'

라고 질문을 주고 자녀들에게는

'부모님이 자녀에게 가장 많이 기대하는 것은 무엇입니까?'

라고 질문을 한 것이다. 그런데 총 60분의 부모들 중에 90%이상의 부모들이 '나는 신앙과 인격이 가장 중요하다고 자녀들에게 교육하고 그것을 기대합니다.'라고 답하셨다. 역시 훌륭한 크리스천 부모다운 답변들이었다. 하지만 이게 웬일일까!

바로 그 대답을 한 부모들의 자녀 150명에게 질문을 한 결과 '우리 부모님께서 가장 강조한 것은 신앙과 인격이었다.' 라고 대답한 것은 고등부에서는 15명, 4학년에서 6학년까지 아이들은 단 2명뿐이었고 나머지 전체는 놀랍게도 다음과 같이 대답했다.

'부모님들이 나에게 가장 강조하고 원하시는 것은 세상에서 출세하고 돈을 많이 벌 수 있는 직업을 가진 사람이 되는 것입니다.'

부모와 자녀가 서로 전혀 다른 답을 한 것이다. 그런데 어떻게 이런 결과가 나왔을까?

부모들은 자신들이 이런 교육 시킨 적이 없다고 하는데......

물론 어떤 부모도 '신앙과 인격보다 돈과 출세가 더 중요하다.' 라고 말한 부모는 없을 것이다. 그런데 어떻게 자녀들은 자기 부모들이 자신들에게 가장 강조하는 것은 돈과 출세라고 대답했을까?

자녀는 그 부모의 마음속에 있는 것을 읽은 것이다. 부모의 마음에서 오는 것을 먹은 것이다. 가정교육은 말이 아닌 부모의 마음 판에 새겨진 교훈으로 전달된다. 숨겨진 속사람의 언어가 자녀에게 그대로 전달되는 것이다.

우리가 이 나무처럼 자기 자랑만 있을 뿐 아무도 먹을 수 없는 열매를 달고 있는 인생이 되지 않으려면 내 속사람이 진실로 예수님을 모델로 하여 새롭게 되어져야 한다. 가치관이 바뀌어야 하고 인생의 목적이 바뀌져야 한다.

세상에 처음 태어나서는 자기 원하는 대로 해달라고 울어 대지만 어느 날 그 방향이 바뀌어져 남을 위해 우는 삶을 만들어야 한다.

우리의 깊은 영혼 안에는 이기적 속성과 다르게 남을 위해 살고 싶은 찬란한 빛이 타오르고 있음을 볼 수 있다. 우리 안에 있는 하나님의 생명의 빛이다. 그 생명을 더 크게 키워야한다.

그리하여 하나님이 원하는 열매가 주렁주렁 매달린 나무가 되어야 한다.

나를 속이는 것들

속사람의 치유 18

절망의 종점으로 가는 길

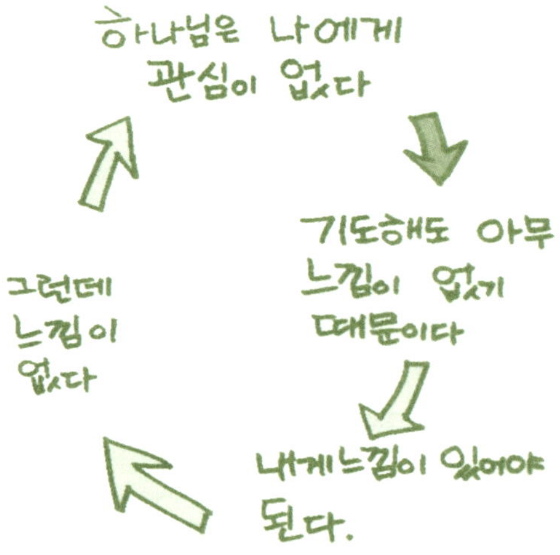

내적치유사역연구원

불행한 인생은 그 사람의 생각이 먼저 부정적이고 불행하다. 오랫동안 습관처럼 해온 생각은 고착화 되는데 고착화된 부정적 생각은 그 사람을 반드시 불행의 삶으로 인도한다.

이 그림은 우리 안에 있는 생각의 길을 보여주는 그림이다.

이 사람의 생각은 같은 자리를 돌고 있다. 그리고 그 생각의 결론은 항상 부정적이고 절망적이다. 이런 사람은 절실한 마음으로 세미나에 와서 앞자리에서 가장 열심히 강의를 듣고 기도할 수 있지만 사실 이 사람은 아무것도 듣지 않는다. 딴 것을 기다리고 있기 때문이다. 그것은 곧 그에게 감지되는 느낌이다. 그는 하나님이 자기를 사랑하신다는 증거와 자기 기도를 들으신다는 모든 척도를 자기의 느낌에 두고 있다. 그래서 입으로는 하나님을 부르지만 온 마음은 오직 자기 느낌에 집중되어 있다. 그가 자신의 느낌의 움직임을 이토록 중요하게 여기는 이유는 자신이 믿는 생각 때문이다. 그는 '하나님이 응답하시는 기도는 느낌이나 특별한 영적 현상을 동반 한다'는 생각을 믿고 있다. 어쩌면 그는 자신이 이런 생각을 가지고 있는 것에 대해 별 의미를 두지 않을 수도 있다. 하지만 이 생각은 성경적 진리를 거스른 것이기에 부정적 영향력이 매우 크다.

우리가 하나님이란 진리자체에 대해 집중하지 못하고 다른 것 즉 심리적 위로나 기쁨 혹은 영적 체험 자체에 더 흥미를 나타 낼 때 위로나 기쁨을 발견하기는 어렵고 진리도 얻지 못한 채 감언이설이나 영적 속임수에 빠지게 된다.[1]

그는 하나님을 기다린다고 믿지만 사실 그가 기다리는 것은 자기의

1 C.S.루이스도 이 부분에 대해 그의 저서 '순전한 기독교' p65에서 언급하기를 '여러분이 진리를 구한다면 결국 위안을 발견할 것입니다. 그러나 위안 그 자체를 구한다면 위안도 진리도 얻지 못한 채 오로지 감언이설과 몽상에서 출발해서 절망으로 마치고 말 것입니다.' 라고 쓰고 있다.

감정적 충족감이다. 그에게 진리를 분별하는 척도는 감정이다. 하지만 감정은 우리를 잘못된 오류로 이끄는 거짓된 인도자가 될 수 있다. 인간의 감정은 아직 온전치 않고 치유가 필요하기 때문이다.

27세의 L의 나눔이다.

"언제부터인가 나는 철저히 혼자라는 생각이 나를 지배하여 곧잘 외로움에 빠져 스스로 자학에 빠졌다. 이곳에도 물론 혼자 왔다. 그런데 역시 난 이곳에서도 철저히 외로웠다. 무엇이 문제인가? 하나님께서 다른 사람은 만나주시는데 나만은 외면하시는 것 같다는 생각 때문이다. 나는 정말 이제는 더 이상 혼자서 외롭게 미쳐가고 싶지 않았다. 그러면 난 어떻게 해야 하나?

그때 내 눈에 들어오는 그림이 있었다. 생각의 길을 나타낸 그림은 바로 나의 상태였다. 난 책이나 다른 사람들의 간증처럼 하나님이 내 손을 잡고 극적인 위로를 주시기를 거의 강하게 요구(?)하고 있음을 발견했다. 강의의 내용보다도 '그래 알았으니까 믿을 테니까 빨리 나에게 느낌과 체험을 주세요. 나를 사랑한다는 것 다 알았단 말 이예요.' 이런 식이었다. 하지만 아무리 기다려도 내가 설정하고 예측했던 그런 느낌은 내 머릿속으로 들어오지 않았고 내 눈에 보이는 것도 없었기에 점점 실망하며 역시! 하고 있었던 것이다. 이 그림을 보면서 나의 태도가 잘못 되었다고 인정이 됐다. 주님께 잘못된 나의 태도를 고백하며 내 감정적 느낌을 상관하지 않기로 결정했다. 마음으로 화를 내던 것을 멈추고 '주님의 말씀을 믿겠습니다!' 하고 외쳤다. 이런 고백을 계속 하고 있는데 불현듯 어떤 장면들이 떠올랐다.

집에서 아무도 원치 않는 아이로 태어나 중고등 학교 때 아이들에게 따돌림을 받았던 장면들, 그리고 대학시절에 믿었던 사람으로부터의 철저한 배신...... 그 장면들이 떠오르며 혼자 외로워하고 힘들어 하는 나를 주님이 알고 계셨구나 하는 생각이 들었다. 그리고 그 순간마다 나를 혼자 두지 않고 주님이 같이 있어 주셨구나하는 믿음이 이젠 말뿐이 아니라 내 감정 안에 까지 깊이 느껴졌다.

> 속사람이 가지고 있었던 생각의 변화가 일어나야만 모든 은혜의 체험은 일회성으로 끝나지 않고 성장으로 이어진다.
> 생각의 변화는 우리 내면의 깊은 중심에서부터 일어나는 지진이다. 마음의 밭을 갈아엎으시는 내면의 지진은 오직 성령께서 역사하실 때 가능하다.

전혀 느껴 보지 못한 감정이었다. 내가 느낌을 상관하지 않기로 결정하자 오히려 내 마음이 주를 향해 바르게 고정되어 주님이 함께 하셨다는 느낌이 온 것이다. 사실상 입으로 진리를 고백한다는 것이 얼마나 중요한 것인지 새삼 알게 된 시간이었다.

이제 내 마음에 느낌이 오든지 오지 않든지 내가 먼저 진리를 고백하며 걸어가겠다. 다시는 나를 절망으로 데리고 간 생각의 길을 따라가지 않을 것이라고 다시 한 번 결심한다."

속사람이 가지고 있었던 생각의 변화가 일어나야만 모든 은혜의 체험은 일회성으로 끝나지 않고 성장으로 이어진다.

생각의 변화는 우리 내면의 깊은 중심에서부터 일어나는 지진이다.

마음의 밭을 갈아엎으시는 내면의 지진은 오직 성령께서 역사하실 때 가능하다.

만일 우리가 생각속의 오류를 깨닫게 되었다면 그것은 성령께서 당신을 만나신 증거라고 믿어도 될 것이다. 성령이 우리에게 바른 생각을 가르쳐 주실 때 우리가 할 일은 그 생각을 믿음으로 붙잡는 것이다. 믿음으로 붙잡고 계속해서 입으로 고백하며 행동으로 이어지게 해야 한다. 그럴 때 우리 안에 새로운 생각의 길이 만들어진다. 그러나 감정은 새롭게 만들어 진 생각의 길을 따라오지 않으려고 한다. 왜냐하면 지금까지 해온 생각에 대해서 감정이 길들여졌기 때문이다. 이럴 때 감정을 외면하고 새롭게 들어 온 생각을 계속 해서 붙잡고 살아가기가 매우 힘들 수 있다. 우리의 사고 시스템은 내 감정이 이끄는 대로 움직이지 않으면 '위선자' 혹은 '이것은 내가 아니다'라는 강한 반발을 하기 때문이다. 나를 지배해 온 악한 생각을 버리고 하나님의 새로운 생각을 받아들이려고 할 때 반드시 내 안에서 거센 반발이 만들어진다.

이런 감정의 반발에 대해 부르스 탐슨은 회개할 때 우리의 감정에서 일어나는 정상적인 현상이라고 말한다.[2]

타락한 우리의 감정은 바른 진리에 대해서 결코 기쁘게 반응하지

2 부르스 탐슨은 '내 마음의 벽' p249에서 우리가 진리를 따르려 할 때 일어나는 현상에 대해서 설명하기를 '히브리어로 번역된 회개 (nawkham)라는 단어는 문자적으로 해석할 때 '한숨짓기, 식식 거리기, 그리고 몸부림치기'의 뜻을 갖는데 그것이 바로 우리가 회개할 때 우리의 정서적인 면에서 나타나는 현상이다.' 라고 쓰고 있다.

않는다. 우리의 이성이 타락하여 거짓을 분별하지 못하듯이 감정역시 타락하고 상처입음으로 인해 감정은 척도로 삼을 수없는 불안정한 기관이 되어 버렸다.

만일 인간이 정서적 질병에 걸리고 싶고 인생을 파괴시키고 싶으면 감정이 시키는대로 따라가면 된다. 현대의 영화나 드라마에서는 '감정을 따라 사는 것이 진실한 삶이고 용기 있는 삶'이라는 거짓 된 메시지를 소리 높여 외치고 있다. 하지만 그 메시지를 따라 산 결과는 정체성 상실로 인한 자기파괴와 극도의 외로움의 공포가 남을 뿐이다.

우리가 하나님의 은혜와 사랑에 대해서 느끼고 싶어 하는 것은 너무나 당연한 반응일 것이다. 사람끼리 사랑을 해도 그 상대방이 나를 사랑하는 것이 느껴지지 않는다면 어떻게 그 관계가 유지 될 수 있을 것인가! 하지만 우리 자신이 먼저 인정해야 할 것은 나의 느낌이란 감각기관이 정상적인 작동을 하지 못하고 있다는 사실이다. 사람 사이에도 이런 일은 흔하다. 사랑을 받아 보지 못한 자를 사랑하려고 할 때 그의 마음의 신뢰를 얻기가 얼마나 어려운지는 우리 모두가 익히 아는 바가 아닌가!

만일 상대방의 사랑이 진실이라면 먼저 그의 말을 들어봐야 하고 그의 이끄는대로 가봐야 한다. 그러는 동안에 오해도 풀리고 신뢰도 생기면서 상대방이 나를 사랑하는 감정도 느껴지는 순간이 올 것이다.

우리가 우리 안에서 감정을 척도로 삼으려고 하는 것 또한 내가 선택한 삶의 습관이다. 우리는 이런 인식의 습관에 대해 과감한 혁명을

> 우리가 우리 안에서 감정을 척도로 삼으려고 하는 것 또한 내가 선택한 삶의 습관이다. 우리는 이런 인식의 습관에 대해 과감한 혁명을 일으켜야한다.

일으켜야한다.

나의 삶을 지금까지 이끈 기관사는 누구였나? 만일 그것이 감정이라면 그 기관사를 과감히 교체하고 그 자리에 성경의 말씀을 초청해야 한다.

J는 군인이었다.

"모두 귀한 시간이겠지만 저는 군복무중에 정말 어렵고 힘들게 이 날짜를 맞추어 왔기 때문에 기어이 하나님을 만나 해결을 보고 가야 했어요. 하지만 이곳에 와서 사람들은 울고 기도하는데 전 눈물 한 방울 나지 않고 뭐가 보이는 것도 없고 가슴만 답답해요. 이렇게 그냥 가면 안 되는데 이렇게 가면 나는 군대생활 못하는데......하는 초조감속에서 어떻게 해야 할지 죽겠더라고요. 그런데 강의자가 하시는 말씀에 자신의 감정을 상관 말고 열심히 강의에 집중하고 앞에서 인도하는 대로 하라는 말을 듣고 그 순간 결심했죠. '에라 모르겠다. 하라는 대로 해보자.' 그때부터 눈물이 나오든지 말든지 가슴에 느껴지든지 말든지 우선 열심히 강의를 집중해서 듣기 시작했습니다. 그리고 기도시간에는 강의의 내용을 가지고 다 내게 주시는 말씀이라고 크게 외치기 시작했어요. 솔직히 제 속에서는 그렇게 안 느껴졌지만요. 하지만 내 생각은 일단 접기로 했어요. 그래서 이렇게 외쳤죠.

'하나님 이곳에 인도하셔서 감사합니다. 제게 성령님을 만나게 해

주시니 감사합니다. 치유 받게 하시니 감사합니다. 지금 제게 말해주시니 감사합니다.'

계속 이렇게 외치니까 처음엔 기분이 이상하고 마치 내가 나를 세뇌시키는 것 같은 거예요. 하지만 거짓말 하는 것은 아니고 맞는 말이니 계속 고백하기로 했죠. 그런데 제 마음이 점점 변하는 거예요. 처음에 제가 '하나님 제 곁에 계시니 감사합니다.' 라고 말 할 때는 하나님이 나를 혼자 두시고 그래서 버려진 것 같은 느낌이 컸기 때문에 말을 하기가 너무 힘들었는데 점점 제가 고백하는 말들이 가슴으로 파고드는 거예요. 진짜라는 생각이 들고 믿어지면서요. 나중에는 그렇게 바라던 눈물이 조금씩만 흐르는 것이 아니라 창피해서 그만 울려고 하는데도 그쳐지지가 않았어요. 그러면서 사람들을 보니까 어떤 사람들은 저처럼 자기 우산을 쓰고 앉아 있는 것 같았어요. 하나님에게 성령님을 보내달라고 기도하면서도 자기들이 들고 있는 아집의 우산을 버리지 않기에 주님의 축복이 빗물처럼 우산 밖으로 쏟아지는 것 같았어요. 제가 내 느낌과 상관없이 말씀을 믿음으로 고백 해야겠다 결심한 것이 우산을 버린 것임을 알았습니다. 제가 우산을 버리니까 하나님이 주시는 은혜의 비를 맞을 수가 있었다고 생각합니다."

45세 된 자매님의 한마디를 덧붙인다.

"이제는 하나님의 음성을 듣겠다고 이곳저곳을 쫓아다닐 필요가 없어졌습니다. 저는 하나님을 찾으려고 쫓아다닌 것이 아니라 제 감정과 느낌을 채울 곳을 쫓아 다녔음을 알았습니다. 이제는 나를 혼자 두지 않으시는 주님의 말씀을 들었기 때문에 그 말씀이면 충분합니다. 내 감정과 상관없이 나는 그 말씀을 죽기까지 붙들 것입니다."

3부 아버지가 나를 찾는 소리 내 안에서 들린다

속사람의 치유 19

하나님은 언제부터 나를 아셨을까

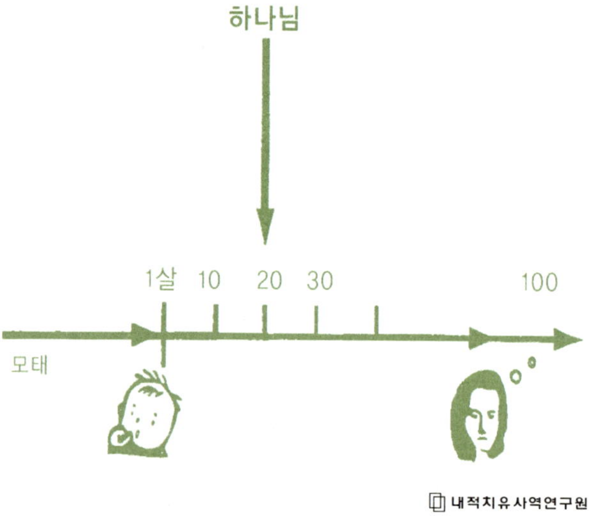

모태신앙이지만 어린 시절부터 하나님과 개인적인 교제를 나누는 신앙생활을 한 사람은 많지 않을 것이다. 또 어떤 이들은 하나님과는 전혀 무관한 삶을 살다가 성인이 되어서 하나님을 믿게 된 자들도 있다.

이런 경우의 공통점은 어린 시절의 기억 속에 하나님과 개인적인 체험이 없다는 점이다. 경험이 없으니 인간인 내 쪽에서 어린 시절은 하나님과 전혀 무관한 시간으로 인식된다. 이런 인식은 하나님께서 어린 시절의 나를 방치하셨다는 느낌을 만들고 내가 교회에 나오기 전까지 하나님은 내게 아무 관심이 없었다는 식의 생각이 자리 잡게 만든다. 이런 생각은 하나님에 대한 신뢰를 깊게 하지 못하는 걸림돌이 되는데 왜냐하면 내가 나를 보호할 능력이 없는 어린 시절에 나를 방치하셨던 것 같은 하나님에게 나를 맡기는 것이 두렵고 그 사랑의 진위를 믿기 어렵게 만들기 때문이다.

이 그림에 표시 된 20세를 향한 화살표는 그때 이 사람이 개인적으로 예수님을 영접했다는 표시다. 직선은 이 사람의 일생을 가리키고 있으며 위에서 하나님으로부터 내려온 화살표는 이 사람이 느끼기에 하나님이 자기를 찾아와 주신 시간이다. 이 시간은 내가 주님에게 갔고 그래서 주님이 나를 받아 주신 거라고 여긴다. 그전까지는 하나님의 관심밖에 있다가 내가 교회를 찾아 가니 그때부터 내게 관심 두시고 인생에 개입하신 것 같이 여겨진다. 하지만 사실은 이 세상에 태어나기 전부터 우리는 하나님의 계획 속에 그리고 그분의 사랑 안에 있었다고 성경은 말한다.

"내가 하늘에 올라갈지라도 거기 계시며 음부에 내 자리를 펼지라도 거기 계시니이다. 내가 새벽날개를 치며 바다 끝에 가서 거할

지라도 곧 거기서도 주의 손이 나를 인도하시며 주의 오른손이 나를 붙드시리이다. 주께서 내 장부를 지으시며 나의 모태에서 나를 조직하셨나이다."(시편 139:8-13)

인간은 자기가 인식하지 못하면 나의 한계로 그것을 내가 인식하지 못한다고 생각하는 것이 아니라 그 상대편이 없다고 결론짓는 오만함이 있다.

자기 핸드폰이 걸 수는 있는데 상대전화를 수신하지 못하는 고장이 났고 본인은 그 사실을 모른다고 하자. 사랑하는 사람의 전화를 기다리는데 전화벨이 안 울리면 그는 생각하기를 그쪽에서 전화를 하지 않는구나 하고 결론 내릴 것이다. 그리고 혼자서 부정적 상상을 하며 마음아파 할 것이다. 자기 핸드폰이 고장났다고는 전혀 생각지 않은 채......

하지만 이 시편을 쓴 다윗은 어느 날 자신의 인생을 보는 새로운 눈이 열렸다.

그 눈으로 자신을 돌아보니 자기가 태어나기 전부터 하나님의 계획이 있었고 어머니의 태중에 있을 때도 태아의 살과 뼈를 조직하신 분이 하나님이셨고 그 하나님께서 이 땅을 떠나는 날까지 자신에 대해 놀랍고 구체적인 계획을 가지고 계셨음을 알게 되었다.

그래서 누구도 인정해 주지 않던 자신의 가치를 새롭게 인식하게 되면서 자신을 보며 창조주 하나님의 솜씨를 감탄하고 있는 것이다.

당신은 당신 자신을 보며 당신을 만드신 하나님의 솜씨를 감탄 한 적이 있는가? 아니면 오히려 하나님이 잘 못 만든 실패작으로 보여 하나님을 원망했나?

우리는 반드시 주님의 눈으로 내 삶을 볼 수 있도록 기도해야한다.

다윗은 이 눈이 열리면서 태중에서부터 자기를 만든 분이 하나님이시며 그 하나님은 한 번도 자신을 떠나지 않고 항상 함께 하시는 분임을 깨닫자 하나님에게 깊고 깊은 친밀감이 생겼다. 그리고 그 힘은 삶의 어려운 순간들을 다 이길 수 있게 했다.

내적치유세미나를 참석한 당신의 자녀들에게 하나님은 다윗에게 주신 이런 눈을 주시는 것을 수 없이 보았다. 자신에 대해 그리고 자신이 처한 상황에 대해 관점이 달라 질 때 삶은 변화를 가져올 수 밖에 없다.

다음 사례는 다윗처럼 태중의 자신에 대해 하나님이 함께 하셨다는 사실을 알게 되고 그 때에 받은 아픔을 인식하면서 자신에 대한 새로운 인식을 갖게 된 자매의 이야기다.

"저는 28세에 결혼을 했는데 일 년 반 만에 남편과 사별을 했어요. 그리고 재혼을 했는데 재혼 생활이 너무 힘들었습니다. 아무래도 더 이상 살수가 없다는 생각에 이 문제를 가지고 하나님에게 물어보고 싶어 왔는데 하나님은 전혀 제가 예상하지 못한 부분을 지적하시고 치유해주셨습니다.

회상의 기도시간에 제가 태중에 있는데 아버지와 어머니가 서로 싸우는 큰 소리가 들리면서 견딜 수 없는 심정이 되었습니다.[1] 불안하고 두려워 견딜 수 없었습니다. 저는 평소에도 목소리 큰 사람과 만나면 이런 기분이 들고 그래서 목사님의 설교도 못 듣습니다. 그런데 제 남편이 목소리가 크기 때문에 얼마나 제 가정생활이 힘이 들겠습니까!

그런데 회상의 기도시간에 제가 태중에서 부모님이 싸우는 소리를 들어서 이런 증상이 생겼다는 것을 알게 되었습니다. 이유를 알게 되니 제 자신이 이해가 되고 또한 주님이 불안 해 하는 태아를 안정시켜 주시는 것을 느끼면서 깊은 평안이 왔습니다. 세미나에서도 처음에 강사의 목소리에 신경 쓰느라 강의를 듣기 힘들었는데 회상의 기도시간 이후 신기하게도 강사의 목소리에 신경이 쓰이지 않고 편안해졌습니다. 이렇게 마음이 안정되니 제가 남편을 많이 오해했다는 생각이 듭니다. 목소리가 클 뿐이지 저를 미워하거나 힘들게 하려는 것이 아니었는데 목소리 때문에 그 남편을 받아들일 수가 없었습니다. 이제는 남편을 사랑 할 수 있을 것 같습니다. 또한 하나님께서 저의 태중에서 제가 놀랜 기억을 다 아시고 저를 돌보고 계셨다는 사실을 알게 되니 제 존재가 정말 귀하다는 생각이 들고 하나님이 나를 지켜주시겠다는 약속이 믿어집니다. 하나님이 나를 만드셨다는 말도 이젠 실감이 됩니다."

---

1 태아는 임신 7개월부터 바깥 소리에 대한 선호도가 생긴다. 제일 좋아하는 소리는 엄마의 소리이며 가장 싫어하는 소리는 부모가 싸우는 소리라고 한다.

올해 24세의 J의 말이다.

"내가 세미나에 온 것은 대인관계 속에서 너무나 힘들고 지쳤기 때문이죠. 사람들 만나는 것이 두렵고 그들이 나를 싫어할 것 같아서 그들과 같이 있는 것이 힘들었어요. 나를 싫어하는 사람들과 함께 있어야 하는 상황이 정말 나를 미치게 했어요. 어느 날 언니에게 정신과에 데려다 달라고 했죠. 물론 내 주변에 계신 목사님 간사님 그리고 순장님…… 하지만 그들과 수없이 이야기해도 나는 변하지 않았고 지쳐갔어요. 겉으로는 그들과 똑같이 웃죠. 하지만 속으로는 외로움에 처절하게 떨고 사람들이 나의 실체를 알게 되는 것이 두렵고 실망하고 떠나갈 것이 두려웠어요. 그래서 내가 어떻게 해야 변화될 수 있는지 정신과의사가 가르쳐 주면 열심히 그렇게 해보고 싶었던 거예요. 그런데 우연히 내적치유세미나에 참여하게 되었어요. 강의의 그림 중에서 갓난아이가 엄마 품에 안겨 소르르 잠드는 모습을 보는데 눈물이 나고 아기가 너무 부러웠어요. 그러면서 내 어린 시절의 모습이 생각나더군요. 나는 일남 육녀 중 여섯째딸로 태어났거든요. 엄마가 나를 임신했을 때 모두 아들인줄 아셨대요. 그런데 막상 딸이 태어나자 아빠는 화를 내며 집으로 가버리고 엄마는 미역국도 못 먹고 슬퍼했다고 언니들에게 들었어요. 그리고 어린 내가 시끄럽게 운다고 아빠가 재떨이를 던져 얼굴이 깨질 만큼 아빠는 나를 많이 미워했다고 엄마가 말해주었지만 내 기억에는 아빠가 재롱떠는 나를 예뻐해 준 기억밖에 없어요. 근데 기도시간에 내 어린 모습이 보이는 거예요. 어린 내가 아빠엄마 앞에서 재롱을 떠는 모습이 보였어요. 그런데 그 아이의 마음이 느껴져요. 어린 애가 좋아서 재롱을 떠는 것이 아니라 남동생이 태어난 이후 그렇게 해야 아빠 엄마가 나를 사랑해준다는 것을 어린 제가 알고 있는 모습이었어요. 그 모습이 너무 초라해 보이고 불쌍해 보이는 거 있죠.

그런데 지금까지 제 모습이 바로 그거였어요. '내가 노력해야 사람들에게 사랑받을 수 있다'이거요. 하지만 시간이 흐를수록 그렇게 사는 게 너무 너무 힘든 거예요. 그래서 스스로 포기하고 나니 두려워지면서 사람들은 나를 싫어 할거라고 믿었던 것 같아요. 전혀 몰랐어요. 이런 생각을 품고 제가 살아왔다는 것을......

돌이켜 보니 지금까지 제 모습이 바로 그거였어요. '내가 노력해야 사람들에게 사랑받을 수 있다'는 것이죠. 하지만 시간이 흐를수록 그렇게 사는 게 너무 너무 힘든 거예요. 그래서 스스로 포기하니 두려워지면서 사람들은 나를 싫어 할거라고 믿었던 것 같아요. 전혀 몰랐어요. 이런 생각을 품고 제가 살아왔다는 것을......

하지만 이젠 희망이 생겨요. 왜냐하면 하나님께서 제게 말씀 해 주는 것을 들었거든요. 하나님이 사랑 받기 위해 재롱피우는 슬픈 저를 보며 그러셨어요. '너는 딸을 바라는 엄마 뱃속에 잉태된 것이 아니라 하나님의 뱃속에 있었다'고요. 하나님이 나의 부모님 이라고. 하나님이 저를 딸로 만드셨다고. 그러니 재롱을 피우지 않아도 사랑한다고......"

이처럼 아주 어린 시절, 심지어 태중에서부터 하나님께서 나를 살피셨고 빚으셨다는 사실은 우리의 이성으로는 인식하기 어렵지만 하

나님께서 인식하는 힘을 주실 때 자신을 이해하는 눈이 열리게 된다.[2]

그러므로 우리도 다윗처럼 나에 대해 하나님의 눈으로 볼 수 있는 계시의 정신을 달라고 간구해야한다. 신앙은 모든 면에서 나의 관점을 버리고 하나님의 관점을 취하는 의지적 행위이기도하다. 하나님께서 말씀하신 바 대로 창세전에 나를 계획하셨고 나를 어미의 복중에서 조직하셨고 이 세상에 태어날 때도 나를 안으시고 품으셨다는 이 말씀이 내 인생관이 되고 이 관점으로 내 삶의 전부를 볼 수 있게 될 때 그는 하나님과 깊은 친밀감을 가진 참으로 안정감이 있는 그리스도인이 될 수 있다.

2 지금은 태아의 표정까지도 볼 수 있는 초음파로 태아의 감정 상태를 볼 수 있다. 하지만 성경은 이미 태아가 주변 상황을 알아차리고 그에 따른 감정적 반응을 보인 사례를 싣고 있다. 예수님의 어머니가 그의 친척 엘리사벳을 방문했을 때 그 어머니의 태중에 있던 세례요한이 어머니의 뱃속에서 기뻐서 움직였다고 적고 있다.

속사람의 치유 20

몸은 마음으로 마음은 몸으로

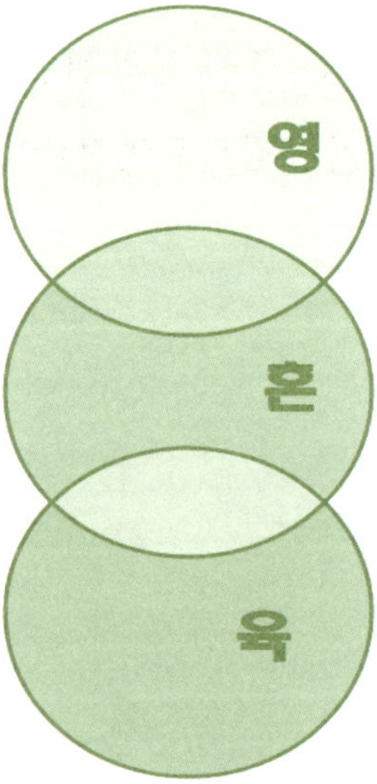

ⓒ 내적치유사역연구원

인간은 몸과 마음과 영이라는 매우 독특한 영역들로 구성 되어져 있다.

이 세부분은 점과 선과 면처럼 다른 차원의 성질들을 가지고 있으나 서로 간에 매우 밀접한 영향을 주고받으며 한 인간을 구성한다.

세계보건기구 WHO(World Health Organization)는 건강에 대해 '건강이란 단순히 질병에 걸리지 않거나 병약하지 않는 상태를 뜻하는 것뿐만 아니라 신체적, 정신적, 사회적으로도 안전한 상태를 의미한다.'라고 정의한다.

일본에는 정신과와 내과를 합친 '심료내과'라는 과목이 있고 우리나라 종합병원에도 '스트레스 과'가 있는 병원이 있다. 이것은 그만큼 마음이 몸에 지대한 영향을 주고 있음을 의학계에서도 인정하고 있기 때문이다.[1] 몸의 질병의 70% 이상이 마음에서 생긴 병이라고 하는데 실제로 어떻게 마음의 아픔이 몸의 질병으로 전환되어질 수 있을까?

B의 고백을 옮겨본다.

"남편은 결혼한 지 15년 되었는데 도박과 카드에 팔려 우리 가족을 빚더미에 앉게 하고 집에는 항상 부재중이었어요. 결혼 초부터 지금까지 이런 생활이죠. 결국 못 참고 아이들과 함께 집을 나왔어요. 집을 나오고 나니 심한 분노와 원망으로 인해 몸의 반쪽이 마비되는 현상이 생기고 몸이 붓기 시작했어요. 병원에 가니 스트레스로 인해 적혈구가 모두 찌들대로 찌들어 자기들끼리 엉켜 전혀 혈액순환이 안 된다고 하면서 치료를 받으라고 했습니다."

B의 사례를 볼 때 마음의 극심한 스트레스가 혈액 순환장애를 일으키고 면역계를 약화시키고 있음을 알 수 있다.

1 이영돈의 '마음' p301에서 '도쿄대학 심료내과 구마노히로아키 교수는 현대인에게서 삶의 방식에서 오는 병까지 포함 한다면 마음에서 오는 병이 70-80%에 이를지도 모른다고 답했다.

인간의 몸은 하나님이 만드신 보호 장치가 구석구석 숨어있다. 그중에 한 가지가 상처에 대한 회복이다. 몸에 상처가 나면 피가 흐른다. 피는 생명이다. 피가 부족하면 사람은 죽는다. 그런데 우리의 몸은 언제든지 찔릴 수 있고 상할 수 있고 다칠 수 있고 그때마다 피가 나온다. 그러므로 하나님은 인간의 생명을 보호하기 위해 피가 계속 흐르지 않고 멈출 수 있는 보호 시스템을 만들어 두셨다.

상처가 나서 피가 나면 우리 뇌 속의 사령관이 명령한다.

'피가 나오는 출입구를 봉쇄하라.'

그 명령이 떨어지면 즉시 핏속에 혈소판이 증가되어 끈적끈적 해져 서로 엉긴다. 그러면서 터진 혈관이 봉쇄된다. 그런데 이 보호 장치를 움직이는 사령관은 마음의 상처도 외부상처처럼 인식한다고 한다. 그래서 마음의 심한 상처를 받은 경우에도 사령관은 보호 장치를 가동하라고 명령을 내리는 것이다. 어디에도 외부 상처는 없지만 피 속에는 갑자가 혈소판이 증가되고 서로 엉기게 된다. 이런 엉김현상으로 인해 혈전이 만들어지고 그것은 혈관을 타고 가다가 작은 골목을 만나면 통과하지 못하고 막혀 버린다. 고혈압 심근경색 뇌졸중 등의 원인이 될 수 있는 것이다.

마음의 고통은 눈으로 보이지 않기에 이성은 이런 것들에 대해 별로 중요하지 않게 넘어가지만 우리 몸을 지키라고 하나님에게 명령받은 우리 몸의 사령관은 이성적 생각과 달리 상처와 스트레스를 몸의 피부가 찢겨져 피를 흘리는 것과 같은 생명의 위협현상으로 받아들이는 것이다. 내 몸은 내가 모르는 일들을 알고 있다. 내 몸은 내가 인정치 않는 것들을 인정하라고 한다.

> 종교적으로 자신을 세뇌시키는 것은 자신의 이성은 속일 수 있으나 몸을 속일 수는 없다. 평안하다 하며 자신을 안심시키지만 부정적 스트레스로 인해 부정적 생각과 감정에 사로잡힐 때 그것들은 물질 즉 호르몬을 배출 시켜 몸의 이상을 초래 하고 성인병을 발병시킨다.

종교적으로 자신을 세뇌시키는 것은 자신의 이성은 속일 수 있으나 몸을 속일 수는 없다. 평안하다 하며 자신을 안심시키지만 지속적 스트레스로 인해 부정적 생각과 감정에 사로잡힐 때 그것들은 물질 즉 호르몬을 배출 시켜 몸의 이상을 초래 하고 성인병을 발병시킨다.[2]

한 가지 특기 할 만한 사항은 신앙심이 깊은 그리스도인 중에서 자기의 마음이 힘들다는 사실을 인정하지 못하는 사람들이 많다.

P도 그런 사람이었다. 그는 교회에서 가장 신앙이 좋은 사람으로 자타가 공인했다. 교회의 성가대 지휘를 하고 있고 직장과 교회 이 두 곳이 그의 삶의 90%를 차지했다. 그런 그가 어느 날 갑자기 병으로 쓰러졌다. 단순 과로인줄 알았던 그를 찾아 갔을 때 뜻밖에도 그가 자살을 시도 했다는 말을 들었다. 자살을 시도한 일차적 이유는 심한 우울증 때문이었다. 밖으로 보이는 활발하고 명랑한 모습과 달리 그는 남

2 하루야마시게오의 '뇌내혁명' p370이하에서 암세포를 불러 오는 스트레스 모든 악의 근원 참조

편과의 관계가 매우 힘들었고 그의 자녀들도 문제가 있었다. 또한 그의 몸 역시 치료를 필요로 하는 상태였다. 그런데 안타까운 사실은 그는 자신이 자살을 시도 할 만큼 마음이 힘들다는 사실을 받아들이려 하지 않았다.

· 신앙심이 깊은 자도 마음에 상처를 받을 수 있고 스트레스를 받을 수 있다.

· 하나님을 사랑하는 자도 시기와 질투로 인한 분노에 사로잡힐 수도 있다.

· 기도를 열심히 하는 자도 어느 때는 우울증과 허무함에 빠질 수도 있다.

신앙행위 자체가 인간의 근본적인 문제를 해결 해주지 못한다. 사도바울이 자신의 신앙적 열심만으로는 속사람의 변화가 불가능하다는 것을 안 것은 하나님에게 자신을 온전히 헌신한 다음이었다.

그렇다면 우리가 신앙적 행위를 열심히 해야 되는 이유는 무엇인가? 치유는 무엇인가?

치유는 우리가 기도를 많이 했기 때문에 획득하는 결과물이 아니다. 열심 있는 기도가 우리 안의 온갖 죄를 씻어 주는 것이 아니다.

치유와 변화는 온전히 하나님의 선물이다. 선물 일 수밖에 없는 이유는 우리가 아무리 신앙적 행위를 한다고 해도 우리 안의 죄악을 이길 수 없기 때문이다. 우리의 노력으로는 (그 노력이 신앙적 노력일지라

도) 죄를 이기지 못하며 우리 자신을 변화 시킬 수 없다.[3]

하지만 나처럼 신앙이 좋은 자는 절대로 그런 마음의 문제가 있을 리 없다고 스스로 결정 할 때 자신의 내면을 보는 눈을 상실하게 되고 치유하시는 하나님의 은혜를 얻기 어렵다.

이토록 엄청난 죄의 힘과 그 앞에서 너무도 유약한 우리의 실체를 인정 한다면 자신이 우울증에 빠질 수 있고 분노할 수 있고 마음에 상처 받을 수 있음을 받아 들 일 수 있을 것이다.

하지만 나처럼 신앙이 좋은 자는 절대로 그런 마음의 문제가 있을 리 없다고 스스로 결정 할 때 자신의 내면을 보는 눈을 상실하게 되고 치유하시는 하나님의 은혜를 얻기 어렵다.[4]

내적치유를 통해 마음의 상처를 치유 받거나 부정적 생각에서 풀려난 경우 몸의 질병이 기적적으로 치유되기도 하고 점진적으로 몸 전체의 체력의 향상을 보인다.

이것은 몸과 마음의 상관관계상 당연한 결과이다.

뇌내 호르몬 뿐 아니라 인간의 건강을 좌우하는 면역시스템도 마음

3 조지앨든 래드는 '하나님나라의 복음' 에서 인간의 변화에 대해 이렇게 기록한다.

'하나님나라의 의는 내 심령 속에 타인들에 대해 일말의 미움이라도 없을 것을 요구한다. 그렇다면 누가 인간으로 그렇게 될 수 있을까? 우리 인간으로는 그렇게 될 수 없다. 그러나 여기 희망이 있다. 심령의 온전한 의는 하나님의 선물이다. (우리 안에 이루어지는) 하나님나라의 의는 우리의 심령을 하나님께서 온전히 통치하실 때 그 결과로 이루어지는 산물이다.

4 C.S 루이스 는 '네 가지 사랑' 에서 ' 인간이 하나님과 가장 유사하지 않을 때 오히려 하나님께 가장 가까이 다가가게 된다고 했다.

에 의해 크게 영향을 받는다.

오쿠무라 고[5]의 '3일 만에 읽는 면역' 에서 다음과 같이 설명한다.

'면역계는 독립하여 활동하는 것이 아니다. 1960년대 초 로버트 구드라는 의사는 환자에게 최면을 걸어 면역계가 어떤 영향을 받는가를 확인하기로 했다. 그는 최면상태에 있는 사람의 양팔에 알레르기 환자의 혈청을 주입한 후 다시 알러겐을 주사했다. 이론상 양팔에는 모두 알레르기 반응이 일어나 똑같이 붉게 부어야 한다. 하지만 그는 마지막으로 피험자에게 다음과 같은 암시를 걸었다.

「당신의 한쪽 팔에는 반응이 일어난다. 그러나 다른 쪽은 안 일어난다.」 결과는 그랬다. 의사의 암시대로 알러겐을 양팔에 똑같이 주사했으나 한쪽 팔에만 반응이 일어났다. 이상의 실험은 면역계가 마음의 작용만으로 간단히 조작된다는 사실을 시사하고 있다. 마음을 강하게 먹으면 면역계까지도 생각대로 된다는 뜻이다. 마음가짐의 여하에 따라 면역기능은 강하게도 약하게도 될 수 있다.

항상 웃는 얼굴로 「감기 따위에는 안 걸려 암 따위에 지지 않아 나의 면역세포는 남보다 강해」 하고 말하자. 이 이상 효율적인 면역력 향상 작전은 없을 줄 안다.

이와 같이 몸과 마음의 상관관계를 볼 때 평안한 마음이란 우리 몸의 건강을 위해 필수적이다. 하지만 지속적이고 순수한 평안은 세상으

---

5 지바대학 의학부 졸업, 스탠포드대학 연구원 도쿄대학 강사, 준텐도 대학 의학부교수, 면역학 분야의 세계적 권위자로 알려짐. 「3일만에 읽는 면역」 p192.

로부터 오지 않는다. 죽음의 공포와 고통을 이기신 예수님께서 두려워 떠는 제자들에게 오셔서 주신 선물이 바로 '평안'이었다. 평안한 마음은 의지력의 소산물이 아니다. 그것은 나를 보호해 주시는 큰 분 안에 나를 맡길 때만 나올 수 있는 것이다. 예수님은 말씀하신다.

> "수고하고 무거운 짐 진 자들아 다 내게로 오라. 내가 너희를 쉬게 하리라."(마태복음 11:28)
> "평안을 너에게 주노라. 세상이 줄 수 없는...... 그리고 세상이 알 수도 없는......"(요한복음 14:27)

죄를 해결 하지 못한 자도 오라고 하시는 주님,

자신을 변화시키지 못한 자도 오라고 하시는 주님,

희망이 없는 자도 오라고 하시는 주님,

그 주님의 사랑을 바로 이해 할 때 우리의 마음은 열려져 우리 몸을 최고의 건강 상태로 만들 수 있는 하늘의 평안을 받게 한다.

속사람의 치유 21

환상속의 나와 실재의 나

ⓒ 내적치유사역연구원

수년전에 복지 시설에서 만난 뇌성마비 장애우 A씨. 그는 30여년 동안 자기 집 다락방에서 혼자 고립되어 생활했다. 부모들은 집에 손님이 오면 아들에게 숨소리도 내지 말라고 엄명을 했다. 하루 종일 사람 하나를 볼 수 없이 어머니가 올려다 주는 밥을 먹으며 좁은 다락방에서 살아야 했던 그의 유일한 친구는 라디오였다. 그는 기독교 방송을 들으며 하나님을 믿었고 이곳에서 나가야겠다는 결심을 하게 된다. 하지만 자기 아들의 존재를 세상 누구에게도 알리고 싶어 하지 않은 부모의 반대가 컸기 때문에 나갈 길이 없던 그는 자신의 사연을 서툰 글씨로 기독교 방송 앞으로 적어 다락방 창문 밖으로 던졌다. 던지기를 수없이 하던 어느 날 지나는 행인이 그 쪽지를 보았고 우여 곡절 끝에 그는 세상 밖으로 나오게 되어 이곳까지 오게 된 것이다. 이제는 사람들도 많이 볼 수 있고 무엇보다 숨을 필요가 없어서 너무나 행복하다고 말했다.

자신의 분신인 자식을 부끄럽고 수치스럽게 생각해서 30여년을 숨겨 놓은 것처럼 우리 역시 우리 안에 진짜 내 자신을 숨겨 놓을 수 도 있다. 그리고 너무 오래 숨겨 놓아 이제는 나의 진짜를 망각 해버리고 내가 만든 가짜가 나 인 줄 착각하며 살 수 있다. 하지만 다락방에 숨겨 놓은 자식을 부인 할 수 없듯이 속사람의 울음은 숨길 수가 없다. 살아 있는 실체이기 때문이다.

이 그림에 나와 있는 두 가지 모습은 모두 나 자신이다.

지상위에 폼을 재는 아름답고 자랑스러운 나, 그에 반해 누구에게도 보여 주고 싶지 않아 어두운 구덩이 속에 숨어 있는 초라하고 구질구질 해 보이는 또 다른 나,

지상위의 나는 태어나면서부터 지금까지 내가 힘들여 만들고 꾸민

내가 혐오 하는 부분을 다른 자가 받아들일 수 있다고 믿기는 정말 어렵다. 그래서 나를 감추고 사람들이 원하는 그 모습을 만들기 위해 인생의 모든 에너지를 다 쏟아 붓는다.

나의 모습이다. 내가 이렇게 나를 꾸민 이유는 간단하다. 부모가 원하고 사람들이 원하고 그래서 하나님역시 원하실 거라 생각하기 때문이다. 반면에 구덩이에 숨어 있는 나는 부인하고 싶고 지워버리고 싶은 나, 도망가도 부인해도 항상 그 자리에 숨어 있는 나의 모습이다.

문제는 어떤 것이 진짜 나인가하는 점이다.

내가 되고 싶은, 그래서 만들어 가고 있는 이상적이고 아름다운 나인가, 아니면 내가 감추고 싶고 부인하고 싶어 하는 초라한 나인가?

세상에는 멋있는 사람이라는 기준이 만들어져 있다. 그 모습이 되어야 사람들에게 인정도 받고 존경도 받을 거라는 생각 속에서 우리는 태어나면서부터 그 모습을 갖추기 위해 노력한다. 그 모습은 사람들만 원하는 것이 아니라 하나님도 하실 거라 생각한다. 내가 용납할 수 없는 나의 부분을 하나님이 용납하실 거라 믿기는 어렵다. 내가 혐오 하는 부분을 다른 자가 받아들일 수 있다고 믿기는 정말 어렵다. 그래서 나를 감추고 사람들이 원하는 그 모습을 만들기 위해 인생의 모든 에너지를 다 쏟아 붓는다. 혹자는 말하기를 되고 싶은 모델이나 되고자 하는 모습이 있어야 자기 발전이 되는 것이라고 할 수 있다. 그러나 우리의 일생이 나 아닌 나를 만들기 위해 지나치게 몰두한다면 그 삶은 있는 것 같지만 없는 삶이다. 세상은 이런 광풍을 만들어 몰아간다.

'보라! 이 사람이 아름다운 사람이다. 이렇게 돼야 행복하고 원하는 모든 것을 할 수 있다.'

하지만 사람들의 요구대로 만들어 놓은 지상위의 나는 이솝우화에 나오는 까마귀와 같다. 가장 아름다운 새가 되고 싶은 까마귀는 자기의 새까만 모양새가 마음에 들지 않았다. 그래서 새들의 떨어 진 깃털을 모두 모아 자기 몸을 치장하고 으스대며 나갔다. 새들은 처음에 그 까마귀의 형형색색의 아름다움에 놀랐지만 가까이 다가가 보고 그 모든 것이 다 자기들에게서 떨어진 깃털을 주워 모은 것을 알고 까마귀를 놀렸다. 가짜라는 것이다.

토마스 머튼은 사람들의 요구대로 만든 나에 대해 '경험적 자아'라는 표현을 썼다. 그는 그 자아에 대해 이렇게 말하고 있다. '이런 피상적 나는 우리의 진정한 자아가 아니라는 사실을 알아야 합니다. 그것은 하나님 앞에서 존재하는 우리의 참으로 신비한 인격이 아닙니다.......중략......그것은 자기의 흔적, 가면, 위장에 지나지 않습니다. 내가 되어야 할 내가 되지 못하고 내가 아닌 나로 남는다면 나는 한때에는 어떤 것 또 다른 때에는 아무것도 아닌 것이 됨으로써 나 자신에게 모순되게 오랜 시간을 보낼 것입니다.' [1]

한자매가 보낸 편지를 소개한다.

"하나님 앞에서 기도 할 때 마다 하나님께서 내가 사람들을 싫어하

1 토마스 머튼 '새 생명의 씨' 카톨릭 출판사

고 혼자 있는 것을 좋아하는 개인주의적 성향을 지적하시는 것을 느꼈습니다. 나는 사람들이 나에게 상처를 주었기 때문에 사람들을 싫어하는 태도가 만들어 졌을 거라고 막연히 생각했습니다. 그런데 강의를 들으며 기도하는 중에 나는 내안에 있는 두개의 나를 알게 되었습니다. 그림과 같이요.

하나는 사람들이 보지 못하도록 내안에 숨겨 놓은 나, 그리고 하나는 사람들에게 보이는 잘난 나.

사람들에게 보이는 나는 또 다른 나에게 너는 안에 꽁꽁 숨어 있고 절대 밖으로 나오면 안 된다고 하는 것 같습니다. 잘난 내가 내 안에 있는 또 다른 나에게 너무 엄격하게 굽니다. 너는 이래서 안 돼. 너는 여기가 못났어. 이런 모습은 모두 싫어해. 그러니 숨어야 해. 큰일 나, 누구에게도 들키면 안 돼...... 마치 무서운 사감 선생처럼 일일이 간섭하고 체크하고 용서하지 못하고 괴롭힙니다. 알고 보니 사람들이 나를 거부한 것이 아니라 내안에 있는 잘 난 내가 나를 거부하고 있더군요.

내 안에 못난 나는 잘난 나에게 꼼짝을 못하고 잘난 내가 하라는 대로 하는 것 같았습니다.

하나님이 아니라 사람들이 아니라 내가 나를 거부하고 싫어하고 있더군요. 나를 용서하지 못하는 것도 바로 잘난 나였습니다. 하나님은 나를 용서하지만 내 안의 잘난 나는 나의 실수도 나의 약함도 용서해주지 않는 무서운 심판관이더군요."

이 자매가 밝히고 있듯이 우리 안에 있는 과시용의 나는 진정한 나의 모습을 드러내지 못하게 하며 진실을 알면 모두가 거절할 거라고 말한다.

그 모습은 사람들이 원하는 모습이 아니기 때문이라는 것이다.

그러므로 사람들이 요구하는 내가 되는 것 대신 나의 내면에서 나를 만드신 하나님의 소리에 따라 나를 찾아가며 나만의 삶을 만들어 가는 것은 엄청난 용기를 필요로 한다. 그리고 그런 용기 있는 자가 만드는 삶의 모습은 사람들에게 보약이 되는 열매가 되고 감동을 준다.

비록 자살이라는 비참한 결말로 끝을 냈지만 고호의 그림이 사람들에게 감동과 생명력을 주고 있는 것은 바로 그러한 용기가 들어 있기 문이다.[2]

---

2 고호는 할아버지와 아버지 모두 목사인 집의 장남으로 태어났다. 아버지처럼 성직자가 되려던 고호는 벨기에의 탄광촌에 가서 광부들의 한없이 열악한 삶을 보면서 그들과 함께 동고동락하는 것이 예수님을 따르는 삶이라고 생각했다. 하지만 그 시대 목사는 상류사회의 직업이었기에 고호의 삶은 성직자의 품위를 떨어뜨린다는 비난과 지탄을 다른 목사들과 아버지로부터 심하게 받고 고호는 성직을 포기 하고 그림을 그리기 시작했다. 그림에서도 그는 같은 저항을 받는다. 그 시대 상류사회의 초상화를 아름답게 그리며 안락한 삶을 사는 다른 화가들과 달리 그는 자기 눈에 비친 인간을 내면에서 울리는 대로 정직하게 그려 나갔다. 그것은 그 시대 화풍과는 너무도 다른 파격적인 것이었기에 아무도 그에게 초상화를 부탁하지 않았고 그의 그림을 사지도 않았다. 하지만 그는 돈 때문에 자신을 속일 수 없었다. 아무도 인정해 주지 않은 그림에 전 생명을 쏟아 부으며 스스로의 회의와 열등감과 외로움 속에서도 그는 자신이 되는 정직성을 포기하지 않았다. 그러나 자기 동생 외에는 누구의 인정도 받지 못한 채 살던 그는 간질과 외로움과 가난 속에서 결국 37세의 나이로 자살을 하고 만다. 하지만 그림 속에 그의 정직과 열정은 남아 생전에 단 한 점 외에는 팔리지 않던 그의 그림이 지금은 350억에 팔리는 그림이 되었다.

우리는 그림자를 사랑할 수 없다. 사람들은 대중 스타들에 대해 그가 맡은 배역이 바로 그 사람이라고 착각하기도 한다. 그래서 사회를 지키는 의로운 주인공으로 등장했던 자가 음주운전 뺑소니를 했다거나 술집에서 싸웠다고 하면 충격을 받고 배신감을 느낀다. 하지만 그의 가족들은 그의 실체를 알기에 그런 짓을 해도 별로 놀라지 않을 것이다. 하나님은 나의 병든 실체를 이미 알고 계신다. 예수님께서 자신의 몸을 바쳐 새롭게 하기 원하시는 것도 바로 우리의 실체다. 아름답지 않을 지라도 주님이 만나고 싶어 하시는 것은 나의 실체다.

포장하고 하나님 마음에 맞게 배우처럼 연기하는 나를 원하시는 것이 아니라 하나님의 형상으로 창조된 진짜 나를 원하신다. 변화될 미래의 내가 아니라 지금 현재의 나를 원하신다. 모든 자의 실체는 더럽고 추하다.[3]

그러기에 주님은 우리에게 의사로 오셨다. 치유는 현실을 직시해야만 이루어진다. 성령께서 내적치유의 과정 속에서 과거의 삶을 돌아보도록 우리를 이끄시는 것은 나를 만든 현실을 보도록 하기 위함이다. 성령은 선전용으로 만든 나를 치유하시는 것이 아니라 나의 실체를 치유하신다. 참된 종교는 나를 환상속으로 데려가는 것이 아니라 나를

3 이것은 하나님 앞에서 인간의 모습을 말하는 것이다. 성경은 모든 인간의 실체를 이렇게 쓰고 있다. '의인은 없다. 한사람도 없다......중략......그들의 목구멍은 열린 무덤이다. 혀는 사람을 속인다. 입술에는 독사의 독이 있다. 입에는 저주와 독설이 가득 찼다. 발은 피를 흘리는 일에 빠르며 그들이 가는 길에는 파멸과 비참함이 있다. 그들은 평화의 길을 알지 못한다.' 롬 3:10-17

나 되게 함으로 가장 열심히 나의 삶을 살게 한다.[4]

이런 하나님의 사랑을 안다면 우리는 하나님을 만나는 것이 훨씬 더 쉬워질 수 있다. 다음의 이야기를 통해 하나님의 이런 사랑을 읽어 보자.

"전 54세로 울산에서 왔어요. 정말 힘들게 왔네요. 오랫동안 몸이 아팠어요. 디스크에 심부전, 당뇨에 관절염...... 그러다 보니 우울증이 심해져서 누구와 이야기하는 것도 싫고 움직이는 것도 싫고 하루 종일 침대에 엎드려 있기만 했어요. 즐거움이나 기쁨이 없다는 말이었죠. 이런 저를 보고 큰 딸이 기어이 저를 이곳으로 데리고 왔어요. 전 아무 소용없다고 말했죠. 왜냐하면 내가 하나님을 진정으로 사모하는 마음이 없기 때문에 하나님이 내게 신경 쓰실 리 없다고 했어요. 생각해보세요. 한배에서 난 자식이어도 내게 신경을 더 써주고 잘해주는 자식이 예쁘잖아요. 하나님도 마찬가지라고 생각했어요. 그랬기 때문에 집에서도 성경 한 줄도 안보고 기도 한 마디 찬양 한 곡도 부르고 싶지 않은거예요. 하나님이 내게 관심 없으니 나도 관심 안 가는 거죠. 그런데 제가 이 강의를 들으며 분명히 깨달아 진 것이 있어요. 그것은 내가

---

4 로렌스 크랩은 성경이 실제 사람들의 현실적인 심리적 문제들에 대한 답변에서 거리가 먼 것으로 오해 하게 만드는 목회자들의 태도에 대해 문제를 제기하며 진리와 현실적 문제에 대해 다음과 같이 설명한다.

'하나님의 진리는 언제나 지적으로 수용할 수 있고 영적으로 풍요롭게 하며 적실성을 갖는다. 사실이 그러하다면 하나님의 진리는 인격에 영향을 주게 되어 있다. 진리는 항상 우리로 하여금 현실과 더욱 깊은 관계를 맺을 수 있도록 활동하고 있다.' '기독교 상담심리학' p29

> 우리가 진정한 자신에게서 눈을 돌려 가짜를 만드느라 혈안이 되면 신앙생활은 멀리 계신 하나님을 향해 가는 경쟁적 달리기가 된다.

무슨 꼴을 하고 있을지라도 아무리 잘못된 생각과 행동을 하고 있을지라도 하나님이 내 옆에 계시다는 거예요. 나를 사랑하시기 때문이에요.

집에서 나는 잠을 잘 못자요. 매일 낮에도 누워있으니 잠도 안 오는데다 괴로운 생각 때문에요. '나는 혼자다. 내 고통을 이해해 주는 사람은 이 세상에 한 사람도 없다'는 생각에 잠이 안와요. 그런데 그 밤과 낮에 하나님이 내 머리맡에 계셨구나 하는 것이 믿어졌어요. 전 너무너무 감사했어요. 그래서 강의 받은 대로 저같이 못난 사람을 도와주시려고 성령님이 오셨다니 저에게도 와주세요 했더니 그 순간 제가 방언도 하고 성령체험도 했어요. 못난 저를, 변화되기 전의 나를 하나님이 사랑하신다는 것을 알게 되니 이제는 살아가는데 자신이 있어요. 하나님은 제가 아무것도 못하고 있는데도 저를 사랑해 주셨어요. 하나님의 사랑이 이런 것인 줄 그동안 몰랐어요."

우리가 진정한 자신에게서 눈을 돌려 가짜를 만드느라 혈안이 되면 신앙생활은 멀리 계신 하나님을 향해 가는 경쟁적 달리기가 된다. 모든 종교적 프로그램은 우리를 더욱 재촉한다. 경쟁적 달리기는 의지력 싸움이 된다. 하지만 상처입고 부서진 인간 안에 의지가 제대로 작동할 리 없다. 그러기에 달려 갈수록 지쳐가고 좌절한다. 급기야 우리는 절망하여 하나님 사랑받기를 스스로 포기하고 삶은 꺼져 가는 등불이 된다.

하지만 인간으로 오신 하나님은 내가 누워있는 밑바닥에서 나를 만나신다. 즉 내가 부서지고 나를 포기한 그 자리는 바로 하나님을 만나는 기회가 되며 은혜의 자리가 된다.

헨리 나우웬은 '우리가 상처받고 부서지고 한 그 자리, 그 순간이 우리가 우리 자신을 깨뜨리고 하나님을 향해 나아갈 수 있는 기회다'라고 했다.

위의 자매님은 모든 것이 바닥 난 채 자리에 누워 꺼져가고 있었다.

자기 스스로 은근히 자랑했던 것도 바닥났고 건강도 바닥났고, 하나님을 향해 움직여보려는 의지도 바닥이 났기에 스스로 생각할 때 이제는 아무 희망도 없다고 생각되는 자신의 모습이었다. 하지만 그 모습이 바로 그 사람의 현실이었다. 주님은 현실 그대로의 나를 원하신다. 이상적인 나를 원하시는 것이 아니다. 현실속의 내 모습이 내가 보기에는 도저히 사랑받을 가치 가없어 보일 지라도 하나님은 현실 그대로의 나를 만나고 싶어 하신다.

깨어진 모습을 보이는데 두려움을 느끼지 않는 이가 없다. 스스로 포기했기 때문이다. 만일 내가 완전히 바닥으로 떨어졌다고 생각한다면 그곳에는 반드시 주님이 계신다.

"음부에 내 자리를 펼지라도 거기 계시니이다."(시편 139:8)

가장 중요한 점은 나의 상처나 아픔의 이 모습을 부인하거나 은폐해서는 안 된다는 것이다. 상처를 부인하면 겉은 회벽 칠을 한 듯 매끄러울 수 있으나 그 속은 썩어 구더기가 생긴다. 하지만 그 상처와 망가진 모습을 받아들이고 그것을 가지고 주님에게 보이기 시작하면 그 상처는 진주가 되고 망가진 그 자리는 주님을 만나는 자리가 된다.

속사람의 치유 22

내 마음 속에 울고있는 내가 있어요

내적치유사역연구원

이 사람의 손에는 인간의 모든 문제를 해결 할 수 있는 성경이 들려 있다. 하지만 그의 속사람은 성경에서 아무런 도움을 받지 못한 듯 괴로워 보인다.

왜 이런 상태가 되는 것일까?

이것은 이 사람의 선택이다. 어느 누가 이런 괴로운 상태를 선택 하겠는가? 어떻게 선택 이라고 말 할 수 있나?

하지만 그것은 사실이다. 이 사람에게 성경의 진리가 들어 갈 수 없는 것은 그가 자신의 마음을 닫아 버렸기 때문이다.

'하나님도 이런 나는 싫어하실 거야'

'하나님은 이런 문제는 관심 없을 걸……'

'이런 나를 어떻게 사랑하시겠어……'

'내 고통은 어느 누구도 이해 못해.'

이런 생각과 태도가 마음 문을 닫는 선택을 하는 것이다.

이제 갓 대학생이 된 B의 사연이다.

"나는 누구에게도 말할 수 없는 비밀이 있었다. 그것은 내가 믿었던 엄마가 어느 날 집에 낯선 아저씨를 데리고 와서 함께 자는 것을 보았기 때문이다. 그토록 내게 헌신적이었던 엄마가 어떻게 그럴 수 있을까? 나는 못 본척하고 내방에 와서 한없이 울었다. 그때부터 나는 엄마를 보면 분을 내고 헛점을 잡아 소리를 쳤다. 하지만 나는 엄마를 용서하고 싶었다. 그래야만 내가 살 수 있고 엄마도 살 수 있기 때문이다. 엄마를 용서하고 싶어서 이곳에 왔다. 강의에서 예수님은 인간의 모든 고통을 다 체험하시고 아시기에 나의 친구가 되어 주실 수 있다는 말을 들었다. 하지만 나의 이 아픈 마음만은 절대로 이해를 못하실 것 같았다. 왜냐면 예수님의 어머니는 절대 우리 엄마 같은 행동을 하진 않으셨을 테니까...... 내 고통은 어느 누구도 이해 못할 거라는 생각이 더 깊이 들었다. 나는 이 문제가 예수님과 나를 막고 있는 걸림돌이라는 것을 알았지만 도저히 넘을 수가 없었다. 나는 주님에게 소리 질렀다.

그런 내 어린 모습을 보는 순간 예수님도 나와 똑같은 심정 일 때가 있었다는 것이 확 깨달아 졌다.
십자가에 못 박히실 때, 베드로가 예수님을 부인했을 때, 유다가 예수님을 팔았을 때, 사람들이 조롱할 때, 예수님도 나처럼 이 순간이 지나기를 원하고 어찌해야 할지를 모르고 괴로워 하셨구나 하는 생각이 들었다. 눈물이 정말 핑 돌았다. 예수님이 나와 비슷한 부분이 있으셨구나! 내 마음이 주님에게 처음으로 확 열어졌다.

'주님 저는 주님도 이해할 수 없는 특별한 고통을 가진 사람입니다. 주님은 안 당해 보셨으니 도저히 모를 거예요. 절대로......'

그리고 그 장면이 또 떠올랐다. 다시는 생각하고 싶지 않은 그날 엄마의 모습, 그런데 그때였다. 그동안은 오직 엄마의 추한 행동에만 눈이 꽂혀져 있었는데 내 눈이 돌려지며 그 행동을 보고 있는 어린 나는 어떤 마음이었을까 생각하게 하셨다. (정말 이런 관점으로는 한 번도 생각해본 적이 없다) 나를 보니 두렵고 떨리고 도망가고 싶었고 그냥 눈을 딱 감고 아무것도 보고 싶어 하지 않는 마음뿐임을 알았다.

그런 내 어린 모습을 보는 순간 예수님도 나와 똑같은 심정일 때가 있었다는 것이 확 깨달아 졌다.

십자가에 못 박히실 때, 베드로가 예수님을 부인했을 때, 유다가 예수님을 팔았을 때, 사람들이 조롱할 때, 예수님도 나처럼 이 순간이 지나기를 원하고 어찌해야 할지를 모르고 괴로워 하셨구나 하는 생각이 들었다. 눈물이 정말 핑 돌았다. 예수님이 나와 비슷한 고통을 느끼셨구나! 내 마음이 주님에게 처음으로 활짝 열어졌다.

나는 예수님에게 마음이 열려지자 진짜 궁금했던 것을 물었다.

'예수님 그때 예수님은 무얼 하고 계셨어요?'

나는 묻고 또 물었다. 아무 대답이 없었다. 하지만 계속 물으며 울고 있는데 누군가 내손을 꼭 잡고 있는 거였다. 엄마의 모습을 보고 있는 나의 손을 예수님이 꼭 잡고 마루를 지나 방으로 걷고 계셨다. 내가 소리 없이 내 방에 와서 울고 있을 때도 주님의 손은 내손을 잡고 있었다. 마치 필름처럼 주님의 이 모습이 내 생각 속에 보였다. 그리고 내가 왜 그렇게 화가 났는지 알 것 같았다. 엄마가 다른 아저씨와 자는 것이 철저히 나를 버렸다고 생각이 들었고 나는 이 우주에서 혼자라고 생각했던 것 같다. 내 마음이 풀려 졌다. 이젠 세상에서 내가 제일 불행하다는 생각도 사라졌다. 어서 돌아가 엄마를 위로해주고 싶다. 엄마는 내가 손을 잡아 주어야하는 사람이다. 내 손을 잡고 계셨던 주님은 나의 또 다른 손으로 엄마의 손을 잡아주길 원하시는 것 같다. 항상 죄인처럼 내게 미안하다는 말만 하는 엄마의 손을 이젠 정말 따뜻하게 잡아 줄 수 있을 것 같다."

B는 자신의 고통을 이해할 자는 아무도 없다고 생각했지만 그 생각이 변화 되었을 때 자신의 마음을 열고 하나님을 받아들이는 새로운

선택을 할 수 있었다.

사람들은 하나님에게 조차 표면적 마음만을 열어 놓을 뿐 진짜 힘들고 괴로운 부분을 내놓지 못한다. 자신이 가진 가장 치부적이고 힘든 부분을 서로 공유하지 못할 때 그 관계는 항상 피상적 관계에 그칠 수밖에 없다.

내적치유사역을 하면서 많은 사람들이 자기의 모든 것이 드러날까봐 세미나에 오는 것을 두려워하고 또 자신의 벽속에 혼자 있는 것이 힘들지만 나오려고 하지 않음을 보았다. 왜 그럴까? 왜 하나님에게도 자기의 마음을 열지 못하고 혼자의 세계 속으로 침잠하기로 선택 할까? 여기에는 세 가지의 결정적 오해가 있다.

첫째는 하나님이 나를 돕지 않았고 나에 대해 관심이 없고 나를 버렸다는 오해다.

이해 할 수없는 고통과 힘든 사건들을 경험하면서 인간은 이런 의구심을 갖게 된다. 인간이 당하는 고통에 대한 문제는 모든 인류가 하나님을 향해 던지는 첫 질문이기도 하다. 그만큼 하나님을 신뢰하는데 걸림돌이 된다는 뜻일 것이다. 하지만 그 어두움의 구름을 뚫고 그 무지의 구름을 뚫고 하나님을 신뢰하게 된 사람들은 보통 사람들과는 다른 깊은 안정감과 힘을 가지게 된다.

둘째는 내가가진 고통은 너무 인간적인 고통이기에 하나님은 관심이 없고 이해할 수 없을 거라는 오해다.

> 나 혼자 만이 아니라 나 같은 아픔을 주님도 가지셨다는 것에 대한 마음의 이해는 속사람이 밖으로 나오는데 엄청난 용기를 줄 수 있다.

하나님은 좀더 스케일이 큰 우주적 문제, 범인류의 문제 같은 것에나 관심을 가질 것 같다고 여겨진다. 하지만 이 오해는 예수님의 인성을 이해하고 예수님의 삶속에서 나를 발견할 때 놀랍게 치유된다. 앞의 B군의 경우도 마찬가지다. 그가 하나님에게 마음을 열 수 있었던 이유는 예수님에게서 자기와 같은 아픔을 발견했던 것이고 그것은 놀랍도록 주님에 대한 친밀함의 감정을 갖게 했다. 즉 나 혼자 만이 아니라 나 같은 아픔을 주님도 가지셨다는 것에 대한 마음의 이해는 속사람이 밖으로 나오는데 엄청난 용기를 줄 수 있다.

예수님이 인간으로서의 삶의 행적 속에서 나와 같은 아픔을 발견하는 것은 예수님과 내가 하나 되는 것이며, 주님의 수난에 동참하는 신비한 체험이 된다. 이것은 마치 이스라엘 백성들이 불 뱀에 물려 고통당할 때 모세가 만든 구리 뱀을 쳐다보며 치유 되었던 신비한 기적과 같다. 실제로 예수님은 구리 뱀을 통해 사람들이 치유된 것처럼 자신의 죽음을 통해서 사람들에게 생명과 치유가 나타날 것을 말씀하셨다.

> "모세가 광야에서 뱀을 든 것같이 인자도 들려야 한다. 그것은 그를 믿는 사람마다 영생을 얻게 하려는 것이다."(요 3:14-15)

우리가 당하는 각양의 고통은 마치 불 뱀에 물려 그 독에 죽어 가듯 우리의 속사람을 고통 가운데 빠뜨리고 삶을 파괴시킨다. 여기에 수많은 세상의 처방들이 있고 치료제가 있고 진통제가 있다. 하지만 온전한 치료제는 오직 한 가지 예수그리스도의 삶과 죽음, 그가 걸으신 실제적인 그 움직임속의 사랑뿐이다.

그 걸음이 역사 속의 사실이고 지금도 현실이기에 그것을 쳐다보는 자는 지금도 모든 고통에서 풀려 날 수 있다. 본인 역시 사역과 인간관계 속에서 불 뱀에 물린 듯한 어려움이 닥칠 때 그 고통과 쓴 마음에서 벗어날 수 있었던 힘은 예수님께서 나와 같은 아픔을 체험하셨음을 깨달을 때 내게 주어졌다. 나의 아픔을 예수님 안에서 발견하는 것 그것이 곧 높이 들린 구리 뱀을 쳐다보는 것이고 예수님을 내가 먹는 것이다.

세 번째의 이유는 죄문제 해결에 대한 잘못된 오해다.

사람들이 기독교에 대해 가지고 있는 가장 큰 오해 중 하나는 하나님을 도덕 윤리 선생님으로 그리고 성경을 도덕책으로 생각하는 것이다. 이 안에서 인간은 하나님의 복을 받기 위해 하나님의 계명을 부지런히 지켜야만 되며 성경의 인물들은 모든 어려움을 무릅쓰고 그 계명을 훌륭히 지킨 자들이라고 생각한다.

이런 개념의 틀이 정해져 버리면 최고의 윤리원칙을 강조하고 있는 성경을 알수록[1] 우리 안에 정죄감과 죄책감은 커 질 수밖에 없고 내 안

1 주님께서는 누구든지 정욕의 눈으로 여자를 바라보는 사람은 이미 마음으로 그녀와 간음하였다고 하신다.(마 5:28) 이토록 성경의 도덕적 완전함의 기준은 높다.

의 속사람은 자신을 더욱 감추기 위해 필사적이 될 것이다.

실제로 우리가 하나님을 향해 온전히 헌신하기를 결심하고 하나님에게 가까이 갈수록 더욱 더 우리의 추함이 뚜렷하게 드러난다.[2] 그러므로 열심히 신앙생활을 하려는 그리스도인들 곁에 정죄감의 검은 늪은 더욱 가까이 열려져 있을 수 있다.

하지만 성경을 읽어 보면 그보다 더 계속해서 등장하고 강조하는 것은 죄인을 향한 하나님의 초대이다. 기독교는 인간의 변화가 자신의 힘으로는 불가능 하다고 한다.

하지만 인간은 변해야 한다. 새롭게 돼야 한다. 그러나 어떤 수련을 통해서도 조금도 더 나아지지 않은 자신을 깊은 영성가들은 발견했다. 이 딜레마에 처한 인간에게 하나님은 말씀하시기를 하나님 자신의 힘과 사랑으로 이 모순을 해결하시겠다고 하시는 것이다.[3]

C.S. 루이스는 그의 저서 '순전한 기독교'에서 말하기를 '그리스도가 우리를 위해 죽임을 당했으며 그 죽음이 우리의 죄를 씻어 주었고 그가 죽음으로써 죽음의 세력이 힘을 잃었다는 것이 공식입니다. 이것이 기독교입니다.'라고 말하고 있다.[4]

2 바울의 고뇌와 갈등은 그가 회심한 이후 주님을 향한 헌신의 삶을 살고 있을수록 더욱 커진 듯하다. 그 고뇌를 그는 로마서 7장에서 이렇게 쓰고 있다. '나는 속사람으로는 하나님의 법을 즐거워하나 내 지체에는 다른 법이 있어서 내 마음의 법과 맞서서 싸우며 내 지체에 있는 죄의 법에 나를 포로로 만드는 것을 봅니다. 아! 나는 비참한 사람입니다. 누가 이 죽음의 몸에서 나를 건져 주겠습니까?'

3 안셀름 그린 '아래로 부터의 영성' p117

4 C.S. 루이스 '순전한 기독교' p99

여기서 인간이 할 수 있는 유일한 몸짓은 나를 하나님께 완전히 내어 드리는 것과 나의 빈손을 열어 하나님을 붙잡는 것 뿐이라고 안셀름 그린은 말하고 있다. 그는 덧붙이기를 '하나님을 체험하는 것은 나 자신의 노력으로 얻는 하나의 보상이 결코 아니고 나 자신의 무능에 대한 응답이다. 자신을 하나님께 건네 드리는 것이 영적 삶의 목표다.'라고 말한다.

이런 오해의 먹구름같은 생각이 걷어지고 하늘의 무지개가 보이듯 하나님의 사랑이 더 뚜렷이 이해된다면 속사람은 두려움 없이 자신이 손수 만든 감옥에서 빠져 나올 수 있을 것이다. 성서적 내적치유는 속사람이 가진 오해를 푸는 성령의 사역이다.

속사람을 가둔 감옥의 문밖에 주님께서 서 계신다.

> "보아라. 내가 문밖에서 문을 두드리고 있다. 누구든지 내 음성을 듣고 문을 열면 나는 그에게로 들어가서 그와 함께 먹고 그는 나와 함께 먹을 것이다."(요한 계시록 3:20)

속사람의 치유 23

나무 뒤에 숨어서

내적치유사역연구원

하나님과의 관계가 끊어져서 죽음의 권세 아래 잡혀 버린 인간에게 제일 먼저 만들어진 감정은 두려움이다.

아담은 말한다.

"내가 벗었으므로 두려워하여 숨었습니다."(창세기 3:10)

아담은 그전에도 자신이 벗었다는 사실을 알고 있었다. 하지만 벌거벗은 몸을 하나님에게 보이는 것이 전혀 두렵지 않았다. 그러나 지금은 벌거벗은 자신을 거절하실 것 같은 두려움과 공포가 죄를 지은 아담에게 찾아 왔다.

아담의 마음에서부터 시작된 두려움은 강물처럼 흘러 우리의 마음까지 들어와 있다. 그리스도인들도 수많은 종류의 두려움과 불안 공포의 노예가 되어 산다. 하지만 이 두려움은 형체를 보이지 않아 우리는 두려움에 눌려 있으면서도 두려움에 눌려 있다는 것조차 모른채 살다가 그 한 가지라도 벗겨질 때 지금까지 자신이 지고 있던 두려움의 무게가 얼마나 무거웠는지 놀랄 뿐이다.

S의 간증이다.

"우리 집은 외형적으로 아무 문제가 없어요. 오히려 사람들의 부러움의 대상이죠. 제 두 아이는 학교에서 전교 1, 2등을 다투고 있고 온유하고 교회생활 잘하는 남편...... 하지만 문제는 저였습니다. 너무 굳어진 마음, 형식이 되어버린 예배와 찬양, 어떤 곳을 가도 기대가 없고 하나님에 대한 감정이 말라버린지 오래 되었기 때문입니다. 아이들에게는 공부보다도 하나님을 사랑하라고 하면서 말로 하지만 실제 삶에선 시험 때마다 아이들을 조이고 다그쳐서 두 아이가 지쳐가고 있는 얼굴을 볼 때마다 이게 아닌데 하면서도 이 생활을 어떻게 새롭게 해야 할지 알 수 없었습니다. 이런 제 자신을 진단해 볼 때 내가 너무 편하니까 기도생활에 열심을 내지 않아서 그런가보다 했지만 기도생활에 열심을 내고 싶지 않은 것이 사실이었습니다. 그러다가 이곳에 와서 이런 저의 삶을 만들어 내는 원인을 발견하게 되었습니다. 저의 원인은 두려움이었습니다. 왠지 모르게 언젠가는 하나님께서 제게 이 좋은 모든 것들을 다 거두어 가실 것 같은 두려움, 하나님이 나를 이들로부터 떼어 놓지 않을까 하는 생각이 자리 잡기 시작했고 그런 생각이 들면 우울해지고 그렇게 된 상황들을 미리 생각하고 홀로 울기도 했던 제 모습이 생각났습니다. 왜 이런 생각들이 제게 자리를 잡게 되었는지 모르지만 분명히 이번에 알게 된 것은 이 생각들이 하나님으로부터 온 것이 아님을 안 것입니다. 제게 이런 두려움이 있었기 때문에 하나님을 가까이 하고 싶지 않았다는 사실도 알았습니다. 제게 있는 두려움을 처음으로 솔직하게 하나님에게 말씀드리고 나니 날아갈 것처럼 마음이 편안합니다. 그리고 이렇게 오래 신앙생활을 했지만 저는 하나님에 대해 오해 하고 있는 부분이 너무 많다는 것을 또한 알았습니다."

S처럼 우리는 내안에 있는 두려움을 인식하지 못하는 경우가 많다. 그리고 그 두려움은 모두 하나님에 대한 오해에서부터 만들어진 독성 안개다.

N은 32세이며 아이 하나를 두고 있다. N의 삶은 외적으로는 특별한 문제가 없이 평온했다. 하지만 N은 주기적으로 찾아오는 우울함과 작은 일에도 쉽게 무력감을 느끼며 사람들과 만남이 점점 힘들어지는 자신의 상태가 무엇 때문인지 알고 싶었다. 동생이 건네준 '엄마! 가지 마'란 책을 읽으면서 떠오른 장면은 커튼 뒤에 숨어있는 자신의 모습이었다. N의 아버지는 목사님이었는데 어머님과 자주 다투셨다. 그날도 교회에서 심하게 다투는 부모님을 피해 피아노 뒤의 긴 커튼에 숨어 있었던 것이다. N은 이 장면이 무슨 뜻인지 알게 해달라고 계속 기도하는 중 그것은 부모님의 다툼으로 인해 만들어진 두려움이고 그 두려움이 지금까지도 사람들 앞에 자유롭게 자신을 드러낼 수 없게 만든 원인이 되었다는 것을 알았다. 그리고 그로 인한 외로움과 관계의 어려움이 자신을 우울하게 만들고 있다는 생각이 들었다.

"제가 지금도 그때처럼 커튼 뒤에 숨어 살고 있다는 것을 알았어요. 그래서 어떤 사람과도 마음을 나누지 못했고 그래서 항상 나 혼자 외롭다는 생각에 싸여 있었는데 이제 제 인생의 실마리가 풀렸어요. 주님과 함께 용기를 내서 그 커튼 뒤에서 나왔거든요. 새롭게 살 수 있을 것 같아요."

두려움과 이성이 싸울 때 반드시 두려움이 이긴다. 공황장애 환자의 공포를 치유하기가 어려운 것은 이 때문이다. 하지만 성령의 능력은 우리로 하여금 두려움을 넘어서 새로운 행동을 하게 만들며 그 두려움과 공포의 힘을 제어한다.

두려움은 우리가 충격적 사건을 만나거나 실패와 힘든 일을 당할 때 기다렸다는 듯이 더욱 강한 힘으로 속사람을 결박해 버린다. 그럴 때 사람들은 두려움을 피하려고 죄 된 행동과 중독적 집착에 빠지게 된다.

올해 35세 M의 이야기다.

"나는 작년에 부모님이 돌아가시고 난후 쇼핑 중독에 걸리게 되었다. 충동적인 쇼핑으로 수입의 3분의 2를 카드대금으로 지출하고 드디어는 절대로 헐어서는 안되는 통장까지 헐어 쇼핑에 매달렸다. 안해야지 하다가도 백화점 전단지가 오면 아픈 몸을 이끌고라도 가서 물건을 사야했다. 이러는 내 자신이 의아하기도 했지만 시간이 지나면서 의문도 없어진 채 이런 삶을 계속했다.

그러다가 강의를 들으며 이 그림을 보게 되었다. 그림을 보면서 갑자기 아! 내가 두려워하고 있었구나 하는 생각이 들었다. 내가 두려워하는 것은 사람들이 나를 비웃고 멸시 할까봐 두려워하는 것이었다.

갑자기 부모님이 돌아가시고 나니 아직 결혼도 못하고 애인도 없고 아무도 나를 보호해 줄 사람이 없는 내가 너무 초라하다고 느껴졌다. 그래서 무시 받지 않도록 남들에게 멋있게 보이려고 필사적으로 쇼핑에 매달렸음을 알게 되었다. 나는 내 행동에 대해 부모님 돌아가시고 그저 허전해서 그런 것이라 생각했는데 그게 아니었다. 초라한 내 모습을 사람들에게 보이는 것이 두려웠던 것이다. 세미나 끝나고 이제

오랜 시간이 지났지만 그 후로는 쇼핑을 하지 않는다. 세미나 때 주님에게 내가 두려워하는 것들을 말씀드리고 나니 주님이 내 보호자라는 믿음이 생기면서 사람들이 나를 어떻게 보든지 별로 개의치 않는다는 자신감이 생기면서 쇼핑하고 싶은 마음도 확 줄어들었다. 쇼핑중독에 빠져있을 때는 원하는 것을 다 사면서도 항상 무언가 허전하고 불안했는데 지금은 든든하고 두렵지 않다."

M처럼 두려움은 자신의 정체를 숨기고 우리 안에 이차적인 행동을 일으킨다. 하지만 그 정체가 보여 지고 두려움을 만들어 낸 거짓된 생각이 치유되면 그 두려움은 안개처럼 사라진다.

A의 이야기다.

'이제 20세가 된 나는 수시로 자살 충동에 사로잡히곤 했다. 특별한 이유보다는 그냥 삶이 너무 답답하고 힘들고........ 이러다 이 곳 세미나에 참여 하게 됐다.

그런데 회상의 기도시간이었다. 눈을 감고 있는데 갑자기 초등학교 3학년 때 일이 떠올랐다. 그때 재미있는 장난 가운데 하나가 친구가 앉으려할 때 뒤에서 의자를 살짝 빼는 거였다. 나도 그때 나와 제일 친한 친구에게 그 장난을 했다. 그런데 친구가 넘어지면서 다리와 머리를 크게 다친 것이다.

왜 갑자기 이 사건이 생각이 날까 의아했는데 곧이어 깨닫게 되었다. 그것은 이일로 인해 그때부터 나와 친한 사람에게는 불행이 올 것 같은 두려움이 들었고 그래서 누구와도 친하게 지낼 수가 없었다는 것을 알았다.

내가 수시로 느끼는 답답함과 사는 것이 힘들어지는 것은 내가 가진 이런 두려움 때문이었구나 하는 생각이 들었다. 내가 마치 마녀라도 되는 것처럼 항상 불행을 몰고 다니는 사람처럼 생각해서 살 의욕이 없었다. 그런데 그 모든 것들이 다 나를 속이는 거짓말들이었다. 이것을 알고 나니 너무나 가볍고 기쁘다. 이젠 열심히 살 수 있을 것 같다.'

A처럼 두려움은 정체를 알 수 없이 모호한 정죄감을 동반하며 근심과 걱정을 달고 다닌다. A는 회상의 기도시간에 과거의 사건을 기억하고 그 사건이 A 안에 만들어 놓은 거짓된 생각을 발견하게 되면서 두려움의 근거를 깨버릴 수 있었다.

두려움의 원인과 두려워하고 있는 것이 무엇인지를 정확히 인식 하기 전까지 사람들은 A처럼 감정의 일부가 두려움의 지배를 받게 된다. 즉 두려움이 행동을 이끌어 가는 가장 큰 힘으로 작용 한다는 것이다. 두려움은 우리에게 잘못된 선택을 하게하고 비겁하게 하며 죄를 짓게 만든다. 두려움은 인간을 노예로 만들어 버린다. 두려워하는 것에 대해 하나님으로부터 오는 힘을 얻기 전까지 두려움이라는 폭군에서 해방 될 수 없다.

한곳에 오래 정착하지 못하고 거주지를 옮기는 사람이 있었다. 한곳에 있으면 답답해서 그렇다고 자신을 합리화 시켰지만 어느 날 그는 자신의 마음 깊은 곳에 숨겨진 이유를 알게 되었다. 그것은 학력에 대한 두려움 이었다. 현재 자신의 사회적 위치와는 전혀 다른 자신의 낮은 학력이 드러나는 것이 두려워서 사람들과 친해 질만 하면 새로운 동네, 새로운 교회, 새로운 친구들로 옮기곤 했던 것이다.

하지만 인간의 두려움의 진짜 원인은 하나님과의 거리감이다. 이것이 두렵다 저것이 두렵다하는 것은 표면적 사실일 뿐 근본적 이유는 마음속에 있는 죄책감 때문이다. 그러므로 어떤 사람이든지 자기가 가진 두려움의 조건과 상관없이 하나님과 친밀감을 갖기 시작하면 그가 가진 두려움은 사라진다.

S는 미용사였다. 미용기술로는 누구에게도 뒤지지 않을 만큼 실력을 인정받았지만 그에게는 사람에 대한 두려움이 있었다. 그것은 우연한 한 사건으로 만들어졌다고 그는 말하고 있다.

"어느 날 유흥업소에서 일하는 손님이 고대를 해달라고 했다. 내 나름대로 잘 했다고 생각했는데 그 손님은 마음에 들지 않는다며 입에 담을 수없는 험한 욕을 했다. 그 이후 내 안에는 점점 더 사람에 대한 두려움이 커지기 시작했고 매일 사람을 대해야 하는 나에게 이런 감정은 모든 의욕을 상실하게 하는 고통이었다. 시간이 가면 좋아 질 거라고 예상했지만 두려움과 사람을 피하고 싶은 마음은 더 커져서 이런 나의 마음을 이기기 위해 할 수 있는 모든 것을 다 해보았다. 마인드콘트롤 인간관계 훈련 철인경기 등등...... 수년에 걸쳐 이 모든 것들을 다 해보았지만 잠시 효과가 있을 뿐 사람들을 대할 때 마다 올라오는 두려움과 압박감은 좋아지지 않았고 나는 급기야 자살까지 생각할만큼 심각한 상태가 되었다. 그런데 내가 하나님을 믿고 난 이후 지금 상황은 내 평생 어느 때보다도 많은 어려움이 있기 때문에 사람들이 더 두려워져야 될 텐데 오히려 사람들 앞에 서는게 조금도 두렵지 않다.

이제는 미용실에서 어떤 손님을 만나도 아무런 두려움도 압박감도 없이 평안하고 즐겁게 사람을 만나며 대하게 된다. 평안함으로 하루하루를 살아 갈 수 있다는 것, 나는 지금 새로운 세상을 살고 있다."

아버지가 나를 찾는소리 내 안에서 들린다

속사람의 치유 24

죽음의 덫에 갇힌 자

내적치유사역연구원

우리가 맞는 매일 하루는 주님의 선물이며 주님의 날이다. 오늘이 기뻐 할 수 있는 날이요, 오늘이 우리가 누릴 수 있는 실재다. 주님은 오늘 바로 이날을 즐거워하라고 하신다. 하지만 기쁨으로 눈을 뜨기 보다는 하루가 천근의 짐처럼 느껴져 눈을 뜨고 싶지도 않을 때가 있다. 특히 죽음의 덫에 잡혀 있을 때 삶은 점점 더 무거운 숙제가 된다.

그 덫의 정체는 '후회'다

다음은 이 덫에 걸린 자의 증상이다.

- 항상 마음이 괴롭다.
- 한숨이 자주 나온다.
- 그랬더라면...... 그랬더라면......하는 말밖에 안 나온다.
- 자신이 싫다.
- 자신이 바보같이 여겨진다.
- 실은 잘하고 있는데도 잘하는 것이 하나도 안 보이고 못난 부분만 보인다.
- 그래서 더 자신을 싫어한다.
- 자꾸만 뒤를 바라보느라 오늘 지금의 중요한 것들을 놓친다.
- 무슨 생각을 할지라도 마지막은 항상 똑같이 후회스런 자책과 낙심으로 끝을 맺는다.
- 세상에서 자신이 제일 비참하게 여겨진다.
- 아무도 자신을 도울 수 없다고 생각된다.
- 자신의 문제는 해결될 길이 없다고 생각되어 소망과 희망이 없다.
- 작은 것을 선택하는 것도 어렵다.
- 선택하고 난 뒤에는 후회한다.
- 한 번도 잘했다는 만족감이 들지 않는다.
- 그리고 이 모든 증세가 점점 더 가중된다.

어떤 아들이 자기 어머니를 도와 달라고 상담 요청을 했다. 어머니의 증상은 어떤 결정도 못하는 것이다. 콩나물국을 끓일지 된장국을 끓일지 선택해야 하는데 선택이 안돼서 몇 시간이고 끙끙거리고 있으며 일상사의 모든 선택을 할 때마다 다른 사람들은 그저 생각 없이 하는 선택들이 이 어머니에게는 너무 어려웠다. 그래서 선택하는데 너무 힘이 들어 정작 다른 일은 하나도 할 수 없고 온 집안은 큰 고통 중에 빠져있다고 했다.

이 어머니가 빠진 병이 바로 후회의 병이고 과거에 잡힌 병이다.

후회가 깊을수록 선택의 두려움이 커진다. 그래서 선택하는데 너무 많은 시간과 에너지가 들어가게 되는 것이다.

우리의 인생은 사실 선택의 연속이다. 하나님은 우리에게 엄청난 권리 즉 창조주 하나님이 가지신 속성 중 하나인 선택이라는 찬란한 보배를 주셨다. 하지만 이 선택의 권리는 그만큼 또 위험하다.

어떤 사람도 평생 동안 바른 선택만 할 수 있는 사람은 없다. 수없이 많은 실수를 하고 잘못된 선택을 한다. 잊지 말아야 할 것은 우리가 바른 선택을 내릴 온전한 지혜를 갖지 못한 연약한 인간인 것을 하나님은 아신다는 것이다. 성공한 자들이 항상 바른 선택만을 해서 성공한 것이 아니라 그 선택을 하나님께서 축복하셨기에 그것은 바른 선택이 된다. 이것은 우리가 어떻게 하든 하나님이 축복하시면 된다는 의미는 아니다.

내가 믿는 기독교가 성령의 가르치심에서 벗어나 '내가 만든 종교'

로 떨어질수록 나타나는 현상은 '책임의식의 결여'다.

사람의 성숙은 자신의 행동에 대해 얼마만큼 책임을 지려고 하는지로 진단할 수 있다. 하지만 아무리 우리가 바른 선택을 하려고 노력해도 거기에는 한계가 있다. 그래서 최선을 다해 바른 선택을 하려고 노력한 후 그 결과는 온전히 하나님에게 맡기는 자세가 바람직하다. 하지만 어떤 이는 자신의 선택하는 권리에 대해 너무도 무책임한 자가 있는가하면 어떤 이는 한 치의 오차도 없는 완벽을 스스로에게 강요하여 그중에 하나라도 안됐다고 느낄 때 그 결과를 괴로워하며 후회와 자책 속으로 빠져 버린다. 하나님은 우리가 과거에 대해 생각해보고 인정할 것은 인정하고 반성하며 회개하되 후회 속에 잡혀 하루하루를 낙심 속에 보내는 삶은 기뻐하시지 않는다.

후회는 반성과 비슷해 보이지만 전혀 다른 것이다. 후회는 고통스러운 자책이며 나를 죽이는 병이다. 이 질병은 그대로 두면 한없이 불어나서 급기야는 어떤 선택을 하든지 후회하게 되는 지경까지 우리를 몰고 간다. 선택하고 난 뒤 결과를 보는 것이 끔찍해서 차라리 나의 선택을 다른 자에게 맡기고 나는 다른 자의 선택을 따라가는 수동적 인생이 되고 싶어 한다. 하지만 반성과 회개는 자신의 어리석음을 인정하고 죄를 고백하되 어리석었던 선택으로 인한 모든 결과는 하나님께 맡기는 것이다. 그리고 어리석은 내 자신을 용서하는 것이다. 그래야만 과거로부터 벗어나게 된다. 하지만 후회는 물귀신처럼 내 발목을 붙들고 놓아주지 않는다.

우리는 이 병에서 속히 일어나야한다. 다음의 말씀을 붙들고 후회의 덫에서 나오도록 하자.

"너희는 이전 일을 기억치 말며 옛적 일을 생각지 말라. 보라 내가 새 일을 행하리니 이제 나타낼 것이라. 너희가 그것을 알지 못하겠느냐 정녕히 내가 광야에 길과 사막에 강을 내리니"
(이사야 43:18~19)

"내가 하는 일은 단 한가지입니다. 곧 뒤에 있는 것은 잊어버리고 앞에 있는 것만을 바라보고 그리스도 예수 안에서 하나님께서 위로부터 부르신 그 부르심의 상을 받으려고 목표를 향하여 달려가고 있습니다."(빌립보서 3:13~14)

"하나님의 뜻대로 부르심을 받은 사람들에게는 모든 일이 서로 합력하여 선을 이룬다는 것을 압니다."(로마서 8:28)

당신이 자신을 어리석게 여기며 손대는 모든 것들을 다 망쳐 놓는 사람이라고 자책하는 가운데 있다면 가장 최고의 바른 행동을 제안하고 싶다. 이 행동만은 평생 동안 가장 바른 선택이 될 것이다.

그것은 웃는 것이다. 그리고 감사하는 것이다. 지금 당신의 모든 것, 모든 상황에 대해 감사하는 것이다.

아버지가 나를 찾는소리 내 안에서 들린다

속사람의 치유 25

화살을 뽑을 수 없어

내적치유사역연구원

봄이 되면 모든 만물이 생명의 기지개를 편다. 마른 가지에 새순이 돋게 하는 생명의 현상이 있듯이 아름드리 나무를 시들게 하는 죽음의 현상도 있다. 사람도 마찬가지다. 사람을 살게 하는 생명의 에너지가 있고 그 에너지를 앗아 가는 죽음의 힘이 있다. 사람으로 하여금 삶에 대한 의지를 상실하게 만드는 근본적인 원인 중 하나는 자기 존재에 대한 부정적 감정이다.

이 그림은 자기 존재에 대한 부정적 감정이 생기는 이유를 보여 준다.

이 사람의 등에 꽂힌 화살들은 주위에서 이 사람에게 던진 말들이며 눈짓 그리고 태도들이다. 이 사람은 하루에도 수차례, 지금까지 수백 번의 이런 화살들을 맞았을 것이다. 이런 화살들은 대부분 가장 가까운 가족이나 친구들로부터 쏘아진다. 처음에는 영문도 모른채 맞다가 나중에는 고통스럽기 때문에 이 화살을 막아내고자 했지만 화살을 막아 낼 수 있는 방패가 없다. 결국은 사람들이 쏜 화살이 깊이 박히게 되었고 어느 날 부터 이 사람은 자기 등에 꽂은 화살을 뽑기를 포기하며 살고 있다. 왜냐면 그 화살 같은 말들이 맞다고 생각하기 때문이다. 등에 독이 든 화살을 꽂은 채 이 사람의 생명력은 점점 꺼져 간다.

2004년 KBS2 뉴스에 어느 할머니의 사연이 보도되었다. 그 할머니는 바로 이 사람처럼 평생 동안 크고 날카로운 바늘을 실제로 몸에 넣고 살아왔다. 1917년 결혼해서 시어머니 밑에서 엄한 시집살이를 하던 새댁시절, 방안에서 남편 두루마기를 만들고 있었다. 그런데 밖에서 시어머니가 부르자 바늘을 벽에 꽂고 급히 일어나다가 벽에 부딪혀 넘어졌다. 그때 벽에 꽂아두었던 바늘이 팔에 쑥 들어 가 버린 것이다. 말 할 수 없이 아팠지만 밖에서 다급히 재촉하는 시어머니의 호령에 무서워 빼 낼 생각도 못하고 달려 나갔다. 그사이 바늘은 점점 더 들어가 완전히 살 속에 묻혀 버렸고 그 때부터 바늘을 꽂고 산지 50여년!

팔을 움직일 때마다 하루에도 수없이 바늘이 따끔거리고 아팠지만 시어머니 무서워서 아프다는 말도 못하고 어떻게 움직이면 좀 나은 것 같아서 그럭저럭 살아온 것이다. 그러던 중 우연히 엑스레이 사진 촬영에 바늘이 나타났고 병원에서 50년 만에 할머니의 팔 속에 박혀 있던 바늘을 빼냈다.

"어떻게 이렇게 하고 사셨습니까?"

사람들은 그 할머니에게서 나온 옛날 시대의 커다란 바늘을 보며 기가 막혀 물었다. 하지만 우리 역시 이렇게 살아 갈 수 있다.

몸에 바늘이 꽂힌 채 사는 것처럼 우리의 마음에도 바늘이 꽂힐 수 있고 이 할머니처럼 평생을 바늘에 찔린 아픈 마음으로 살아간다.

P는 겉으로 보기에는 구김살이 없어 보이는 밝고 명랑한 성격의 매우 아름다운 외모를 가진 대학생이었다. 하지만 그가 자신에 대해 가진 자아상은 전혀 달랐다. 그는 자신이 더럽고 용서할 수 없다는 기분이 들고 무엇이 힘든지 딱히 꼬집을 수 없지만 하루하루의 삶은 너무 무겁기만 했다. 주변의 어느 사람도 명랑한 P가 이런 내면을 가지고 있을 거라고 생각하지 못했다.

P가 세미나에 참여해서 자신이 왜 이런 기분에서 벗어날 수 없는지 그 이유를 하나님에게 묻기 시작했다.

"기도하는데 할머니의 모습이 생각났고 그 할머니가 내게 수시로 했던 말이 생각났어요. 할머니는 항상 나를 문둥병자라고 했어요. 할머니는 손자를 간절히 원하셨는데 내가 여자였기 때문에 나를 미워하신 것 같아요. 어릴 때 나는 할머니가 그렇게 나를 부르니까 내가 정말 병자인가 보다 생각했어요. 그런데 나중에 그 병이 무엇인지 알게 되고 그 병에 걸린 사람들 사진을 봤어요. 너무 끔찍해서 할머니가 또 그 말을 하며 화를 내시길래 나는 처음으로 할머니에게 대들며 말했어요. '나 문둥병 아닌데 할머니는 왜 나에게 그래?'

그때 아버지가 들어오셔서 내가 할머니에게 대드는 모습을 보고 화가 나셨나봐요. 저를 야단치면서 하시는 말씀이 '너 문둥이 맞다' 이러셨어요. 전 그 이후 제 속사람이 썩어져 가는 것 같고 꿈에도 계속 내가 나환자가 된 꿈을 꾸고 내 자신을 이유 없이 싫어했어요."

P의 마음의 등에는 '너는 문둥이 맞다'라는 화살이 꽂혀 있었다. 그 화살을 달고 다니며 사는 삶이 어떻게 생기있고 자신에 대한 자랑스러움을 느끼며 살아 갈 수 있었겠는가!

가족들이 어떻게 이런 말을 아이에게 할 수 있을지 경악할 수 밖에 없지만 많은 부모들은 무심코 습관적으로 이런 화살을 자녀에게 꽂는다.

43세 된 K의 고백을 옮겨본다.

"어느 순간부터인지 내 안에서 자동적으로 '개새끼'라는 욕이 시도 때도 없이 들렸다. 세수를 할 때도 밥을 먹을 때도 교회에서 주차관리를 할 때도 이 저주 섞인 독설이 들렸다. 이렇게 하기를 어언 이십여 년, 이 긴 세월동안 문득문득 내 머리를 스쳐가는 뜻 없는 저주의 독설 '개새끼' 는 다름 아닌 나를 향한 자책과 실망의 깊숙한 속울음이었다. 나는 이것이 나의 양심을 지키는 파수대라는 미명도 붙여 보고 나를 겸손하게 하는 소리라고 하면서 좋게 생각하려고 했지만 이 소리는 저주처럼 나를 짓누르는 것이었다. 특히 내 생활이 엉망이 되어있을 때 이 소리는 내 안에서 더욱 커졌다. 이 저주를 받아들이기라도 하듯 내 마음은 감정적으로 점점 황폐해져 갔고 혼자 있으면 드는 생각들이 끔찍하고 파괴적인 생각들 뿐이었다. 급기야는 혼자의 싸움에 지쳐 긴 쇠막대기를 들고 다니며 혼자 있는 약사 있으면 그를 죽이고 평생을 감옥에서 편히 살아야겠다는 절망적인 계획을 세웠다. 이런 나를 위해 아내는 기도를 많이 했다. 하지만 내 안에 항상 깔려있는 괴롭고 파괴적인 기분은 좋아지지 않았다. 어느 날 아내가 내게 세미나를 권했는데 어떤 내용의 세미나인지도 모른 채 아무런 기대도 없이 순순히 참여하게 되었다. 그리고 강의를 들으며 내 인생을 돌아보는 묵상시간을 가졌다. 그 때 한 사건이 생각났다. 내가 16살 정도 된 것 같은데 무슨 일인지 아버지가 나에 대해 크게 실망해서 소리를 지르고 있었다.

'이 개새끼야 나가! 다신 집에 들어오지 마.'

나는 아버지의 독설에 심한 모멸감을 느끼며 속으로 외치고 있었다.

'그럼 너는? 너는 수캐냐?'

이 사건이 생각나면서 이것이 나를 괴롭히던 저주의 독설 즉 강박관념의 정체였구나 하고 깨달아졌다. 나는 강의시간에 들은 대로 이 사건을 주님에게 말씀드리며 많이 울었다. 내가 그 당시 이토록 심한 모멸감과 수치심을 느꼈는지 미처 몰랐는데 지금은 그 모든 감정이 마치 지금 그 일이 일어난 것처럼 복받쳐 왔다. 그때 내게 연상되는 것이 있었다. 주님께서 아버지의 입에서 나오는 화살을 대신 맞으며 내 손을 잡고 계시는 모습이셨다. 주님은 나를 위로하고 계셨는데 내가 아파하는 것 때문에 슬퍼하신다는 생각이 들었다. 그러면서 내 안에 개새끼라는 화살이 뽑혀지는 것을 느꼈다. 이제 나는 저주에서 벗어났다. 아버지가 비록 돌아가셨지만 그 아버지를 사랑하고 용서한다."

K의 가슴에 아버지가 쏜 독설의 화살이 꽂혀 있었고 이 화살은 그에게 환청을 만들었다. 하지만 모든 사람마다 독설을 듣는다고 해서 K처럼 평생을 강박적으로 그 소리에 묶이지 않는다. 그렇다면 왜 K는 이 소리에 묶이게 되었을까?

K의 살아온 삶을 들어 보면 이해가 되어진다. K의 어머니는 두 번째 아내였다. K에게는 첫째 어머니에게 난 형이 있었다. 그리고 K의 어머니는 K 위로 아들을 낳았는데 그 아들이 죽었다. 자기 몸에서 난 아들이 죽고 그다음 아들인 K가 태어나자 또 아들을 잃을까하는 두려움에 어머니는 K를 과잉보호하게 되었고 아버지 역시 많은 기대와 사랑을 쏟았다. 아버지와 새엄마의 사랑을 동생이 받는 것을 보며 이복형은 동생인 K를 괴롭혔다. 이런 상황 속에서 K는 자기가 아버지의 기

가족관계가 더 건강했다면 그 화살은 그렇게 크게 박히지 않았을 것이다. 하지만 두 번째 부인으로 들어온 자기 엄마의 불안한 위치를 도와주어야하는 부담까지 안고 그 무게에 눌려 자신에게 좌절감을 느끼고 있는 상황에서 가해진 아버지의 독설은 엄청난 무게로 다가왔고 가슴에 박힌 화살이 돼 버린 것이다.

대를 채우지 못 할까봐 항상 불안하고 그래서 쉽게 스스로 좌절하고 자책하곤 했다. 그렇지 않아도 스스로를 향해 자책하고 있는데 아버지의 독설은 결정적으로 K의 정체감에 못을 박아버리는 역할을 했다. 가족관계가 더 건강했다면 그 화살은 그렇게 크게 박히지 않았을 것이다. 하지만 두 번째 부인으로 들어온 자기 엄마의 불안한 위치를 도와주어야하는 부담까지 안고 그 무게에 눌려 자신에게 좌절감을 느끼고 있는 상황에서 가해진 아버지의 독설은 엄청난 무게로 다가왔고 가슴에 박힌 화살이 돼 버린 것이다. K는 그의 간증문의 제목을 이렇게 쓰고 있었다.

'나는 개새끼가 아니다.'

나쁜 의도로 쏘는 것이 아닐지라도 화살은 화살이다. 그리고 가까운 사람이 쏜 화살 일수록 더욱 치명적이며 관계가 서로 좋지 않을 때 서로의 언어는 더욱 날카로운 화살이 된다. 이 화살은 우리 자신의 정체성에 부정적 영향을 미쳐서 우리의 삶을 비참하게 만들어간다.

나이가 23세 된 Y의 이야기다.

"모태신앙이었지만 저는 예수님을 믿기 전까지 자살충동이 여러

번 있었어요. 학교 다니면서 예수님을 다시 알고 기뻤지만 빨리 죽어 천국에 가고 싶다는 식으로 사는 것이 싫었어요. 열심히 기독동아리 활동을 했는데 언제부터인가 모든 것이 시들해지면서 이러다가는 끝도 없이 떨어 질 것 같아 무서워서 여기에 충전하려고 왔어요. 그런데 주님은 제게 일시적인 배터리 충전이 아닌 근본적인 수술을 해주셨어요. 주님이 제가 왜 자주 자살충동에 사로잡히는지 그 이유를 깨닫게 해주신 거예요.

그것은 엄마의 말이었는데 우리 엄마는 나를 혼내실 때 자주 하시는 말씀이 '나가 죽어라'였어요. 나도 모르게 그 말이 내게 박혀 버렸나 봐요. 죽어야한다는 생각이 항상 들었으니까요. 죽어야 한다고 생각하고 있으니 삶을 제대로 생각해 본적도 없고 인생의 계획을 진지하게 세워본 적도 없어요. 이런 삶의 모습이 잘못된 것인지도 몰랐고 더구나 주님에게 상처를 주는 것인지도 몰랐어요. 주님은 저의 마음을 수술하시면서 '살아 달라'고 말씀하시는 것 같아요. 전 주님에게 다시는 이렇게 그럭저럭 살지 않겠다고 말씀드렸어요."

Y의 어머니가 자신이 한말이 자녀에게 이런 무서운 화살이 되었음을 알면 너무나 가슴이 아플 것이다. 물론 이런 말을 어머니에게 들었다고 모두 Y처럼 큰 상처를 입는 것은 아니다. 똑같은 화살을 맞았을 지라도 각자의 속사람의 건강 상태에 따라 나타나는 결과는 다르다. 건강한 자는 몸에 해독기능을 가지고 있지만 속사람이 건강하지 못할 때 화살의 독은 몸 전체로 퍼진다.

해독기능이란 상대의 말을 분별하고 나서 받아들일 것은 받아들이고 틀린 것은 버릴 수 있는 힘이다. 비록 나를 사랑하는 부모가 한 말일지라도 분별 하여 처리 할 힘이 있어야 한다. 사랑하는 자가 한 말은 모두 좋은 교훈이 된다는 것은 거짓말이다. 자식을 사랑하기 때문에 너 혼자 이 세상에 둘 수 없으니 농약을 먹고 같이 죽자며 건네는 농약병을 먹어서는 안 되는 것처럼 말이다.(생활고로 자식을 데리고 죽는 안타까운 뉴스를 우리는 접하고 있다)

하지만 화살을 쏘는 자들은 대부분 나와 가까운 자들이기에 그 화살을 막아 내기가 어렵다. 자신에 대한 정체성이 약한 아이에게 너는 개새끼라고 아버지가 말을 한다면 그 말을 반박할 힘이 없다. 자아가 형성되지 못한 아이에게 네가 태어나면서부터 우리 집에 안 좋은 일들이 생겼다라고 말하면 그 말을 거절 할 힘이 없는 것이다. 그래서 평생동안 그 화살을 뽑지 못한 채 살게 된다.

그러기에 내게 화살을 쏜 사람보다 훨씬 더 신뢰할 수 있는 누군가가 그 화살의 메시지는 거짓이라고 밝혀 줘야 만 우리는 나의 존재를 부정하게 하는 그 화살을 뺄 힘이 생긴다.

앞의 사례로 나와 있는 자들이 대학교육을 받았고 나이가 40이 넘었지만 자기 존재를 부정하게 만드는 거짓된 메시지를 뽑아 낼 수 없었다. 오직 나보다 크고 부모보다 더 권위가 있으신 주님의 말씀이 우리안의 화살을 뽑게 한다.

할머니의 팔에 박힌 오래된 바늘을 의사가 빼주듯이 우리의 등에 박힌 독설의 화살을 의사이신 주님이 빼 주신다.

등에 박히고 가슴에 박힌 화살을 주님은 뽑으시고 우리의 슬픔의 옷을 벗기고 찬송의 옷으로 새롭게 입히는 치료를 해주신다.

이것이 성령께서 행하시는 속사람의 치료다.

이 세상에 화살을 맞지 않은 사람이 있을까?

속사람의 치유 26

나만 그래? 너도 그래!

내적치유사역연구원

사람들이 쏘는 화살을 맞고 자기를 자학하고 포기한 채 살아가는 사람들이 있는가 하면 어떤 이들은 자신이 맞은 만큼 복수하고 되돌려 주려는 에너지로 가득 한 자들이 있다. 이 그림은 그런 마음을 표현한다. 이 여자는 그 손에 공격용 화살이 들려있다. 이 여자가 이런 화살을 들고 있는 이유는 먼저 자신이 상처를 받았기 때문이다. 이 여자의 가슴에 다른 사람으로부터 맞은 화살이 박혀 있다. 그래서 자기가 아픈 만큼 아니 그보다 몇 십 배 더 잔인하게 자신의 상처와 아픔을 다른 자에게 돌려주고자 한다. 그가 준비한 화살 통에는 다른 자들에게 쏘려고 준비한 수많은 화살들이 들어있는데 이 모든 화살들은 이미 그 여자가 맞아 본 화살들이다.

우리가 주님으로부터 바른 복수의 방법을 배우지 못한다면 이런 모습이 되기 쉽다.

40대 초반의 일본교회 전도사인 H의 말이다.

"나는 누구도 믿지 못하는 병에 걸린 것 같아요.

사람을 보면 즉시 그 사람이 가지고 있는 부정적인 부분이 눈에 띄고 그러면 마음이 닫혀요. 처음에는 내가 투시의 은사를 받았거나 하나님을 믿으니 의롭고 바른 판단력이 있어서 사람들의 잘못된 점들이 보이는 것이라 생각했는데 점점 세월이 흐르다보니 갈수록 좋은 사람이 없고 다 싫어져서 사역하기도 힘들고 살기도 힘들어 지는 거예요. 예수님은 사랑이라고 하셨는데 사랑과는 점점 멀어지는 나를 보며 어딘가 잘못된 점이 있는 것 같은데 어디가 잘못되었는지를 모르겠어요."

H는 영적 분별력이 있는 것일까 아니면 이 그림처럼 남을 판단하고 비판하는 화살을 쏘는 사람일까?

나는 H에게 물었다.

"당신은 누구에게 비판하는 버릇을 배웠습니까?"

어쩌면 나의 질문이 갑작스러울 수 있지만 성령께서는 이 질문을 통해 H의 마음을 깊이 찌르셨다. 갑자기 H는 섬광이 자기 마음을 비취듯이 눈을 크게 뜨더니 즉시로 이렇게 대답했다.

"아버지요."

그리고 한없이 울기 시작했다. 세미나 기간 동안 H가 울면서 깊이 기도를 드리는 모습을 보았다. 세미나 마지막 날 H는 자신의 신분을 의식하지 않고 사람들 앞에서 이렇게 고백했다.

"저는 제가 사람들을 판단하는 것이 전혀 나쁜 줄 몰랐습니다. 오히려 제가 신앙이 있으니 그런 분별력이 생긴 것인줄 알았어요. 하지만 판단하는 버릇은 날이 갈수록 더욱 심해져 그 사람의 얼굴만 보아도 이제는 그 사람의 나쁜 점들이 눈앞에 좍 펼쳐져 보였어요. 결국 사람들이 싫어지고 사람자체에 대한 부정적 마음이 되니 하나님 사역도 하고 싶은 마음이 없어졌어요. 가족들에게도 마찬 가지였어요. 모이기만 하면 가족들의 잘못된 점들이 보이니 정죄하고 야단 칠 뿐 그들이 좋아지지 않았어요. 이러다보니 언젠가부터 사람들도 저를 피하는 거예요. 하지만 저는 그런 사람들을 오히려 마음으로 욕하며 내가 의로우니 혼자서 외롭다는 생각까지 했어요. 그런데 이번에 제 모습을 보게 되었습니다. 제가 하고 있는 것은 예수님의 삶이 아니라 제 아버지에게서 배운 악습이었던 거예요. 저의 아버지는 경찰 공무원이셨는데 어릴 때부터 매일 집에 오셔서 세상의 부정적인 이야기, 세상의 비판을 하셨습니다. 저는 아버지가 세상과 사람들을 향해 신랄하게 비판하는 것들이 싫었는데 저도 모르게 그 아버지를 그대로 닮아 버렸어요. 사람들도 아버지 옆에 오는 것을 무서워했는데 이젠 저에게도 사람들이 가까이 오려 하지 않아요. 정말 몰랐어요. 이번에 이런 제 모습을 깨닫고 오직 한가지만을 기도했습니다. 비판하는 아버지의 모습이 아니라 사랑하는 예수님의 모습을 닮게 해달라고요."

남을 비판하고 공격하는 사람은 남을 비판함으로 자신의 잘못을 그 안에 숨긴다. 다른 자의 열등한 것을 부각시킴으로 자신이 열등하지 않음을 증명하려고 한다.

하지만 이런 방법은 결코 우리의 상처를 치유하지 못하고 우리의 마음을 시원하게 해주지 못한다. 오히려 치유의 근원인 하나님에게서 더욱 더 멀어지게 할 뿐이다.

남을 판단하고 공격하는 화살을 쏘는 것은 위의 사례들처럼 자신이 상처를 받았기 때문에 그 아픔의 반작용이 원인이 되어서 그런 행동을 하는 것만은 아니다. 이런 행동의 더 깊은 밑바닥에는 훨씬 더 본성적인 악이 깔려 있을 수 있다. 그 악의 이름은 교만이다.

C.S. 루이스는 이 악에 대해 이렇게 말한다.

'가장 핵심적인 악, 가장 궁극적인 악은 교만이다. 교만은 온갖 다른 악으로 이어진다. 다른 악들은 다만 우연히 경쟁적이 되는 반면 교만은 본질적으로 경쟁적이라는 것-본성상 원래 경쟁적이라는 것-이다......중략...... 덜 나쁜 악들은 사단이 우리의 동물적 본성을 이용하기 때문에 생긴다. 그러나 교만은 동물적 본성을 통해 오는 것이 아니다. 그것은 지옥에서 곧장 나온다. 교만은 순전히 영적인 악이다. 그러기에 다른 악들에 비해 훨씬 더 교묘하고 치명적이다.'

심판은 인간이 하는 일이 아니다. 심판의 자리는 하나님만이 앉으시는 자리다. 하지만 얼마나 많은 그리스도인들이 주님의 이름으로 사람들을 판단하고 심판하는가! 그 판단에 얼마나 많은 어린 자들이 실족하는가!

주님은 우리에게 모세의 자리에서 내려오라고 엄하게 명하신다.

> "율법학자들과 바리새파사람들은 모세의 자리에 앉은 사람들이다. 그러므로 그들이 너희에게 말하는 것은 무엇이든지 다 실행하고 지켜라. 그러나 그들의 행실은 따르지 마라. 저희는 말만하고 실행하지 않는다......중략......너희의 선생은 한 분 뿐이요 너희는 모두 학생이다."(마태복음 23:2-8)

우리의 할 일은 비판이 아니라 용납과 사랑이다.

내가 있어야 할 곳에 있을 때 주님을 만날 수 있다.

내가 있어야 할 자리를 알고 그곳에 있는 것 그것을 겸손이라고 말한다.

속사람의 치유 27

하늘의 안약 - 새로운 해석

내적치유사역연구원

마음의 건강력은 그가 사건과 상황을 보면서 어떤 해석을 내리는지로 측정해 볼 수 있다. 마음이 건강한 자는 바른 해석을 하고 마음이 병든 자는 자기를 둘러 싼 상황과 시시각각 부딪히는 모든 일들에 대해 어리석고 뒤집어진 해석을 한다. 해석을 어떻게 하는지에 따라 감정이 만들어지고 행동이 결정되므로 성공적인 삶을 위해 가장 중요한 필수 요건은 바른 해석이라고 볼 수 있다.

같은 상황이지만 사람마다 내리는 해석은 정말 다양하다. 그리고 그 해석에 따라 전혀 다른 행동이 나온다.

고등학교 때 수업 중에 갑자기 온 학교에 화재경보 벨이 요란하게 울렸다. 그리고 어디서 나는지 모르게 연기가 자욱하게 피어오르는 것이었다. 너무 갑작스런 일이라 모든 학생들이 비명을 지르며 우왕좌왕...... 나 역시 너무 놀라서 무엇을 챙겨서 어디로 도망가야 하는지...... 그래도 학급반장의 책임이 있어서 아이들을 대피시켜야겠다는 생각에 뭔가 아이들에게 소리를 질렀다. 그런데 내 눈에 들어 온 한 사람 바로 담임선생님, 웬일인지 매우 차분하고 여유로운 모습으로 미소까지 지으며 우왕좌왕 하는 학생들과 놀래서 혼이 반쯤 나간 나를 쳐다보고 있지 않은가!

나중에 알고 보니 그날 학생들에게 비밀로 하고 특수 소방훈련을 하기로 한 것이었는데 선생님은 그 사실을 알았기에 그토록 태연하게 학생들과 다른 행동과 태도를 가질 수 있었던 것이다.

백사람이 동일한 사건과 상황 속에 처해있어도 각각의 해석은 모두 다르기에 그 다음의 행동도 다르다. 해석은 마음의 눈이다.

우리의 몸이 약해 있을 때 시력이 약해지듯이 우리 속사람이 병이 들면 마음의 눈이 병이 들게 된다. 마음의 눈이 병 들면 바른 해석을 내릴 수가 없다.

마음의 눈병은 어떤 약으로도 고칠 수 없고 오직 성령이 주시는 약으로만 치유하신다. 주님은 그 약을 우리에게 사라고 하신다.

> 마음의 눈병은 어떤 약으로도 고칠 수 없고 오직 성령이 주시는 약으로만 치유하신다. 주님은 그 약을 우리에게 사라고 하신다.

"네 눈이 밝아지려거든 안약을 사서 눈에 발라라."(요한계시록 3:18)

우리가 어떤 식으로 해석하는지 그리고 성령께서 우리의 눈을 치유하실 때 우리는 동일한 상황과 사람들에 대해 얼마나 다른 해석을 갖게 되는지 실제 사례를 통해 보기로 하자.

"저는 47세 된 목회자입니다. 목회자인 내가 이런 글을 쓴다는 것이 쉬운 일이 아니지만 지금은 제 모습을 드러내는 것이 전혀 부끄럽지가 않습니다. 저의 가장 큰 문제는 분노였습니다. 교인들에게 향한 분노였죠. 아무리 설교를 해도 변하지 않는 그들에게 표현은 하지 않아도 늘 내면의 분노가 치밀었고 그 화풀이를 가족에게 했습니다. 가장 큰 피해자는 아내였죠. 저는 아내에게 정말 많은 상처를 입히며 살았습니다. 저는 변하지 않는 우리 교인들에게 이곳 세미나에서 하는 것들을 적용 해 보려고 왔습니다. 그런데 첫 날 저녁에 잠들기 전에 기도를 하는데 주님께서 이렇게 말씀하셨습니다.

'나는 지금까지 네가 목회자라고 네 체면을 봐서 기다리고 있었다. 그러나 이번 세미나는 나와 단둘이 여행을 왔다고 생각해라. 그동안 너에게 못한 말을 할 것이고 책망도 할 것이다. 그리고 내가 너와 함께 있다는 것을 알게 해줄 것이다.' 저는 이 말씀을 듣고 집회를 참석한 제 목적을 바꿨습니다.

'그래 성도들이 아니라 내가 먼저 주님과 만나야겠다.'

마음을 바꾸면서 매시간 눈물이 쏟아지기 시작했습니다. 그동안 내 머릿속에 들어와 있었던 잘못된 것들이 계속 보였습니다. 그런 가운데 내가 가장 크게 충격을 받은 것은 그동안 줄곧 '나 혼자' 앞만 보고 달려왔다는 사실입니다. 누구의 도움도 없이 시간에 충실하게 최선을 다해 달렸습니다. '주님의 도움 없이' 말입니다. 그러면서도 나는 주님을 위해 큰 일을 하는 것처럼 착각하고, 큰 희생을 하는 것처럼 착각하면서 내가 이렇게 자기들을 위해 열심을 다하는데도 성도들이 몰라주고 나를 무시한다고 생각했기에 화가 났던 것입니다. 그것은 큰 교만이었습니다. 그런데 회상의 기도시간이었습니다. 내가 태어난 시간을 조용히 생각해보며 기도하고 있을 때 주님께서 어린 저를 안고 계신다는 확신이 들었습니다. 그리고 주님은 갓 태어난 아기의 머리에 기름을 붓고 계셨습니다. 그리고 말씀하셨습니다.

'나는 너를 나의 종으로 삼는다. 내가 너를 통해 영광을 받을 것이다.' 그것을 보는 순간 저는 깜짝 놀랐습니다. 내가 태어났을 때부터 주님은 나를 목회자로 부르시고 나와 함께 하셨는데 나는 늘 목회를 '혼자서'한다는 기분 속에 있었던 겁니다. 교인들에게 성장이 더디다고 속으로 판단하며 화를 냈는데 실제로 저는 가장 기본적인 사실조차도 모르고 있던 목회자였습니다. 제가 교인들을 참아 주고 있다고 생각했는데 오히려 주님께서 이제까지 저를 참아 주고 계셨습니다. 부끄럽지만 제 마음에 기쁨이 몰려옵니다. 다시는 나 혼자서 성도들을 이끌고 있다는 교만과 착각속에 살지 않을 겁니다. 나 혼자서 달려가지 않고 성도들과 함께 걸어갈 겁니다. 속히 집에 가서 제 아내에게 용서를 구하고 싶습니다."

상황은 전혀 바뀌어 진 것이 없다. 다만 해석이 바뀌어 진 것이다. 해석이 바뀌어져서 새로운 눈으로 사람들을 보고 상황을 보니 분노는 사라지고 오히려 미안한 마음과 부끄러운 마음에 눈물을 흘리고 있다.

이 목회자는 교인의 부족한 점에 대해 자기가 참으로 많이 참고 있다 생각하고 혼자서 하나님의 일을 다 한다고 생각했다. 또한 교인들이 자기처럼 믿음이 없다고 생각해서 그들에게 화를 내며 자신의 행동은 너무 정당하다고 생각했다. 하지만 지금 그는 오히려 그 교인들과 아내에게 부끄러운 마음과 고마운 감정에 눈물을 흘리고 있다. 상황은 전혀 바뀌어 진 것이 없다. 다만 해석이 바뀌어진 것이다. 해석이 바뀌어져서 새로운 눈으로 사람들을 보고 상황을 보니 분노는 사라지고 오히려 미안한 마음과 부끄러운 마음에 눈물을 흘리고 있다. 이분이 이렇게 해석이 바뀔 수 있는 것은 그의 속사람에게 변화가 생겼기 때문이다. 우리는 흔히 영안이 열렸다고 말을 한다. 영안이 열려서 남의 집 장롱 안에 숨겨놓은 비밀문서나 돈뭉치를 찾아내는데 쓰는 것이라면 그런 은사는 사람을 살리지 못한다. 성령께서 열어주시는 영안 즉 영적인 눈이란 이렇게 자신의 삶을 하나님의 관점에서 볼 수 있게 되는 힘이다. 하나님의 관점은 어떤 어려운 상황이라도 소망과 하나님의 임재를 보기에 감사하게 되고 사람에 대해 판단 대신 이해와 불쌍히 여기는 마음이 들게 한다. 하나님과 사람을 사랑하게 되는 것, 이것이 건강한 해석의 특징이다.

4부 집을 향해 가는 길에 지나는 광야

속사람의 치유 28

사람을 죽이는 것 – 이유없는 미움의 화살

내적치유사역연구원

인간은 인간을 눈으로 죽일 수 있다. 미움을 가득 담아 눈총을 쏘는 것이다. 이 눈총을 맞은 사람은 시름시름 앓다가 자기도 모르는 합병증에 걸려 죽어간다.

만일 어린 아이가 부모에게서 이런 미움의 눈총을 맞았다면 그 아이는 죽을 때까지 그 가슴에 박힌 미움의 눈총에서 만들어지는 독으로 인해 합병증에 시달릴 수 있다.

이 그림에서 보듯이 사람들이 쏘아대는 화살 중에서 가장 잔인한 것은 아무 이유 없이 상대를 미워하는 화살이다. '네가 이렇기 때문에 내가 너를 싫어한다.'가 아니라 '그냥 나는 네가 싫다.'라고 표현하는 것이다.

이 화살은 직격탄이 되어 그대로 상대방에게 죽음의 독을 퍼뜨린다.

41세의 주부 B는 이렇게 적고 있다.

"나는 항상 나를 판단하고 정죄했다. 내가 부족하다는 정죄감이 들 때마다 열심히 하는 것이 최선이라 생각하기에 더 열심히 달릴 수 밖에 없었다. 기도도 봉사도 모임도 모두 열심히 했다. 하지만 무언가 나를 짓누르는 기분은 날이 갈수록 더 심해졌다. 죄책감이 심해지면서 신앙생활하는 것이 너무 힘들었다. 이럴 때 '내 마음속에 울고 있는 내가 있어요'라는 책을 접하게 되었다. 그 책을 읽으면서 나를 돌아보았다. 잠시 잠깐도 놀지 못하고 무엇인가를 계속해야만 하는 나, 시간을 낭비하지 않아야 하나님이 기뻐하실 것이라고 믿고 있는 나를 발견하게 되었다. 우리 애들은 날보고 '엄마는 이상해. 왜 노는걸 싫어하는지 모르겠어.' 하지만 노는 걸 싫어하는 사람이 있겠나! 난 정말 놀 수 있다면 마음껏 놀고 싶었다.

이 문제를 가지고 하나님에게 기도하며 내가 왜 이런 사람이 되었는지 생각해 보았다.

기도하는데 내게 비쳐진 것이 있었다. 눈이었다. 많은 눈들이 나를 보고 있었다. 저 눈들에게 나는 잘 보여야 되고 잘 돼야하고 열심을 내야하고...... 그 눈들을 느끼며 이런 마음으로 가득했다. 그런데 그 많은 눈 속에서 유난히 나를 노려보는 눈이 있었다.

'하나님! 저 눈은 누구의 눈이예요?' 나는 너무 섬뜩해서 하나님에게 이렇게 물었다. 즉시 내 마음속에 답이 왔다. 그 눈은 엄마의 눈이었다. 심부름을 시키면 제대로 하지 않았다고 심하게 꾸짖으며 나를 째려보는 눈이었다. 나는 지금도 엄마의 눈이 싫다. 선하게 생긴 눈도 많고 날카롭게 생겼어도 째려보지 않고 좋게 말을 할 수 있을 텐데 왜 우리 엄마는 그냥 할 말도 째려보며 하는지 모르겠다. 하나님은 그 눈을 나에게 보여주셨다. 책에서 보면 엄마를 용서해야 하는데 어떻게 해야 할지 알 수가 없었다. 다만 너무 너무 무서웠다. 내가 이제 아이들의 엄마가 되었는데도 내 기분은 어릴 때 그대로였다.

나는 주님에게 엄마의 마음에 안 들게 한 것을 용서해 달라고 했다. 하지만 아무리 기도해도 마음의 꺼림칙한 기분은 사라지지 않고 내 기도는 하나님에게서 너무 멀리 있다는 절망적 느낌만이 들어 기도를 계속할 수 없었다. 그런데 갑자기 내 깊은 곳에서 깨닫게 해주시는 것이 있었다.

주님의 눈은 엄마와 다르다는 마음을 주셨다. 주님은 엄마처럼 나를 보지 않으신다. 나에게 눈을 흘기지도 않으시고 날카롭게 말을 하지도 않는 나의 진짜엄마라는 마음이 들었다. 그 순간 그토록 나를 붙들고 사라지지 않던 정죄감이 안개가 걷히듯 사라졌다. 그리고 그 평안함...... 평안함...... 나는 그 순간 알 수 있었다. 내가 왜 그렇게 놀지도 못하고 일만을 해야 했는지...... 나는 어디에서 무엇을 하든지 엄마의 그 눈을 의식하고 있었던 것이다. 결혼을 하고 아이들이 이렇게 컸는데도 내 속사람은 여전히 그 눈을 무서워하는 아이였던 것이다.

> 나는 그 순간 알 수 있었다. 내가 왜 그렇게 놀지도 못하고 일만을 해야 했는지... 나는 어디에서 무엇을 하든지 엄마의 그 눈을 의식하고 있었던 것이다. 결혼을 하고 아이들이 이렇게 컸는데도 내 속사람은 여전히 그 눈을 무서워하는 아이였던 것이다.

잠시도 편히 있을 수 없고 내 힘에 지나치게 열심을 내지 않으면 견딜 수가 없을 만큼 불편하고....... 그리고 어느새 세상 모든 사람들의 눈도 덩달아 다 무섭게만 보였던 것이다. 그런데 주님께서 당신의 눈길을 내 가슴에 느끼게 하시면서 나를 둘러싼 그 눈들이 일시에 사라졌다. 그 눈들 속에서 유난히 귀신처럼 파랗게 보이던 엄마의 눈도 이젠 보이지 않는다. 나는 정말 자유함을 얻었다.

앞으로 어떤 사건이 터질지라도 나는 사람의 눈들 대신 하나님만을 생각할 것이다."

상대방이 이유 없이 나를 미워한다고 생각할 때 더구나 그 상대가 나의 가까운 가족인 경우 그는 자신의 존재에 수치심을 느낀다. 미워하는 이유가 살면서 발생되는 뚜렷한 이유가 있는 것이 아니라 '나는 네가 그냥 싫어' 하는 식이 될 때 그 상처는 더욱 크다.

미움과 증오를 가지고 벌레를 보듯 쳐다보는 사람의 눈총 안에 들어 있는 독은 상대방을 실제로 벌레로 만들어 버리는 힘을 가지고 있다.

Y는 고등학교 2학년 때 미국으로 가서 그곳에서 대학을 다니다가 결국 중퇴를 하고 다시 들어오게 됐다. 그가 미국으로 간 이유는 학교에서 집단 따돌림을 당했기 때문이다. 중학교 때까지는 활발하게 친구 관계도 좋았는데 서울로 새로 이사를 가면서 문제가 발생하기 시작했다. 결국 견디지를 못하고 미국에 까지 갔지만 그곳에서도 사람들에 대한 기피현상은 계속 되었고 적응을 할 수가 없었다고 했다.

Y는 이렇게 말했다.

"제가 정말 알고 싶은 것은요 왜 나를 싫어했는지 그 애들이 왜 나에게 그렇게 했는지 그 이유를 알고 싶어요."

무엇 때문에 네가 싫다라고 할 때 우리는 그 무엇이라는 원인 때문에 나를 싫어하는구나 생각이 들어서 그 원인을 제거하려고 노력하게 된다. 즉 내가 살이 쪄서 남자친구가 나를 싫어하는구나 하면 살을 빼려고 노력하게 될 것이고 이것은 관계를 회복할 수 있는 여지가 있어 보인다. 나를 싫어하게 만든 원인을 없애고 고치면 될 거라고 생각하기 때문이다. 또한 그것은 원인을 싫어하는 것이지 나라는 존재 자체를 부인하는 것은 아니기 때문에 완전 절망으로 떨어지지 않는다. 하지만 '몰라 이유 없어 나는 그냥 너라는 사람자체가 싫어' 이렇게 되어버리면 나라는 존재 자체에 대한 부정이므로 이런 화살은 치명적 독을 가진다.

이런 독을 어떻게 해독 시킬 수 있을까? 이 세상에서 이 독을 해독 시킬 수 있는 방법은 오직 한가지 뿐이다. 그것은 예수그리스도를 쳐다보는 것이다.

예수님을 쳐다본다는 것은 예수님도 이런 미움의 화살을 수없이 맞았다는 사실을 깨닫는 것이다. 깨닫는 그 순간 나를 찌르는 고통은 힘을 잃는다.

사람들은 정말 이유 없이 예수님을 증오하고 미워했다. 벌레를 대하듯 예수님을 미워했다. 그래서 주님은 자신이 벌레처럼 느껴진다고 고통스럽게 탄식하시고 있는 것이다.

> "나는 사람도 아닌 벌레요 사람들의 조롱거리, 백성의 멸시거리일 뿐입니다. 나를 보는 사람은 누구나 나를 빗대어서 조롱하며 입술을 비쭉거리고 머리를 흔들며 비아냥 댑니다."(시편 22:6~7)

예수님은 이런 취급을 당할 인격도 아니고 그런 짓을 한 적도 없으셨다. 하지만 사람들은 예수님을 무조건 배척하고 무시했다.

예수님도 나 같은 취급을 당하셨다는 것을 알게 될 때 나는 예수님과 하나가 되고 나의 고통은 더 이상 개인적인 경험이 아니라 예수님의 수난을 깊이 이해하게 만드는 소재가 되며 그것이 내가 곧 예수님을 먹는 것이요 예수님을 쳐다보는 것이다.
이것이 이유 없는 미움의 화살이 나를 파괴시키지 않게 하는 이 세상에서 찾을 수 없는 유일한 길이며 다시 살아나게 할 수 있는 유일한 해독제다.

"그에게는 고운 모양도 없고 훌륭한 풍채도 없으니 우리가 보기에 흠모할 만한 아름다운 모습이 없다. 그는 사람들에게 멸시를 받고 버림을 받고 고통을 많이 겪었다. 사람들이 그에게서 얼굴을 돌렸고 그가 멸시를 받으니 우리도 덩달아 그를 귀하게 여기지 않았다."(이사야 53:2-3)

이와 같이 우리를 찌르는 이유 없는 미움의 화살이 예수님의 가슴도 무수히 찔렀음을 알게 될 때, 즉 예수님도 나 같은 취급을 당하셨다는 것을 알게 될 때 나는 예수님과 하나가 되고 나의 고통은 더 이상 개인적인 경험이 아니라 예수님의 수난을 깊이 이해하게 만드는 소재가 되며 그것이 내가 곧 예수님을 먹는 것이요 예수님을 쳐다보는 것이다.

이것이 이유 없는 미움의 화살이 나를 파괴시키지 않게 하는 이 세상에서 찾을 수 없는 유일한 길이며 다시 살아나게 할 수 있는 유일한 해독제다.

나 역시 이런 독화살을 맞고 아파할 때 예수님을 먹고 해독 시킨 경험이 많다.

우리나라에서 처음으로 내적치유세미나를 열고 사역했을 때 먼 사람들보다 오히려 함께 사역해 온 가까운 사람들 중에서 이 사역을 공격하고 뒤에서 비판과 험담을 했다.

그런 모습을 볼 때 마다 내 안에 말 할 수 없는 쓸쓸함과 외로움이 느껴졌고 그들이 보내는 무언의 증오와 미움이 내 가슴을 무겁게 했다. 마치 밖에서 일을 지칠 때까지 하고도 돌아갈 곳이 없는 사람같은 피곤함과 외로움이 밀려 왔다.

그리고 그 때마다 그 외로움을 이기기 위해 나를 좋아하는 사람들에게 전화를 걸었다. 그러고나면 조금 마음이 진정되곤 했는데, 이런 내 자신이 매우 한심하게 느껴졌다. 사람을 의지한다는 정죄의식이 들어서...... 그런데 성경을 읽는 중에 주님께서 잡히시던 그 날 밤 세 명의 제자들을 데리고 감람산에 가서 제자들에게 자신을 위해 기도해 달라고 부탁하시는 주님의 마음이 내게 깊이 느껴졌다. 자신이 사랑하는 인간들이 하나같이 미움과 증오심의 화살을 퍼부을 때 힘들고 괴로워서 연약한 제자들에게 기대고 싶어하는 듯한 예수님의 그 마음...... 아! 주님도 이렇게 사람을 의지하고 싶어하셨구나. 그 순간이었다. 놀랍게도 내 안에 쓸쓸함과 외로움 그리고 압박감 등등이 순식간에 사라지고 주님이 나를 받아주시는 평안함이 충만했다.

예수님이란 해독제가 없었다면 나는 이 사역을 계속 할 수 없었을 것이다.

속사람의 치유 29

사람을 죽이는 것 – 이유있는 미움의 화살

나는 이런 이유 때문에 너를 싫어한다.

이렇게 이유가 있는 미움의 화살은 이유 없는 화살 보다는 조금 덜 아프다. 적어도 직격탄은 아니고 가운데를 거쳐서 오니까 말이다.

하지만 그 해악은 마찬가지다. 아픔이 덜한 대신 이유 있는 미움의 화살은 화살 맞은 자에게 상대방이 나를 미워하는 그 이유라는 것에 집착하게 해버린다. 저 사람이 나를 미워하는 그 이유...... 그 이유...... 그 이유......

그래서 우리의 인생의 목적은 그 이유를 없애기 위해 매진하며 그것이 성취해야 할 자격이라면 우리의 인생은 그 자격을 따내는 것이 인생의 목적이 된다.

'우리 엄마는 나를 보면 조씨네 핏줄이라고 하면서 싫어했어요. 저는 그것이 무슨 말인지 나중에 알았죠. 엄마가 제일 싫어하는 할아버지를 제가 제일 많이 닮았대요.'

'우리 할머니는 나를 싫어했어요. 제가 태어난 날 아버지 사업이 망했대요. 저는 우리 집을 망하게 하는 애물단지래요.'

'우리 아버지는 술만 드시면 내게 화를 내고 때렸어요. 내가 집을 나간 엄마를 닮았다고요.'

'아빠는 저만 보면 화를 내요. 제가 공부를 못하기 때문이죠.'

상대가 나를 싫어하고 미워하는 이유에 대해 화살 맞은 자는 그 이유가 정당한지 아닌지 판단할 겨를이 없다. 그저 그 말을 받아 들여서 내게 화살을 쏜 그 사람뿐 아니라 세상 모든 사람들이 바로 '그 이유' 때문에 나를 미워 할 거라고 생각한다.

미워하는 조건을 제시하며 우리 가슴에 박힌 화살은 우리 자신으로 하여금 진정한 나를 알아가지 못하게 하고 그 대신 그 미움의 조건이

> 미워하는 조건을 제시하며 우리 가슴에 박힌 화살은 우리자신으로 하여금 진정한 나를 알아가지 못하게 하고 그 대신 그 미움의 조건이 없어진 환상 속의 나를 향하여 달려가게 만든다.

없어진 환상 속의 나를 향하여 달려가게 만든다. 환상 속의 내가 되면 어느 누구도 나에게 미움의 화살을 쏠 수 없을 것이라고 믿는다. 그래서 일생은 환상의 나를 만들어가기 위해 노력하는 고달픈 노력의 연속이 된다. 일생동안 사람들이 나를 받아들이지 못하게 하는 '그 이유'라는 태산을 정복하기 위해 끊임없는 시지프스의 노력을 기울이게 되는 것이다. 올라가고 또 올라가고 그런데 올라갔다고 생각하면 다시 무너져 버리는 끊임없는 절망의 몸부림! 이 사회에 만연한 자신을 속이는 가면과 허세 그리고 거짓말 역시 이 절망 속에서 만들어진 죄악이다. 이 사람이 이 고통에서 벗어날 수 있는 길은 무엇일까?

첫째는 화살을 막아야 한다. 화살을 막기 위해 방패를 들어야 한다. 그 방패는 상대가 나를 싫다고 하는 그 이유가 과연 타당한 것인지 따져 보는 것이다.

그가 말하는 이유가 정당한 것인지, 모든 사람이 그렇게 생각하는 것인지, 나를 만든 하나님도 그렇게 생각하시는지에 대해 객관적인 평가를 내려보아야 한다.

하지만 그림에서 보는 것처럼 화살을 맞고 있는 자는 상대방의 말이 맞다고 생각한다. 그러기에 피하지도 않고 고스란히 맞고 있다. 전혀 분별하려 들지 않는 것이다. 오히려 그 상대의 말은 나를 평가하는 기준이 된다.

'나는 그런 사람이군요. 그렇다면 이제부터 나도 나를 싫어해야겠네요.'

하지만 이래서는 안 된다.

우리는 그 화살을 막아 낼 권리가 있다.

그 화살이 바른 것이 아니고 적에게서 온 것 이라면 방패를 써서 막아야 하지 않겠는가?

나를 향한 미움의 화살들을 막을 수 있는 방패는 나를 만드신 하나님의 평가다.

하나님은 과연 이런 이유들로 나를 싫어하실까?

내가 딸이라는 이유로 나를 싫어하실까?

내가 이 일을 실패 했다는 이유로 나를 미워하실까?

내가 태어나고 난 뒤 아버지 사업이 망했다고 해서 나를 미워하실까?

나의 존재가 사람들에 의해 계획된 것이 아니라면 나의 삶 또한 사람들에 의해 움직여져서는 안 될 것이다. 하지만 내가 상대방이 화살 끝에 달고 있는 미움의 이유를 지나치게 인정하여 하나님이 나에 대해 뭐라고 말씀하셔도 사람들 말이 더 중요하다고 믿어 주면 화살은 깊숙이 들어와 심장과 폐를 찌른다.

내가 나를 고양이라고 굳게 믿고 있으면 객관적으로 이것이 사실이 아닐지라도 소용없다. 고양이처럼 움직이고 고양이처럼 되려고 한다.

하나님은 어떤 이유로든지 우리를 미워하시지 않는다. 그분은 감정적으로는 일관되게 우리를 향해 사랑의 감정을 갖고 계신다. 우리가 무슨 짓을 했을지라도 가슴에 화살을 꽂지는 않으신다.

둘째는 그 사람에게 나를 쏠 권한을 주지 말아야 한다.

그 사람이 자기 맘대로 말을 하고 나를 상처 입히는데 어떻게 그 사람을 제지할 수 있단 말인가?

문제는 그 사람이 나를 죽일 사정거리 안에 있느냐 없느냐다. 아무리 날카로운 화살이라 할지라도 사정거리 밖이어서 전혀 나에게 해를 끼칠 수가 없다면 그가 수만 개의 화살을 쏜다 할지라도 무슨 상관이랴!

이 사정거리를 만드는 것이 바로 내 자신이다. 내가 가까이 가지 않으면 되는 것이다. 그것은 곧 그에게 나를 평가할 권한을 주지 않는 것이다.

나를 평가 한다는 것은 나를 잘 아는 것이다.

하지만 어떤 사람도 나라는 존재자체를 정확하게 볼 수 없다. 그들은 모두 나의 외향만을 보는 것이고 그들이 공격하는 것은 내가 걸친 옷이고 나와 관련된 것들이지 곧 나는 아니다.

나라는 존재는 훨씬 더 깊은 곳에 숨겨져 있다.

나라는 존재는 어떤 비판도 판단도 닿을 수 없는 깊은 곳에 있다.

나의 생명은 누구도 침범 할 수 없는 곳에 있다.

오직 그곳에서 나를 판단하고 보실 분은 하나님 밖에 없다.

그런데 그 하나님이 나를 사랑스럽게 보시고 나를 보호하시고 인정하신다.

내가 어떤 자의 말에 깊이 상처를 받는 것은 마음 속으로 그 말에 동의하기 때문이다.

'네가 대학에 떨어졌기에, 그 돈을 잃었기에, 남자친구가 없기에, 외모가 별로기에...... 너는 인생실패야'

그 말이 맞다고 생각하는 것이 곧 내가 그 사정거리 안에 들어가는 것이 된다. 그래서 그 화살들이 가슴에 박히는 것이다.

하지만 내가 이런 말들을 믿지 않고 이런 조건들이 내 삶의 핵심 즉 나를 세상에 만드신 하나님이 나를 인도해 가시는 것에 전혀 영향을 미치지 않는다고 생각한다면 나는 그 사정거리에서 벗어나 있기에 그 화살들은 내게 박힐 수 없다.

화살을 쏘는 자에게 화살을 멈추어 달라고 할 수 없다. 문제는 내가 그 사정거리 안에 들어가지 않으면 되는 것이다. 그런 화살들을 피하기 위해 산속으로 들어가는 것이 아니라 함께 살면서도 그 사정거리 밖에 나의 자리를 잡아야 한다.

집을 향해 가는 길에 지나는 광야

속사람의 치유 30

마음에 패여진 구덩이들

내적치유사역연구원

땅을 보면 크고 작은 많은 구덩이가 있듯이 사람의 마음 안에도 크고 작은 구덩이들이 있다. 이 구덩이들은 우리가 어떤 사건들을 경험함으로 인해 새겨진 흔적이라고 할 수 있다.

우리의 몸이 칼로 찔리면 상처를 입을 수 있듯이 속사람도 상처를 입을 수 있고 이렇게 속사람에게 깊은 상처 즉 깊은 영향을 준 사건은 그 속에 속사람이 갇혀 있는 것 같은 상태가 된다. 이런 상태로 성장이 되어 갈 때 나타나는 특징들이 있다.

먼저는 그 생각 중 일부가 매우 극단적이며 부정적이 되기 쉽다.

예를 들면 다음과 같다.

- 나는 항상 잘해야 한다.
- 내가 가치 있는 자라면 사람들이 나를 친절하고 상냥하게 대접할 것이다.
- 모든 상황이 내가 원하는 대로 돼야만 나는 행복해진다.
- 하나님이 나를 사랑한다면 모든 것을 내 뜻대로 해줘야 한다.
- 내 배우자는(부모는, 자식은, 친구는......) 나를 완전하게 이해해야 하고 완벽하게 잘해줘야 한다.
- 내가 영적으로 강해지지 않으면 하나님도 나를 필요로 하지 않을 것이다.

이런 부정적 사고방식들은 반드시 부정적 감정과 그로 인한 삶의 문제점들을 만들어 낼 수 밖에 없다.

즉,

- 심한 열등감
- 성적인 집착이나 여러 종류의 중독 성향

- 슬픔도 기쁨도 별로 느끼지 못하는 무감각한 감정상태
- 아무 이유 없는 불안, 막연한 두려움, 근심
- 항상 쫓기는 듯한 압박감이나 지속적 분노
- 어떤 자도 신뢰하지 않으며 동정심이 없는 강팍함

결국 이와 같은 부정적 사고방식과 감정은 대인관계의 어려움을 갖게 하는데, 대인관계에 나타나는 가장 흔한 특징은 사람에 대한 의존성이 크다는 점이다.

브루스 리치필드는 사람의존성에 대해 이와 같이 말하고 있다.

'사람의존성이란 내면의 깊은 공허감을 채우기 위한 시도로 사람들에게 집착하는 상태를 말한다......중략..사람의존적인 사람들은 다른 사람들에 의해 조종받고 지배받고 경멸 받으면서 동시에 자신도 다른 사람들을 조종하고 지배하고 경멸하는 사람들이다.' [1]

상처는 죄가 아니다. 하지만 상처를 바르게 치유하지 않으면 그 곳이 곪아 터져 몸에 해를 입히듯이 상처는 잘못된 생각과 감정을 만들어내고 그것은 결국 죄로 이어지기 때문에 치유되지 못한 상처는 죄의 온상이 된다.

실제로 사람들의 사연을 다 들어보면 너무나 작은 사건들이 상처가 되고 그것이 눈덩이처럼 늘어나면서 인생을 불행하게 하는 씨앗이 되었음을 종종 본다.

1 부르스 리치필드 '하나님께 바로서기' p59

Y는 50세의 열성적인 성격의 신자였다. 하지만 그의 열성적 신앙행위와 전혀 맞지 않는 습관이 있었는데 그것은 도벽이었다.

상처는 죄가 아니다. 하지만 상처를 바르게 치유하지 않으면 그곳이 곪아 터져 몸에 해를 입히듯이 상처는 잘못된 생각과 감정을 만들어 내고 그것은 결국 죄로 이어지기 때문에 치유되지 못한 상처는 죄의 온상이 된다.

'큰 슈퍼나 백화점 혹은 동네의 작은 가게에 가면 나도 모르게 손이 물건에 가고 이런 저런 생각 할 사이도 없이 벌써 그 물건은 내 가방 속에 들어와 있어요.'

그는 수없이 회개하고 또 회개하고 결심했지만 이 도벽을 끊을 수가 없었다.

어느 날이었다. 저녁 늦은 시간에 집에 들어가다가 동네 근처의 슈퍼를 지나게 되었다. 자기도 모르게 그 곳에 들어가서 또다시 물건을 가방에 넣고 나왔지만 주인은 알지 못하고 있었다. 그곳을 나오면서 그는 하늘을 향해 소리쳤다.

'하나님 저 좀 구해주세요. 이 죄를 짓지 않게 해 주세요.'

그는 다음날 상담자에게 자신의 모든 행위를 말하고 도움을 구했다. 그런데 함께 상담을 받으며 기도하던 중 한 가지 기억이 Y에게 떠올랐다. 거의 평생 동안 잊고 지낸 기억이었다.

"내가 다섯 살 정도 된 것 같네요. 어머니가 양쪽에 큰 주머니가 달린 앞치마 같은 옷을 만들어 입혀 주면서 말하는 거예요. 가게에 가서

Y의 마음에 있는 어린아이의 아픔이 무엇이었는지 드러나는 순간이 었다. Y는 그 엄마의 웃음 앞에서 지금도 그 요구를 거절 하지 못하는 구덩이 속에 빠진 자신을 이해하며 많이 울었다. 그리고 그는 자기 어머니의 요구대로 사는 삶을 거절하고 하나님의 요구대로 사는 삶을 살겠다고 고백하며 자기를 평생 묶어온 도벽이란 악습의 힘을 대적하고 기도했다.

주인 안 볼 때 이 속에 물건을 넣어 오라고...... 무서운 줄도 모르고 엄마가 하라는 대로 했어요. 그런데 제게 생생하게 떠오른 건 엄마에게 훔친 물건을 가져다 주었을 때 물건을 보시더니 생전 처음으로 나에게 활짝 웃으며 잘했다고 칭찬해 주던 그 얼굴이었어요. 항상 화만 내고 욕만 하던 엄마가 그토록 환하게 웃는 것은 처음 봤어요."

Y의 마음에 있는 어린아이의 아픔이 무엇이었는지 드러나는 순간이었다. Y는 그 엄마의 웃음 앞에서 지금도 그 요구를 거절하지 못하는 구덩이 속에 빠진 자신을 이해하며 많이 울었다. 그리고 그는 자기 어머니의 요구대로 사는 삶을 거절하고 하나님의 요구대로 사는 삶을 살겠다고 고백하며 자기를 평생 묶어온 도벽이란 악습의 힘을 대적하고 기도했다.

이처럼 마음의 상처는 죄를 만드는 온상이 되는가 하면 몸을 아프게 만드는 원인이 된다.

20세 된 P의 말이다.

"나는 언제나 두 어깨가 돌을 지고 있는 것처럼 무거웠고 가슴에는 커다란 뭉치가 꽉 막고 있어서 숨을 들이 쉴 때마다 아팠었다. 이 증상은 내가 원하던 대학을 떨어지면서 더 심해졌다. 병원에서는 이상이 없다고 했지만 실제 몸이 아프고 증상이 느껴지기에 나는 더 답답하고 괴로웠다. 그런데 이곳에 와서 비로소 나의 병은 마음의 병임을 알게 되었다. 그 원인을 알았기 때문이다. 이 병은 내가 우리 엄마와 동생들을 책임져야 한다는 부담감에서 만들어졌음을 알았다. 그렇다고 내게 아빠가 없는 것이 아니다. 우리 아빠는 목회자다. 내가 초등학교 1학년 때 아빠는 신학교에 들어가셨다. 부자였고 능력있는 아빠였지만 신학을 시작함과 동시에 우리집은 어려워졌다. 그 동안 나는 아빠를 존경하는 줄 알았다. 그런데 기도하면서 알게 된 것은 내가 아빠를 포기하고 살았음을 알게 하셨다. 그리고 이렇게 된 결정적인 사건을 하나님은 기억하게 해주셨다. 초등학교 때였다. 나와 동생은 걸어서 학교를 가는데 아빠는 동네 애들을 교회 차에 다 태우고 학교에 데려다 주셨다. 내가 반가워서 태워달라고 차를 세웠더니 아빠는 나에게 '걸어가라'하시면서 동생과 나는 빼놓고 가버리셨다. 바로 그 순간 나는 굉장한 상처를 받고, 아! 아빠는 우리 아빠가 되기를 포기 하셨구나. 아빠는 이제 아빠가 아닌 목사님이구나! 하는 생각을 했었나보다.

나는 너무 슬프고 외로웠다. 아빠는 동생이 열이 펄펄 나도 교인의 전화를 받으시면 우리를 집에 둔 채 교인에게 가셨다. 우리에겐 관심조차 없었지만 교인들에게는 너무나 자상한 목사님이었다. 나는 관절염으로 고생하는 엄마를 내가 돌봐야한다고 생각했다. 이 장면을 보면서 나는 하나님에게 물었다. 하나님은 우리 아빠와 달라요? 사람들은 우리 아빠가 하나님 같다는데요? 하나님도 저를 제쳐놓고 남에게만 관심이 있으세요?

울며 이렇게 말하고 있는데 아픈 마음이 점점 사라지더니 주님의 음성이 들렸다.

'동네 아이들은 너의 아빠가 학교에 데려다 주지만 너는 내가 데려다주지 않니? 내가 평생 이렇게 할 테니 너의 가정의 짐을 내려놓아라.'

주님의 이 말씀과 함께 신기하게도 그동안 내게 있던 신체적 통증이 사라졌다."

수없이 많은 일들을 겪으면서 그로 인한 아픔으로 마음에 크고 작은 구덩이가 만들어지지 않은 사람은 아무도 없다. 수십 개 수백 개의 크고 작은 구덩이들을 우리는 가지고 있다. 하지만 모든 구덩이마다 내적치유세미나나 상담 등의 특별한 도움이 있어야만 해결되는 것은 아니다. 실제로 모든 구덩이를 메우는 마음의 치유 작업은 본인 스스로 해야 하며 할 수 있다. 성령께서 끊임없이 도우시기 때문이다. 하지만 어떤 구덩이는 그 사람의 인격전체와 생각전체에 영향을 줄 만큼 크다. 이런 구덩이에 빠진 자는 자기가 치유가 필요한 사람이라는 인식조차 없다. 자신이 치유 받아야 할 사람이라는 인식이 없을 때 구덩이에 빠진 자아는 성장하지 못하고 치유되지 못하고 방치된다.

그러나 우리에게 오신 구세주는 우리를 어떤 구덩이에서도 끌어 올

리실 수 있으며 어떤 음침한 골짜기 틈에 떨어져 있을 지라도 정확하게 찾아내신다. 하지만 반드시 우리가 죄 된 증상을 인정하고 주님에게 간구해야한다. 시편 107편에는 여러 가지 이유로 인해 깊은 구덩이에 빠진 인생들을 주님께서 모두 건져 주셨는데 다만 한 가지 조건은 그들 모두가 자신의 처지를 정직히 아뢰며 간절히 부르짖었다는 점이다.

> "그때에 그들이 고난 가운데서 주님께 부르짖으니 주께서 그들을 곤경에서 구원해 주셨다. 단 한마디 말씀으로 그들을 고쳐주셨고 그들을 멸망의 구렁에서 끌어내 주셨다."(시편 107:19~20)

그러므로 주님께서는 자기의 가난과 굶주림과 상실을 인정하지 않은 교만한 우리에게 고난과 위기를 이용하셔서 자신을 보게 하는 귀중한 기회가 되도록 하신다.

속사람의 치유 31

세상에서 가장 먼 길

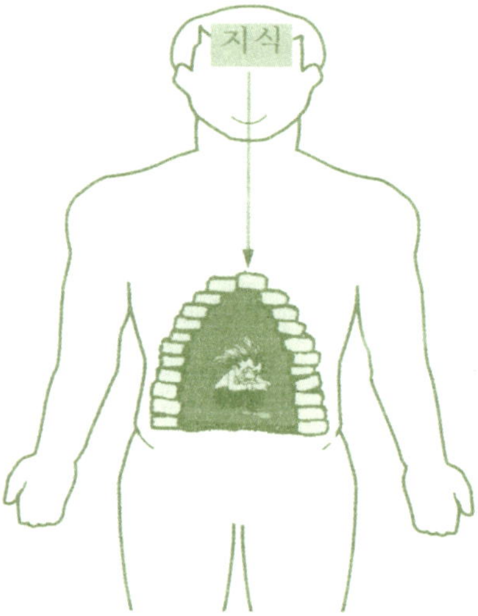

내적치유사역연구원

세상에서 가장 먼 길은 어디일까?

그 것은 머리에서 가슴까지의 길이다.

좋은 지식이 머릿속에 넘치도록 가득 들어있어도 그것이 가슴으로 들어가기는 심히 어려워 십년 또 어떤 이는 평생을 걸려도 자기 머릿속에 있는 지식을 가슴에는 집어넣지 못한 채 말 따로 행동 따로의 삶을 살곤 한다.

머리의 지식이 가슴속으로 들어간다는 것은 속사람에게 그 지식이 받아 들여진다는 것이다. 그렇다면 왜 머리의 지식이 속사람에게 받아 들여지지 않을까?

그림에서 보듯이 속사람을 둘러싸고 있는 벽 때문이다. 이 벽은 머리의 지식이 뚫을 수 없다.

이 벽이 머리에서 오는 지식을 차단시킬 수 있는 이유는 이 벽자체가 또 다른 지식이기 때문이다. 머리에 저장 된 지식과 속사람이 가진 지식이 다르다. 그런데 이 벽은 속사람이 가진 지식이다. 속사람은 자신의 체험을 바탕으로 한 장씩 자기 지식의 벽을 쌓아 올린다. 이 벽이 여리고의 성벽처럼 너무도 견고하다. 그렇기 때문에 머리의 지식은 이 벽을 넘어서 들어갈 수 없다. 어느 곳에도 문이 없다. 속사람은 그 안에서 나오려고 하지 않는다. 머리를 끄덕이며 맞다고 맞장구를 치지만 그 삶이 변화되지 못한다. 들었지만 행동에 옮기지 않는 것은 속사람이 동의하지 않기 때문이다. 그 벽은 왜 이토록 견고하고 틈새하나 없을까?

그 이유는 이 벽이 하루아침에 만들어진 것이 아니라 오랜 세월에 걸쳐 수천 번의 생각으로 쌓아 올려진 것이며 내 속사람이 이 지식들을 맞다고 동조하기 때문이다.

머리에서 내려 온 지식은 체험을 바탕으로 쌓아 올린 마음의 벽을 무너뜨릴 수 없다.

'책에서 뭐라고 말을 하건 내가 경험해보니 인간은 다 사기꾼이야.'

이런 식이다.

C는 자기 마음속의 벽에 대해 이렇게 말했다.

"나는 누구에게도 말 할 수 없는 아픔이 있었다. 내가 초등학교 5학년 때 아는 아저씨에게 성폭행을 당했다. 하지만 이 일은 부모님도 형제들도 모른다. 모두 나를 명랑한 아이로 알 뿐이다. 대학 때 형제를 사귀게 되었는데 어느 날 그 형제가 갑자기 나를 포옹했다. 나는 몸이 굳어버리는 것 같고 그 형제를 죽이고 싶을 만큼 화가 치밀었다. 그 형제를 좋아하고 있었기에 나의 이런 급작스런 감정에 나도 그 형제도 심하게 당황스러워졌다. 하지만 내가 왜 그렇게 화가 나는지 이해할 수 없이 다만 폭발적으로 분노가 끓어올랐다. 그런데 집회에 와서 알 수 있었다. 나는 분명 치유가 필요했다. 아무도 모르는 그 일은 내가 기억에서 지워버리려고 했지만 여전히 내 속에서 나를 파괴시키고 있었나보다. 계속 기도하면서 하나님에게 그 아저씨의 심판을 맡겼다. 하지만 여전히 내 마음은 고통스러웠다. 순간 마귀가 나를 속이고 있다는 생각이 들었다.

'이 문제만큼은 절대 치유 받을 수 없어.'라고.

나는 이런 절망적인 생각을 대적했다. 그 순간이었다. 캄캄한 가운데 꽉 둘러싸인 벽 속에 갇힌 나를 주님이 보시며 벽돌을 한장 한장 걷어내시는 모습이 보였다. 주님은 그 속에 웅크린 나에게 손을 내밀고 나오라고 하셨다.

천진난만하게 생긴 아이가 환한 빛으로 서 계시는 주님에게 뛰어가 안기는 것을 보았다. 하나님은 내 마음을 알고 계셨다. 아무에게도 말할 수 없고 매일 목을 조르는 것 같은 답답함이 뚫렸다."

C는 어린 시절 성폭행이라는 충격적 사건을 경험했고 그것으로 만들어진 벽은 '이 문제는 어느 누구도 도와줄 수 없고 이 문제는 절대 치유 될 수 없다'라는 생각이었다. 그렇기 때문에 어느 누구에게도 이 사건을 털어 놓을 수 없었고 그 사건 안에서 C의 속사람은 갇혀 있었다. 하지만 그리고 그로 인해 만들어진 고통스러운 감정들은 매일의 삶에 영향을 주고 이성을 만나고 사람들을 만나는데 비정상적인 감정을 만들어 냈다. 아마도 C의 머릿속에는 '하나님께서 모든 문제를 해결해 주신다.'는 지식이 수천 개 들어 있을 수도 있다. 하지만 그 지식들은 C의 마음 안에 있는 '이 문제만큼은 하나님도 해결해 주실 수 없어' 라는 절망과 포기의 생각으로 다져진 내면의 벽을 뚫고 들어갈 수 없었다. 그런데 C는 이제 자신의 마음 안에 있는 작은 아이가 주님에게 뛰어가 안기는 것을 보았다고 했고 하나님은 내 마음을 알고 계셨다고 했다. 이것은 그동안 C의 머릿속에만 머물렀던 복음적 지식이 속사람에게 받아 들여진 것이다. 이 일은 오직 성령 하나님의 역사가 있어야만 가능하다.

주님은 감옥에 갇힌 자를 자유하게 하기 위해 오셨다고 하신다. 우리는 자유인 같으나 감옥에 갇힌 자들이다. 누가 밀어 넣은 것이 아니라 내 스스로 나를 보호하기 위해 벽을 쌓았고 그 벽은 결국 감옥이 되었다. C처럼 어린 시절에 끔찍한 일을 당했을 때 더 쉽게 세상과 나 사이에 두꺼운 벽을 만들어 버린다. 그리고 그 벽은 오고가는 생각들이 아니라 뚜렷한 체험을 바탕으로 한 거짓된 진리기에 일반적인 지식이나 교훈들로는 도저히 파괴시킬 수 없는 여리고 성벽이 된 것이다. 하지만 성령의 역사는 이 벽을 파괴하신다. 주님은 지금도 이 일을 하기 위해 이 벽 뒤의 속사람에게 요청하신다.

'나에게 문을 열어 달라. 내가 너에게 들어갈 수 있도록. 나는 너의 진정한 친구다.'

성령께서 내 속사람의 협조를 구하는 것이다.

이때 나의 응답이 필요하다.

'나를 도와주세요. 나는 도움이 필요합니다.' 이 말을 해야 한다. 주님은 도적이 아니고 인격적인 분이기 때문에 강제적으로 내 벽들을 허물고 나를 제압하지 않으신다. 사랑이 부족해서가 아니고 능력이 없어서가 아니고 그 벽안의 공간은 하나님께서 내게 주신 영역이기에 내가 주인이다. 하나님은 나의 소유권을 인정하시는 것이다. 하지만 도적은 우리가 가진 고유한 영역 나의 소유권 따위는 관심이 없고 어떤 속임수를 써서라도 나의 속사람을 자기의 종으로 만들고자 혈안이 되어 있을 뿐이다.

머리에 지식은 많으나 그 지식이 속사람에게 도달하지 못할 때 신앙은 환상일 뿐 현실이 아니다.

주님은 내 속사람이 처한 현실을 보라고 하신다.

'너는 풍족하여 부족한 것이 조금도 없다고 하지만 실상 너는 네가 비참하고 불쌍하고 가난하고 눈이 멀고 벌거벗은 것을 알지 못한다. 그러므로 나는 네게 권한다. 네가 부유하게 되려거든 불에 정련한 금을 내게서 사고 네 벌거벗은 수치를 가려 드러내지 않으려거든 흰옷을 사서 입고 네 눈이 밝아지려거든 안약을 사서 눈에 발라라.' (요한계시록 3:18)

하지만 사람들은 자신의 현실을 보지 못한다. 자신의 진정한 현실 즉 자기 속사람의 형편을 보지 못하는 것이다. 그래서 주님에게 약을 사려고 하지 않는다.

36세 된 L의 간증이다.

"열흘 전에 사건이 터졌어요. 남편이 친구에게 큰 손해를 본거죠. 이런 일이 처음이 아니었기에 저는 너무나 화가 나고 앞날이 캄캄했어요. 전 앞날에 대해 철저하게 준비하는 편이었고 특히 재정에 대해서는 더 그랬죠. 그런데 계속해서 비슷한 일들이 벌어지니 제 절망감은 더 컸어요. 이 곳에 와서 저는 하나님께서 저의 남편에게 말씀을 해주시고 저에게 위로하시며 남편을 더 이해하고 참으라는 말을 해주실 거라고 생각했죠. 그런데 전혀 뜻밖의 제 모습을 보게 되었어요. 강의를 듣고 있는데 갑자기 한 어린애가 머릿속에 그려지는 거예요. 그 애는

> 그 애는 누더기 옷에 여기저기 기우고 때우고 우스꽝스런 옷차림을 했는데 전혀 어울리지 않고 초라한 모습이지만 그 애만 자기가 그런 옷을 입고 있는 것을 모르는 것 같았어요. 나중에 저는 그것이 하나님에 대해 제가 들은 여러 말들과 책들에서 모은 지식이라는 것을 알았어요.

누더기 옷에 여기저기 기우고 때우고 우스꽝스런 옷차림을 했는데 전혀 어울리지 않고 초라한 모습이지만 그 애만 자기가 그런 옷을 입고 있는 것을 모르는 것 같았어요. 나중에 저는 그것이 하나님에 대해 제가 들은 여러 말들과 책들에서 모은 지식이라는 것을 알았어요. 저는 신앙서적을 많이 읽어서 누구보다 하나님에 대해 잘 알고 있고 설명도 잘 해줄 수 있다는 생각을 했었거든요. 그런데 그런 지식들은 마치 조각조각 모양과 질이 다른 천을 모은 누더기 같았어요. 제가 이런 모습인데도 저는 저를 완벽한 그리스도인처럼 생각하고 있었던 것 같아요. 모든 문제는 남편의 어리석음에 있다고 믿었죠. 또 다른 문제는 또 다른 사람에게 있고...... 제 자신을 전혀 모르고 있었어요."

우리는 기도해야 한다. 나의 진정한 현실을 직시하게 해달라고. 내 속사람의 음성을 듣게 해달라고. 그래서 나의 겉으로 이것저것 구하는 표면적 기도가 아니라 깊은 골방에 숨어있는 속사람이 주님에게 도움을 요청해야 한다.

구엔반투안 프란치스코는 이렇게 말하고 있다.[1]

'자신이 아프지 않다고 주장하는 환자,

의사가 검진하도록 허락하지 않는 환자,

처방약을 먹지 않는 환자를 어떻게 의사가 치료 할 수 있나!'

내적치유세미나에서 많은 사람들이 자신의 속사람이 새롭게 되고 그와 함께 몸의 질병을 치유받는 것은 그들이 하나님에게 요청했기 때문이다.

이것이 주님에게 약을 구하는 것이며 우리의 감긴 눈이 떠질 수 있는 유일한 방법이다.

하나님은 자신의 자녀들이 머릿속에 하나님에 대한 지식만 잔뜩 가진 채 속사람은 슬픈 상태로 살아가는 그런 자가 아니라 속사람이 하나님과 사귀어 속에서부터 생수의 강이 터지는 삶이 되기 원하신다. 그 삶을 우리는 시작할 수 있다.

1 구엔반투안 프란치스코 '희망의 길' p166 가톨릭 출판사

집을 향해 가는 길에 지나는 광야

속사람의 치유 32

내 마음 밭의 가라지

내적치유사역연구원

어느 날 전혀 예상치 않게 직면하게 된 우리의 죄성과 추함은 우리를 혼란과 두려움과 회의에 빠뜨린다.

노틀담의 꼽추에 등장하는 부주교 '클로드 프롤로'

그는 자신 스스로를 천상의 윤리를 따르며 보통 사람들과는 다른 거룩한 자라고 믿었지만 뜻밖에도 자기 안에 끓어오르는 집시소녀에 대해 불같은 욕망을 느끼며 당황하고 번민한다. 자기가 생각했던 자신이 아닌 것이다.

이 부주교를 단순히 추악하고 타락한 위선자라고 쉽게 단죄할 수 있을까?

우리는 내 마음 밭에 아름다운 곡식만 있기 원하고 또 그렇게 믿으며 살다가 어느 날 놀랍게도 가라지가 함께 자라고 있음을 보게 된다. 중요한 것은 내게 가라지가 있느냐 없느냐가 아니라 이 가라지를 어떻게 이해하며 어떻게 처리해야 하는가이다.

40대 초반의 B목회자의 고백이다.

"나는 여자를 보면 욕정이 올라온다. 하지만 신앙의 힘으로 이것을 참기에 문제를 일으킨 적은 없다. 그런데 내가 목회하는 교인수가 십여 년이 지나는데도 늘지를 않게 되면서 나는 정죄감에 빠지기 시작했다. 처음 목회를 시작할 때 내가 가진 능력이나 여러 조건들을 보았을 때 오년정도면 어느 정도 사이즈의 목회를 하겠다는 그림이 그려졌고 주변에서도 모두 인정했다. 하지만 백방의 노력을 해도 교인수가 늘지 않자 결국 나의 문제 때문이라는 생각이 들었다. 특히 나보다 여러 면에서 떨어진다고 생각했던 신학교동창들이 나보다 더 큰 교회를 하는 것들을 볼 때 이런 생각은 더 굳어졌다. 그래서 사십일 금식기도에 들어갔다. 내게 이런 욕정을 가지고 있기에 하나님이 나의 사역을 축복해 주시지 않는다는 생각이 들었기 때문이다. 금식 10일이 지나가니 정말 내안에 여자에 대한 생각이 완전히 없어진 것을 느꼈다. 이제야 해방이구나 하는 생각에 금식의 고통도 잊을 수 있었다. 무사히 사십일을 끝내고 섭식을 시작한지 일주일이 못되어 나는 절망할 수밖에 없었다. 내안에 여자에 대한 욕정은 전혀 줄어들지 않고 오히려 더 강하게 내속에서 끓고 있음을 느낀 것이다. 나는 도대체 어떻게 해야 하는가?"

사역자 S의 고백이다.

"아내와 나는 신학교에서 만나 하나님의 뜻임을 확신하고 결혼했다. 그리고 우리 두 사람은 예정대로 선교지에 나가 열심히 사역을 했다. 그런데 그곳에서 나는 아주 어린 한 자매를 만났다. 그 자매를 만난 순간 지금까지의 모든 것들이 흔들리기 시작했다. 내 이성은 절대로 이러면 안 된다고 나를 다그치지만 내 마음은 온통 그 자매뿐이었다. 대학부터 지금까지 오직 하나님 안에서 살아온 내가 이렇게 무너지는 것을 보며 하나님에 대한 나의 믿음도 허구였지 않나 하는 회의가 들었다. 더욱 무서운 것은 나를 말리는 아내에게 도저히 내가 상상할 수 없는 폭행과 잔인한 말들을 서슴치 않고 하고 있다는 사실이다. 이렇게 무서운 면이 나에게 있다는 것이 스스로 놀랄 정도다. 나는 이제 내 자신을 모르겠다. 내가 구원을 받았는지도 의심이 간다. 하나님은 나에게서 너무나 멀리 떠나 버렸다."

이런 고민은 비단 목회자들만 가진 것이 아니다. 하나님에게 가까이 가고자 하는 모든 성도들이 겪는 혼란이다. 전혀 상상하지 못한 자신의 너무도 추한 죄성 그 가라지를 어느 날 직면하게 되는 것이다.

그러한 가라지를 보면서 사람들은 외친다.

'내가 이럴 리가 없는데......나는 이래서 안 되는데......이것은 결코 나일 리가 없어. 악마가 나를 꼬인 거야. 내가 무엇에 홀린 거야.'

우리가 많은 죄악 가운데서 예수님을 영접하고 성령을 경험하고 난 후 그 삶을 돌이켜 볼 때 실로 많은 변화가 있었음을 보게 된다.

담배를 피웠던 자가 이제는 담배를 멀리하고 술을 멀리하며 주일이면 산으로 들로 술집으로 돌던 사람이 이제는 교회에 나와 주차관리하며 설교를 듣고 있다.

회사의 물건들을 아무 거리낌 없이 슬쩍 하던 사람이 이제는 종이 한 장도 함부로 쓰지 않는다. 실로 수많은 삶의 변화가 일어난 것이다. 인생의 목적이 없이 산 젊은이가 예수님을 만나고 자신을 목회자로 헌신하며 성경을 읽고 신앙훈련을 한다. 세상 사람과 다른 말을 하고 다른 시간을 보낸다.

그런데 어느 날 자신 안에서 다른 사람들을 향해 손가락질 했던 그 죄악이 자신 안에 있음을 발견한 것이다. 이제는 이런 죄악과는 상관없을 정도로 변화되었다고 은근히 자신했는데 여전히 자신의 한쪽에 건재하고 있는 죄악의 속성을 본 것이다.

이럴 때 우리는 어떻게 해야 할까?

우리는 우리보다 먼저 하나님을 믿었던 신앙의 선배들의 진솔한 이야기 속에서 그리고 주님의 말씀 속에서 그 답을 찾아내야 할 것이다.

사도바울은 어떤 자보다도 자신의 경건함에 대해 자신이 있었다.[1] 하지만 그가 성령의 사람이 되어 자신을 예수님의 종으로 온전히 헌신했을 때 즉 더 깊이 하나님에게 나아갈 때 그는 자신 안에서 엄청난 죄악의 힘을 발견하게 된다. 그 죄악의 힘은 자신의 신앙수행으로도 결코 해결할 수 없는 힘이며 자신이 죽기 전까지는 자신과 함께 공존할 것이라는 것을 그는 알았다. 그래서 그는 이렇게 탄식한다.

> "나는 내가 원하는 선한일은 하지 않고 도리어 원하지 않는 악한 일을 합니다. 내가 해서는 안 되는 것을 하면 그것을 하는 것은 내가 아니라 내속에 자리를 잡고 있는 죄입니다. 여기에서 나는 법칙 하나를 발견하였습니다. 곧 나는 선을 행하려고 하는데 그러한 나에게 악이 붙어 있다는 것입니다."(롬 7:19-22) -표준 새번역

그는 자신이 자신의 악을 없애고 가라지를 없애는데 완전히 무력한 존재임을 시인하고 있다. 우리 안에 있는 악은 우리가 생각하는 것보다 훨씬 더 깊은 뿌리로 우리를 휘감고 있다. 이 세상의 어떤 자도 자신 안에 있는 악을 스스로 없앤 자는 없다. 하지만 놀라운 사실은 사도

1 사도바울의 자기 삶의 회상 '나는 내 동족 가운데서 나와 나이가 같은 또래의 사람보다 유대교신앙에 앞서 있었으며 내 조상들의 전통을 지키는 일에도 훨씬 더 열성이었습니다.' (갈 1:14)

바울은 자신의 무력을 절감하는 그 순간 즉, 자신을 의지할 수 없게 된 그 순간부터 온전히 하나님을 기다릴 수밖에 없게 되었고 자신을 만나시는 하나님의 새로운 변화의 법칙, 생명의 법칙을 이해하게 되었다고 고백한다.[2]

하나님을 만나기 위해(자신이 원하는 것들을 타내기 위해서가 아니라) 조용한 골방으로 들어간 자는 하나님을 만나기전 반드시 자신의 추함을 만난다.
자신에게 가라지가 있다는 사실을 받아들인다는 것은 너무 힘이 든다. 나 자신이 다 무너져 버리는 고통을 느낄 수도 있다.

성베네딕토 수도회의 안셀름 그린 신부는 이렇게 말하고 있다.

'사도바울의 고백은 우리가 덕행과 금욕 또는 자기 수련을 통해서는 하나님께 도달할 수 없고 오직 자신의 무능을 인정함으로써 하나님께 도달할 수 있다는 것을 알려 주고 있다. 이러한 것을 통해 우리는 하나님의 은총에 대하여 좀 더 민감하게 된다.'[3]

하나님을 만나기 위해(자신이 원하는 것들을 타내기 위해서가 아니라) 조용한 골방으로 들어간 자는 하나님을 만나기전 반드시 자신의 추함을 만난다.

자신에게 가라지가 있다는 사실을 받아들인다는 것은 너무 힘이 든다. 나 자신이 다 무너져 버리는 고통을 느낄 수도 있다.

2 바울의 고백 '아 ! 나는 비참한 사람입니다. 누가 이죽음의 몸에서 나를 건져 주겠습니까? 우리 주 예수그리스도를 통하여 나를 건져 주신 하나님께 감사드립니다......중략......그러므로 그리스도 예수 안에 있는 사람들은 정죄를 받지 않습니다. 그것은 그리스도 예수 안에서 생명을 누리게 하는 성령의 법이 당신을 죄와 죽음의 법에서 해방시켜 주었기 때문입니다.' (롬7:24-8:2)

3 안셀름 그린 '아래로부터의 영성' p21

하지만 이것 또한 나의 실상이라면 이것 또한 하나님에게 감사함으로 보여 드릴 수밖에 없다. 나의 실상을 보는 것을 두려워하고 부인으로 일관할 때 우리는 점점 우리의 참모습을 볼 수 있는 힘을 상실하게 된다.

자신을 바로 알지 못한 채 신앙의 행위로 자신의 정체성을 삼을 때 그들은 자신의 내면의 가라지는 보지 못하고 남의 티만 찾아내는 무서운 비판과 고발자가 된다.

이슬람교도들만이 명예살인이라는 끔찍한 종교범죄를 저지르는 것은 아니다. 자신의 가라지를 보지 못하는 사람 역시 소리 없는 살인을 하나님의 뜻이라는 이름으로 자행할 수 있는 것이다.

'노틀담의 꼽추'의 부주교가 사악한 것은 그가 에스메랄다에게 욕정을 느꼈기 때문이 아니라 그 욕정을 느낀 자신을 스스로 부인함으로 하나님이 그를 도울 은총을 스스로 거절한 것이다. 교만과 부인과 거짓말은 함께 다니는 악의 속성이다.

하나님은 내안의 가라지를 아신다.

> "......주여 밭에 좋은 씨를 심지 아니하였나이까? 그러면 가라지가 어디서 생겼나이까? 주인이 가로되 원수가 이렇게 하였구나 종들이 말하되 그러면 우리가 가서 이것을 뽑기를 원하시나이까? 주인이 가로되 가만 두어라. 가라지를 뽑다가 곡식까지 뽑을까 염려하

노라."(마태복음 13:27~29)

우리는 내 안의 가라지를 처리하시기 위해 세우신 주님의 계획을 신뢰해야 한다.

주님은 내게 있는 가라지를 알고 뽑을 계획을 가지고 있다. 그러므로 자신 안에 있는 가라지를 보았다면 야단들을까 감추려고 급급해하지 말고 사실대로 상황을 보고해야 한다. 하나님께서 하나님의 방법으로 우리안의 가라지를 처리해 가실 것이다. 사실 우리는 어느 것이 곡식이고 어느 것이 가라지인지 정확하게 구분할 수 있는 능력도 결여 되어 있다. 하지만 주님은 내 마음을 창조하신 분이시기에 어떤 것이 자신이 심지 않은 것인지 아신다. 우리는 천사가 아니다. 온전한 자도 아니다. 잉태되는 그 세포 안에 이미 죄악성이 유전되어 있었다. 이런 우리를 부르신 하나님 앞에서 내가 할 일은 순간순간 나를 정직하게 보이고 하나님의 행하신 계획에 나를 맡기는 것이다. 내 스스로 나를 의인으로 만들 수도 없고 내 스스로 나를 깨끗한 그릇으로 씻어 낼 수 없다. 주님의 씻어주심이 필요하고 주님의 깨끗하게 해주심이 필요하다. 하나님은 나에게 가라지가 있다는 것을 책망하시는 것이 아니라 인정하지 않기 위해 합리화하고 은폐하기위해 다른 자를 걸고넘어지는 죄악의 태도를 책망하신다.

"그 남자는 핑계를 대었다. 하나님께서 저와 함께 살라고 짝지어주

신 여자, 그 여자가 그 나무의 열매를 저에게 주기에 제가 그것을 먹었습니다."(창세기 3:12)

"우리가 죄가 없다고 말하면 우리는 자기를 속이는 것이요 진리가 우리 속에 없는 것입니다. 우리가 우리 죄를 자백하면 하나님은 신실하시고 의로우신 분이셔서 우리 죄를 용서하시고 모든 불의에서 우리를 깨끗하게 해주실 것입니다."(요한일서 1:8–9)

속사람의 치유 33

하윤이처럼 달려 오세요

ⓒ 내적치유사역연구원

하윤이는 정 전도사의 세 살 된 딸이다.

그 아이는 언제 어디서든지 자기 아빠를 보면 활짝 웃으며 아빠를 향해 달려간다.

자기 옷이 더러워서 아빠를 안으면 자기로 인해 아빠 옷이 더럽혀

질 것에 대해서 생각지 않고 달려간다. 그저 언제 어디서든지 아빠가 보이면 아빠에게 빨리 안기고 싶어서 넘어질 듯 위태하게 해바라기처럼 환히 웃으며 달려간다. 나는 하윤이의 모습에서 우리를 보고, 하윤이를 안는 그 아빠의 사랑에서 하나님을 본다.

기독교의 복음이 기쁘고 복된 소식일 수 있는 것은 죄인인 나를 안아 주기 위해 주님이 오라고 하시기 때문이다. 하윤이처럼 그냥 달려오라고 하신다.

1번 그림은 사람들이 가지고 있는 복음에 대한 오해를 보여 주는 것으로 나의 죄와 문제에 대해 먼저 깨끗하게 처리하고 난 뒤에 내게 와서 안기라고 지시하시는 모습이다.

2번 그림은 내가 가진 죄와 문제를 가진 그 모습 그대로, 지친 모습 그대로 문제에 대한 해결책을 내가 생각지 않고 먼저 주님에게 와서 주님과 함께 문제를 해결해 가는 모습이다. 이것이 진정한 복음이며 희망이다.

막달라 마리아가 주님에게 올 수 있었던 것은 그녀가 완전히 깨끗해져서가 아니라 그분의 사랑이 너무 커서 자기의 죄를 잊어버렸기 때문이다. 그녀가 성녀가 된 후에 주님에게 온 것이 아니라 성녀가 되기 전에 먼저 주님에게 왔고 주님께서 함께 데리고 다니셨음을 기억해야 한다.

막달라 마리아가 주님에게 올 수 있었던 것은 그녀가 완전히 깨끗해져서가 아니라 그분의 사랑이 너무 커서 자기의 죄를 잊어 버렸기 때문이다. 그녀가 성녀 된 후에 주님에게 온 것이 아니라 성녀가 되기 전에 먼저 주님에게 왔고 주님께서 함께 데리고 다니셨음을 기억해야한다.

모든 자들이 먼저 주님에게 와서 주님과 함께 한걸음씩 성결의 산을 오르는 것이다. 성결의 산을 오르기 시작할 때도 산의 중턱에서도 산의 마지막에서도 주님과 함께 해야 한다.

문제해결의 첫 시작은 주님에게 달려와 안기는 것이다.

주님에게 오는 것을 방해할 수 있는 것은 해 아래 아무것도 없다. 어떤 자라도 하윤이처럼 거룩한 하나님 아버지에게 달려올 수 있다.

어떤 상황도 주님과 함께라면 길이 있다. 어떤 상황도 어떤 문제도 주님이 함께 하신다면 모든 것에 해결책이 있다.

"해 아래는 새것이 없나니 무엇을 가리켜 이르기를 보라 이것이 새것이라 할 것이 있으랴 우리 오래전 세대에도 이미 있었느니라." (전도서 1:9~10)

우리의 눈에는 내 상황이 특별해 보이고 내 고통만은 모든 지혜를 다 동원해도 해결될 길이 없을 것 같지만 하나님이 임마누엘 하시면 희망이 있다.

꺼져 가는 촛불 같았던 J의 고백이다.

“나는 결혼 8년째에 큰 딸이 외롭지 않게 둘째를 주시고 제 건강도 회복시켜 달라고 간절히 기도했는데 그 응답으로 임신을 하게 됐다. 하지만 남편은 첫아이 때보다 더 가혹하게 임신한 나에게 무관심했다. 대학 2학년 때 남편을 만나 결혼했는데 결혼 전 남편이 자신의 신상에 대해 한 말은 모두 거짓이었다. 심지어 고향까지도...... 하지만 난 남편의 사랑을 믿고 그가 나를 속인 것에 대해 용서함으로 이혼의 위기를 극복했다. 그 후 남편을 공부시켰고 결국 남편은 박사 학위까지 받게 됐지만 그 과정 속에서 남몰래 흘린 눈물과 나의 희생은 너무 컸다. 그런데 남편이 연구소에 취직하고 높은 지위와 명예를 얻으면서 급격하게 변하더니 나를 무시하기 시작했다. 난 너무 억울했다. 둘째를 임신한 7개월째 남편에 대한 감정이 극도로 힘들어지면서 슬프고 억울해서 쉬지 않고 울다가 양수가 터졌다. 다행히 둘째는 무사히 태어났지만 출산 3일 뒤부터 설사가 시작되어 6개월간 계속 되는 것이었다. 그 후 3개월 뒤부터는 극도의 어지럼증이 생겨 토하고 실신하고 도무지 살 수가 없었다. 난 뇌종양이라 확신하고 모든 검사를 했는데 당시 의약 분업으로 인해 진행이 늦어져 증상이 갈수록 심해져 갔다.

환각, 환청, 구토, 설사, 실신의 반복 속에서 수천만 원의 치료비가 들어갔다. 하지만 병명이 나오지 않아 이제 나는 죽는구나 하는 생각 속에 있다가 세브란스에서 병명이 나오기를 ‘메니에르 증후군’이라고 했다. 이 병은 완치가 없고 귀에 청각 장애를 일으키며 모든 전정기관이 다 망가질 수 있는 병이었다. 난 마지막 심정으로 이 내적치유세미나에 참여 했다. 그저 멍한 머리로......

기도도 할 수 없어 다만 강의나 열심히 듣고 있는데 시간마다 내 속 사람과 몸이 강의에 따라 반응하는 것이 느껴졌다. 그리고 주님께서 나의 태아 때와 어린 시절의 장면을 보여 주셨다.

임신 4개월과 8개월 때 너무도 힘들어 하시고 피곤해 하시는 엄마의 모습......

내가 5살 때 앞만 보고 무표정하게 웃지 않고 손만 잡고 가는 엄마의 모습......

오직 하루하루의 삶과 자신의 아픔에 힘들어 옆에 있는 나에게는 전혀 관심이 없는 엄마옆에서 말할수 없이 외로웠다. 그 마음으로 아파하고 있는데 주님이 말씀하시는 음성이 들렸다.

'너는 나를 믿으라.'

죽을것 같이 외롭고 춥기만 한 마음에 주님의 그 음성은 나를 가득 채우시는 듯했다. 생각해보니 이 외로움을 채우려고 내가 남편에게 그토록 매달리고 그럴수록 실망이 더욱 컸었나 보다. 신기한 것은 나를 괴롭힌 모든 몸의 증세가 사라진 것이다. 약을 먹지 않았는데도......"

어느 어머니의 눈물 속의 고백이다.

"저는 올해 56세입니다. 힘들게 여기까지 온 이유는 28살 된 딸아이가 우울증에 시달려 말할 수 없는 고통을 온가족이 겪고 있기 때문입니다. 그러던 중 목사님께서 '엄마 가지마'란 책을 주셔서 그 책을 읽던 중 너무 놀랐습니다. 우리 딸이 저렇게 된 것이 저의 책임이라는 것을 알았거든요. 저는 우리 딸을 최고의 피아니스트로 성공시키고 싶었고 그래서 아주 어릴 때부터 거리를 마다하지 않고 서울까지 비행기를 타고 밤기차를 타며 피아노 레슨을 받으러 다니고........ 나의 인생은 오직 딸의 성공이었습니다. 말로는 아이를 위한다 하지만 사실은 내가 이루지 못 한 한을 딸아이를 통해 이루고 싶었습니다. 아이도 처음에는 잘 따라 줘서 우리 지방에서는 누구도 따라올 수 없을 만큼 실력이 됐는데 언제 부턴가 대회에 나가서 실수를 하더니 그 후 대학 실기 때 실수를 해서 연이어 원하는 대학에 떨어지는 겁니다. 그리곤 아이가 허물어지기 시작하면서 우울증에 시달리고 나를 원수 보듯 하고 자신의 몸 하나도 추스르지 못할 지경이 되어 버렸습니다. 어찌해야 할지 몰라 세미나까지 왔습니다.

회상의 시간에 저는 딸아이가 캄캄한 어둠속에서 '엄마! 살려줘'하며 제게 매달리는데 제가 아이에게 발길질을 하는 것을 보고 너무나 놀랐습니다. 제가 아이를 힘들게 한 줄은 알았지만 저 때문에 이렇게까지 아이가 힘들어 하고 있었던 것은 정말 몰랐습니다. 제가 저지른 죄가 너무 무서웠습니다.

저는 같이 참여하고 있는 딸에게 간절히 용서를 구하고 하나님에게도 저의 욕심을 용서해 달라고 기도했습니다. 그런데 놀랍게도 세미나를 다녀온 후 우리 아이가 점점 밝아지고 건강해졌습니다. 이제는 다시 제 얼굴을 봐주고 대답도 하고 예전의 아이로 돌아가고 있습니다.

아마도 제가 변하니 아이가 변한 것 같습니다. 감사한 것은 주님께서 사역할 수 있는 길까지 열어 주셨습니다. 저는 이제 기도제목이 완전히 바뀌었습니다. 진실로 딸의 행복을 원합니다. 성공보다도……"

이들의 사례에서 보듯이 이들 안에 하나님의 회복의 역사가 시작된 것은 이들 스스로 기도를 열심히 하거나 먼저 모든 것을 용서하거나 먼저 자기의 죄를 깨닫고 돌이켜서 된 것이 아니다. 다만 있는 그대로, 혼란 그대로, 괴로움 그대로, 더러움 그대로, 주님에게 와서 자신의 아픔을 풀어 놓았을 때 하나님께서 그 다음의 역사를 행하신 것이다.

> "너희 목마른 자들아 물로 나아오라 돈 없는 자도 오라 너희는 와서 사 먹되 돈 없이 값없이 와서 포도주와 젖을 사라"(이사야 55:1)

속사람의 치유 34

용서의 닻을 올리고

ⓒ 내적치유사역연구원

H가 상담실에 들어섰다.

아무 표정 없는 얼굴에 분노가 가득하다.

하지만 아주 앳된 얼굴의 여린 마음이 그 속에서 보인다. 그런데 입을 여니 증오와 욕설과 저주로 일관 되어있다. 믿었던 신앙단체에서 큰 실망감을 갖고 그로 인해 생긴 분노가 H를 미치게 만들고 있었다.

'걔들 땜에 나도 이 지경됐어. 망한거지. 난 망한거야. 걔들하고 똑같이 되버린거지. 난 이제 아무것도 못해. 살만 찌고...... 인생 쫑 난 거야. 왜 하나님이 나를 그런 것들 하고 만나게 한거야?'

용서하지 못한 마음을 타고 뻗어나간 쓴 뿌리가 휘감아 버린 일그러진 모습이다.

사람들이 토로한다. 세상에서 가장 어려운 것이 있다면 용서하는 것과 사랑하는 감정을 멈추는 것이라고.

용서는 과연 어떤 것인가? 용서란 감정적 작업이 아니라 결단의 작업이며 의지적으로 하나님의 명령에 순종해 선택하는 것이며 이제 새로운 곳을 향해 긴 여행을 시작하는 것이다.

그림 속의 배는 나 자신이다. 배가 그동안 정박하고 있던 항구는 용서하지 못함으로 인해 내 정신이 증오에 묶여 살던 지옥과 같은 삶이다. 나는 이 지옥 같은 항구를 떠나고 싶지만 항구에 내려놓은 닻을 거둬 올리려고 하지 않았기에 배는 움직일 수 없었다. 그런데 어느 날 내가 용서하기로 선택하는 순간 나의 배는 항구에 묶어 둔 닻줄이 풀리면서 움직이기 시작한다. 긴 출항을 시작한 것이다. 하지만 아직은 항구가 보인다. 즉 내가 용서의 선택을 했지만 아직도 내 감정은 가해자가 생각나고 그러면 또 분노가 올라오고 부정적 반응이 일어난다. 그래서 내가 속을 수 있다. 내가 아무것도 하지 않은 것처럼... 하지만 아니다.

내가 용서하기로 힘들게 선택하는 그 순간 나는 분명 배의 닻줄을 푼 것이다. 배는 천천히 움직이지만 언젠가는 반드시 그 항구가 배의 시야에서 사라질 것이고 배는 새로운 곳을 향해 나아갈 것이다.

A의 말이다.

"대학 졸업 후 가고 싶었던 병원의 면접에서 떨어지고 남자친구와도 별다른 이유 없이 그냥 끝나고 모든 게 엉망이었습니다.

대학 때 그토록 열심히 예수님 중심의 삶을 살았다고 자부한 제가 사회생활 5개월 만에 산산 조각이 나더군요. 그래서 지금 있는 병원에 휴가를 내고 말 그대로 쉬고 싶어 왔습니다. 그런데 하나님은 오래전에 덮어 버린 저의 어린 시절 가정의 모습을 보여 주시더군요. 늦동이로 태어난 저는 임신인 줄도 모르고 의사가 혹이라고 하는 바람에 지워질 뻔 했답니다. 그래서인지 저는 항상 나를 짐이라고 생각했습니다. 나 아니면 엄마는 훨훨 날아 갈 수 있을 텐데... 밤마다 피바다를 부르는 아빠의 손에서 벗어 날 수 있을 텐데... 회상의 기도 시간에 주님은 이 세상에 태어나는 저에게 너를 이 가정의 축복이 되게 하겠다고 하셨습니다. 그리고 한 장면에 제 생각이 멈췄습니다. 그것은 술에 취해 잠든 아버지를 죽이려고 손에 넥타이를 들고 안방에 들어가 아버지를 바라보는 제 모습이었습니다. 제 얼굴은 증오와 멸시 분노로 가득 차서 떨고 있었습니다. 그때 주님이 말씀하시는 듯 했습니다.

'이제 그만두라. 이제 아버지를 향한 분노를 내려놓아라. 심판과

벌은 나의 몫이니 너는 너의 손을 깨끗이 해라.'

> 어른이 된 지금의 환경이 아무리 행복해도 인간은 그 마음에 가진 어린 시절의 정서 이상을 뛰어 넘지 못한다.

어른이 된 지금의 환경이 아무리 행복해도 인간은 그 마음에 가진 어린 시절의 정서 이상을 뛰어 넘지 못한다.

전 도저히 아버지를 용서할 수 없었지만 제 모습을 보여주시며 말씀하시는 주님 앞에서 아버지의 잔인한 행동들을 용서하겠다고 힘들게 고백했습니다. 주님에게 말했죠.

'주님! 22년 동안 언제나 공포와 분노의 대상이었던 아버지의 죄악을 내려놓습니다. 나와 엄마가 보는 앞에서 다른 여자를 쫓아가던 아버지를 용서합니다. 내게 칼과 망치와 톱을 놓고 어느 것으로 죽을 거냐고 물어보던 아버지를 용서합니다."

A가 하나님에게 용서의 고백을 하는 순간 A를 묶고 있던 끈은 풀어졌다. 그리고 A는 그 아버지가 만든 지옥에서 벗어나기 시작한 것이다. 어른이 된 지금의 환경이 아무리 행복해도 인간은 그 마음에 가진 어린 시절의 정서 이상을 뛰어 넘지 못한다. A의 마음에 자리 잡은 어린 시절의 분위기와 정서는 어른이 된 그의 마음에 행복의 불이 지펴지려할 때마다 소리 없이 꺼버린다. 그 잔상이 잠재의식 속에 남아 있기 때문이다. 하지만 주님께서는 우리 안에 있는 슬픈 잔상을 지우고 그 얼룩을 지우고 행복한 마음을 심어 주실 수 있다. 분노의 닻줄이 풀려질 때 우리는 그 행복한 새로운 항구를 향해 항해 하게 된다.

A는 세미나의 마지막 시간에 이렇게 자신의 감정적 변화를 적고 있

용서했던 자가 다시 미워진대도 그것은 배가 항구로 가서 다시 닻줄을 매는 것이 아니다. 두려워말고 나는 그를 용서했음을 계속해서 선포해야한다.

다.

"웬일일까요? 아버지가 처음으로 그리워집니다. 아버지란 말이 공포스럽지 않고 따뜻하게 가슴에 느껴집니다. 그래서 하나님을 아버지라고 불렀습니다. 처음으로 정말 간절하게요."

A처럼 감정적 변화가 시작이 되었을 지라도 자극이 오면 또 다시 감정이 뒤집어 질 수 있다. 하지만 배가 항구에서 떠나갈수록 그 항구가 보이지 않게 되듯이 우리의 감정도 하나님께서 점점 다스려 주실 것이다. 그것을 믿어야 한다.

용서했던 자가 다시 미워진대도 그것은 배가 항구로 가서 다시 닻줄을 매는 것이 아니다. 두려워 말고 나는 그를 용서했음을 계속해서 선포해야 한다.

배가 파도를 만나 흔들리듯 잔잔해 진 줄 알았던 감정이 얼마 뒤 갑자기 되살아나 요동을 칠 수 있지만 주님을 계속 생각하다 보면 어느 사이 물결은 잠잠해지고 주님은 내가 바라던 소원의 항구로 인도해 주신다.

마지막 때가 가까워질수록 사랑이 식어지고 불법이 성행하므로 사람들은 서로 상처를 입히고 피를 흘린다. 상처 입은 자가 용서하지 않으면 그는 결국 사단이 좋아하는 마음상태가 되어버린다. 그러므로 서로가 서로에게 용기를 주어 매일 용서 할 수 있도록 격려하고 도와야 한다.

우리가 가해자를 용서 하는 것도 힘이 들지만 나 자신을 용서하는 것 또한 쉽지 않는 일이다.

K의 이야기다.

"가끔씩 생각나는 어린 시절의 기억이 있다. 그 생각만 하면 마음이 슬퍼지고 쓸쓸해지곤 했다. 하지만 이유를 알 수 없었다. 왜 내 감정이 이렇게 되는지... 그래서 이 문제를 기도해 보고자 세미나에 참여하기 위해 외국에서부터 오게 됐다. 회상의 기도 시간이었다. 역시 그 장면이 또 생각나면서 눈물이 하염없이 쏟아졌다. 나는 일남 사녀 중 막내였는데 내가 태어나기 전 우리 집은 정말 잘 살았다고 한다. 그런데 하필 내가 태어난 날 아버지의 사업에 큰 손해가 있었고 그 뒤로 우리 집은 늘 불행하기만 했다는 말을 들었다. 그때 어떤 사람이 집안에 태어나지 않을 아이가 태어나면 집이 망한다는 말에 우리 아버지는 평시에는 나를 예뻐하시다가도 술만 드시면 나를 갖다 버리든지 죽여야 한다며 큰 소동을 피우셨던 기억이 난다. 그 소동이 날 때 마다 있었던 사건들과 함께 어둠속에 무서워 떨던 내 모습이 생각나곤 했다. 나는 우리 가족만 망하게 하는 것이 아니라 내 인생에도 늘 재수 없는 일들이 붙어 다니는 것 같았다. 나는 그 아이를 보면서 주님에게 말했다. '주님 저 아이를 혼자 두지 말고 도와주세요. 제 생각 속에 나타나 주세요.'

그 때였다. 어떤 여자가 나타나 나를 안고 뚜벅뚜벅 걸어서 십자가 앞에 내려놓는 것이다. 그런데 보니 그 여자는 바로 내가 아닌가! 나는 마음속으로 '아니 저 말고 주님이 저 아이를 안아 주셔야죠.' 했지만 기억나는 장면 마다 항상 내가 가서 그 아이를 십자가에 내려놓는 것이었다. 도대체 이해가 안됐다. 그날 밤 같은 룸메이트 선교사님에게 회상의 기도시간에 떠 오른 이 장면에 대해 이야기를 하면서 궁금하다고 했더니 그분이 이렇게 말씀하셨다. '사모님은 자신을 용서해야 할 일이 있나봐요.'

정말 충격적이었지만 그 말을 들으며 마음에 환한 불이 켜지는 것 같았다. 사실이었다. 누구보다도 용서하지 못하고 정죄하고 있었던 존재는 바로 내 자신이었다. 나 때문에 집이 망한다고 나 역시 생각했기 때문이다.

생각해보니 우리 집이 망하고 그것이 나 때문이라는 말을 어린 시절 계속 들었을 때 지금은 야경증이라고 말하는 몽유병과 같은 증세가 어린 나에게 있었다. 내가 의식하는 것 보다 훨씬 더 나는 나 스스로를 정죄하고 하나님을 원망하고 있었던 것이다. 다음 강의 시간에 이런 것들은 문화와 정체성의 혼란을 이용한 사단의 속임수라는 것을 분명히 확인하며 이 문제에서 완전히 벗어나게 됐다. 너무나 자유롭고 기쁘다. 이제는 자신 있다. 나는 집을 망하게 하는 재수 없는 사람이 아니었다."

K처럼 자기 존재 자체에 대한 죄책감 때문에, 그리고 어떤 이들은

자기가 행한 실수 때문에, 어떤 이들은 자신이 행한 잘못된 선택 때문에, 자신이 저지른 죄 때문에 스스로를 용서하지 않기로 결정하고 자학한다. 하지만 아무리 우리를 괴롭혀도 이런 방법으로 우리의 죄는 씻어 지지 않고 우리를 죽인다 해도 그 죄는 없어지지 않는다.

길은 하나밖에 없다. 이런 내 자신을 주님 때문에 받아들이는 것이다. 나를 용서해야 될 부분은 용서하고 나의 존재에 관해 거짓된 죄책감을 일으키는 부모의 말이나 점치는 자의 말들이 거짓이라고 선포하면서..

사막이 아름다운 것은 샘을 숨기고 있기 때문이라고 생떽쥐베리는 어린 왕자에서 말한다. 아비규환의 인간 세상이라고 하지만 이 세상이 아름다운 것은 하나님이 존재하시기 때문이다. 보이지 않는 하나님은 사람들의 행동을 통해서 세상에 나타난다. 용서하고 사랑하고 불쌍히 여기는 마음들 속에서 우리는 하나님을 본다.

서로 격려하자. 당신이 용서하기로 결심하고 선포할 때 당신이 탄 배는 지옥의 항구에서 떠나기 시작했다.

5부 아버지와 함께

속사람의 치유 35

새로운 길을 만든다

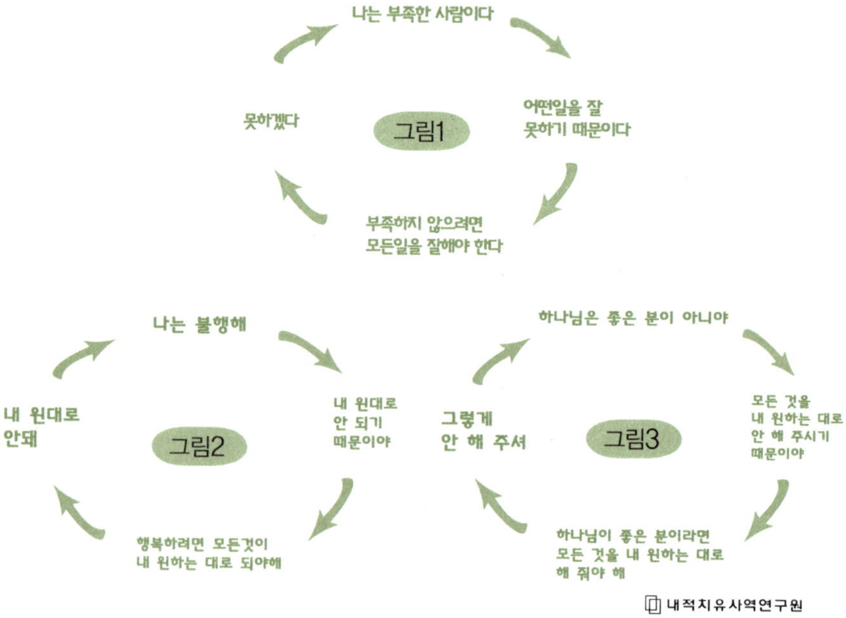

속사람의 혁명은 생각의 혁명이다. 치유는 성숙과 완성을 위한 과정이지 치유 자체가 목적이 아니다. 성령께서는 계속해서 속사람을 성숙시키고 변화시켜 가기를 원하신다. 내가 예수그리스도와 더 깊이 연합되어 질수록 나의 진정한 자아는 형성되어 가고 하나님이 만든 나의

정체성이 드러나게 된다. 그래서 토마스 머튼은 이렇게 표현하고 있다.[1]

'나에게는 내가 나 되는 것이 성성(聖性)이고 너에게는 네가 너 되는 것이 거룩함이 됩니다. 성인이 된다는 것은 나에게는 나 자신이 된다는 것을 의미합니다. 그렇기 때문에 거룩함과 구원의 문제는 사실 내가 누구인지를 찾고 진정한 자아를 발견하는 문제입니다.'

속사람의 계속적인 성장을 위해, 예수님이 내안에서 당신의 삶을 사시도록 하기 위해 우리는 마음을 다해 성령을 협조 해 드려야 한다. 어떻게 협조 할 것인가?

가장 중요한 협조는 나의 생각을 새롭게 만들어 가는 것이다.

우리가 교회 안에 들어섰다고 해서 내 머릿속에 들어 있는 비성경적 교훈과 지식들이 다 지워지고 빈 백지 같은 상태가 되는 것이 아니다. 어떤 사람이든지 그 안에는 이미 오랫동안 자리 잡고 있는 생각들이 차곡이 자리를 잡고 있다. 이것들은 마치 가나안 땅을 차지하고 있던 그 땅의 부족들처럼 우리의 내면을 차지하고 비성경적 길을 만들어 우리로 하여금 하나님의 음성을 듣지 못하게 하고 내가 예수그리스도와 연합 해가는 삶을 방해 한다. 악한 영은 인격체다. 그가 우리에게 접촉할 수 있는 통로는 생각이다. 그러므로 나의 내면에 악한 영이 넣어 준 생각이 건재하는 한 언제든지 그 악한 영은 나를 속이고 나의 감

1 토마스 머튼 '새명상의 씨' p44

정을 어지럽힐 수 있으며 잘못된 선택을 하게 한다.[2]

성숙이란 내안의 잘못된 생각과 사고방식들이 뽑혀지고 그 자리에 하나님의 생각이 자리를 잡아가는 것이다.

모든 사람 안에는 위에서 말 한대로 비성경적인 생각들이 있고 그 생각들은 일련의 길을 만들어 우리의 속사람이 그 생각의 길로만 다니도록 묶어둔다. 여기 몇 개의 생각의 길이 있다.

그림 1을 보자.

이 생각의 길을 만드는 악한 원흉은 '부족하지 않으려면 모든 일을 잘해야 한다'라는 생각이다. 이렇게 생각의 길을 만드는 원흉을 '거짓 진리'혹은 '거짓 개념'이라고 나는 표현하고 싶다. 이것은 진리처럼 포장되고 굳어져 많은 사람의 잠재의식 안에 깊이 자리를 잡고 있는 생각이다.

이 거짓 진리에 의해 만들어진 생각의 길을 이 사람은 매일 매일 다니는 것이다. 그 결과 나는 부족한 사람이라는 깊은 확신이 만들어지고 이 확신은 파괴적인 감정을 유발시킨다.

그림 2의 생각의 길은 그 결론이 항상 '나는 불행해'로 끝난다. 그런데 하루에도 수백 번씩 이 길을 빙빙 돈다고 해보자. 그 속사람이 어찌 행복할 수 있을 것인가!

여기에도 이 생각의 길을 만드는 악한 개념이 있는데 그것은 '행복

2 '마귀가 벌써 시몬의 아들 가롯 유다의 마음에 예수를 팔려는 생각을 넣었더니' (요13:2)

하려면 모든 것이 내 원하는대로 돼야해' 라는 생각이다.

그림 3 역시 비슷한 생각의 길이다.

이런 생각의 길을 가슴속에 두고 우리는 교회에서 설교를 듣고 하나님을 찬양하는 찬양을 부르며 눈물을 흘릴 수도 있다. 그래서 내 삶이 안정되고 내가 원하는 대로 평탄할 때는 잠시 조용하지만 삶에 조금이라도 어려움이 닥치면 쏜살같이 속사람은 잘못된 생각의 길을 배회한다. 다른 길이 만들어지지 않았고 이 길만이 익숙한 길이고 이 길에 들어서면 편안함(?)마저 느끼기 때문이다. 우리는 진리 속에서 편안함을 느끼는 것이 아니라 익숙한 분위기에서 편안함을 느낀다. 항상 욕설을 들으며 손찌검을 당하는 것이 습관이 된 거지 왕자가 자신의 신분이 밝혀져 왕자 대접을 받으면 처음에는 불안하고 도망치고 싶어지듯이 편안함을 느낀다는 것은 진리와 상관없다.

우리는 진리 속에서 편안함을 느끼는 것이 아니라 익숙한 분위기에서 편안함을 느낀다. 항상 욕설을 들으며 손찌검을 당하는 것이 습관이 된 거지왕자가 자신의 신분이 밝혀져 왕자 대접을 받으면 처음에는 불안하고 도망치고 싶어지듯이 편안함을 느낀다는 것은 진리와 상관없다.

우리가 성령께 협조하여 계속적인 성숙을 해 나가기 위해서 우리는 잘못된 생각의 길을 부수고 성령과 함께 새로운 길을 만들어야 한다. 어떻게 잘못된 생각의 길을 파괴시킬 수 있을까?

첫째는 내 안에 있는 잘못된 생각이 드러나야 한다. 드러나기 위해서 좋은 방법은 그리스도의 지체들과 대화하는 것이며 성령님과 대화하는 것이다.

이것을 상담이라고 할 수도 있다. 사실 초대 교회 공동체는 서로의 문제들을 치유하는 상담실이며 치유를 위해 기도하고 격려하는 치유 공동체였다.

하지만 지금 교회의 현실은 자신의 개인적 문제를 내 놓기 어려운 곳이 많다. 그러므로 성령님과의 대화로 내 안의 잘못된 생각이 파악될 수 있도록 해야 한다.

앞에 그려진 생각의 길은 모두 독백이다. 즉 대화가 아니다. 독백이 무서운 이유는 수십 년이 지나도 변화하기 어렵기 때문이다. 우리는 독백의 습관이 몸에 배어 있다. 내 안의 주님을 인정하지 못하면 더욱더 독백을 하게 될 것이다. 이 독백의 습관을 깨고 주님과 대화하는 자세로 바꾸어야 한다.

그림 3을 대화체로 바꾼다면 이렇게 될 것이다.

"하나님 저는 하나님이 좋은 분이 아니라는 느낌이 듭니다. 왜 이럴까요?"

주님과의 대화에서 가장 중요한 것은 정직성이다.[3]

자기 안에 드는 모든 느낌에 대해 정직하고 바른 태도로 하나님에게 표현해야 한다. 부정적이고 파괴적인 자기 안의 느낌과 생각을 다 표현하되 적대적 태도가 아니라 겸손하고 도움을 요청하는 태도를 가져야한다. 그리고 왜 그런지 알려 달라고 묻는다. 자신의 느낌에 대해

3 다윗은 이것을 알았다. 그래서 그는 '나의 방패는 마음이 정직한 자를 구원하시는 하나님께 있도다'(시7:10)라고 고백한다.

묻다 보면 수풀에 가려진 그다음 생각이 드러나게 될 것이다. 그래서 결국 찾아내야 할 것은 악한 개념이다. 그림 3의 악한 개념은 '하나님이 좋은 분이라면 모든 것을 내 원하는 대로 해줘야 해'라는 생각이다. 물론 내 원하는 대로 하나님이 해주시기를 원하는 소원을 우리는 다 가지고 있고 가질 수 있다. 그러나 이것이 요구가 되어서는 안된다. 사단은 항상 자기의 생각을 우리에게 집어넣어 이것이 아니면 안된다는 요구심을 부추긴다. 그래서 내가 갖지 못한 것에 마음을 집중하게 하여 나의 불행을 각인시킨다.

하지만 성령께서는 우리에게 자족하는 마음을 가져야 한다고 하신다. 내게 있는 것에 마음을 집중하고 그것들을 기뻐할 때 우리의 삶은 풍성해진다. 자족하는 마음이 있으면 경건이 큰 유익이 된다.

어떤 생각이 있을 때 그 생각을 예수님의 십자가 앞에 비춰 보고 이렇게 자문해 본다. '예수님이라면 이런 말을 내게 하셨을까?' 만일 아니라고 생각이 들거나 의심이 든다면 가차 없이 그 생각을 대적해서 버려야 할 것이다.

'하나님이 좋은 분이라면 모든 것을 내 원하는 대로 해줘야 한다는 생각은 하나님이 내게 주신 진리가 아니다. 나는 이 거짓말을 예수그리스도의 이름으로 대적한다.'

이렇게 분명하게 대적 해 나갈 때 우리의 생각의 땅은 점차 평정이 되어 예수그리스도의 깃발이 곳곳에 꽂혀질 것이다.

진리로 자신의 생각을 채운 자는 그 상상권이 복음화 된다. 그 진리의 생각이 힘을 얻을수록 감정은 안정이 되고 바른 선택을 할 수 있는 분별력이 생긴다.

예수님의 제자는 예수님과 같은 생각을 하는 사람이다.

속사람의 치유 36

세상에서 가장 행복한 사람

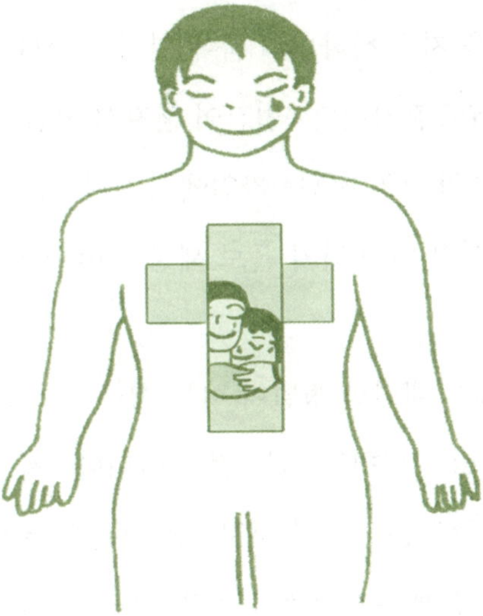

내적치유사역연구원

항상 먹어도 먹은 것 같지 않고 속에 바람이 든 듯 든든한 기가 없고 사는 것도 재미가 없던 사람이 있었다. 사람들과 있으면 좌중을 웃기는 사람이었지만 집에서는 매사에 신경이 곤두서서 가족들을 참 피곤하게 하는 사람이었다. 이 사람이 이 그림을 보더니 갑자기 가슴이 콱

막히면서 한 단어가 생각난다고 했다. 그가 그림을 보며 떠오른 단어는 '외로움'이었다. 아! 내가 정말 외로워하고 있구나. 그러고 보니 그동안 자기의 외로움이 너무 힘들어서 가족들을 도와줄 여력이 없었음을 알았다고 했다.

사람들은 사람에 둘러 싸여 있으면서도 외로움과 고립감에서 헤어나오지 못하는 자신을 보며 당황스럽게 여긴다.

인간은 자신을 지은 하나님의 품에 안기기 전까지 수만의 인파속에 둘러 싸여 있어도 혼자이다. 인간이 혼자서 고립된 것은 죄악의 결과였다. 인류 최초의 살인자였던 가인에게 하나님은 네가 가족과 사랑하는 사람들에게서 떨어져 나와 홀로 세상을 떠돌아다니게 될 것이라 하셨다.

가인은 자기에게 내려진 형벌이 너무 힘들다고 호소한다. 하지만 가인만이 이런 형벌을 당하고 있는 것이 아니다. 지금도 아담과 이브가 저지른 죄악과 똑같은 범죄를 저지르고 있는 인류 모두는 그들의 영혼 안에 하나님이 임해 주시기까지 철저하게 혼자서 고립되어 떠돌아다니는 형벌을 받고 있다.

고립되어 떠돌아다니는것이 현대인의 특징이다. 헨리 나우웬은 이런 현대인을 '핵 인간'으로 표현하고 있다. 핵 인간에게 가장 중요한 것은 자기 자신이며 그가 확신하는 한 가지, 삶에 있어서 가치있다고 여기는 한 가지는 '여기' 그리고 '지금' 뿐이라고 표현한다.[1]

1 헨리나우웬 '상처입은 치유자' P150이하

홀로 고립 된 인간은 하나님과 관계가 단절되어 있다. 그는 자기를 창조한 하나님을 인정하지 않기에 자신의 존재에 대한 연속의식이 없다. 헨리 나우웬은 인간의 연속의식이란 창조적 삶을 사는데 필수적이라고 말한다.

나를 만든 분이 계시고 그리고 내가 가야 할 곳이 있다는 연속선상에서의 오늘 그리고 내가 아니라, 현대인들에게는 지금 현재 존재하고 있는 나 자신이 우주의 중심이고 목적이고 신이고 전부이기에 스스로 인생의 목적을 만들어야 하고 자신의 모든 문제에 대해 스스로 해결해야 한다. 오직 중요한 것은 그 자신이다. 결국 그가 도착하는 곳은 무관심과 권태이며 허무 속에서의 고독과 죽음이다.

자신이 무슨 짓을 해도 아무도 간섭해 주는 이가 없는 자의 삶이 얼마나 외로운지 우리는 안다.

세미나에 참여 한 자들의 문제는 수천 가지로 사람마다 모두다 다르지만 그 깊은 원인은 자신의 존재에 대한 바른 확신의 결여다. 자신에 대한 확신이 결여 된 이유는 하나님과의 관계성의 약함 때문이다. 그러므로 하나님의 사랑에 대한 개인적 확신이 주어 질 때 그는 자신의 정체성을 찾아 갈 수 있게 되고 삶의 목표와 희망을 가지며 모든 심리적 질병에서 치유될 수 있는 힘을 얻게 된다. 즉 홀로 고립된 자가 아버지와 연결되어 보호자와 동반자를 갖게 되었다.

C의 경우를 들어 본다.

"교회생활을 열심히 하는데도 내안에서 열등감은 없어지지 않고 육신의 아버지에 대한 미움이 사라지지 않아 늘 우울하고 힘들었다.언젠가부터 나는 하나님을 원망하는 마음이 커져갔다. 왜 내가 선택하지 않은 부모님 때문에 내가 40년을 이렇게 힘들어야 합니까? 그 힘든 세월은 내가 하나님을 믿기 전이었기에 하나님은 나의 삶에 방관자로 계셨다는 느낌이 강했다. 어린시절 아버지는 엄마를 자주 폭행하셨고 엄마는 아무런 대꾸없이 그 아버지의 매를 맞곤 했다. 어느 날 내가 6살 정도 였을 때 아버지가 뽕나무 한 다발을 가지고 나를 때리려고 하니까 엄마가 감싸 안으면서 그 매를 다 맞으셨던 기억이 있다. 나는 지금도 그 충격이 잊혀 지지 않는다. 왜 아버지는 그렇게 이유 없이 나와 엄마를 때려야 했을까? 그리고 예수님은 또 그때 무얼 하셨나? 결국 엄마는 고통 속에 무표정하게 말없이 사시다 음독자살을 하셨다. 엄마가 위태로울 때도 병원비만 걱정하면서 엄마를 방치한 아버지를 난 도저히 용서할 수 없었다. 내 속에 이런 것들이 내 삶을 힘들게 하는 이유라는 것을 알고 내게 부정적 영향을 준다는 것을 알지만 나는 아버지에 대한 분노를 버릴 수 없었다. 그런데 회상의 기도 시간이었다. 내가 엄마의 뱃속에서 7개월 정도 되었을 때 갑자기 벌레가 기어가면서 징그럽다는 생각이 들었는데 그 순간 앞에서 인도하는 강사가 말하기를 이곳에 있는 어떤 사람의 어머니가 태아를 징그럽게 생각하고 있다는 것이었다.

그때 나는 그 말이 나를 두고 하는 말임을 알았다. 그 벌레는 엄마의 느낌이었던 것이다. 하지만 나 역시 나 자신에 대해 벌레처럼 나를 생각하고 있다는 것을 알았다. 그리고 이것이 나의 뿌리깊은 열등감의 원인이라는 생각이 스쳤다. 그때 주님의 말씀이 들렸다. '내가 너의 어미의 모태에서 너를 존귀하게 지었다'

그때 나는 그 말이 나를 두고 하는 말임을 알았다. 그 벌레는 엄마의 느낌이었던 것이다. 하지만 나 역시 나 자신에 대해 벌레처럼 나를 생각하고 있다는 것을 알았다. 그리고 이것이 내 뿌리 깊은 열등감의 원인이라는 생각이 스쳤다. 그때 주님의 말씀이 들렸다. '내가 너의 어미의 모태에서 너를 존귀하게 지었다'

그리고 난후 나와 엄마가 뽕나무 한 다발로 아버지에게 맞고 있는 장면이 생각났다. 그것 역시 나에 대해 열등감을 갖게 하고 나를 자학하게 하는 원인이던 것이다. 그런데 그 장면 속에 주님께서 아무 말 없이 비명만을 지르고 있는 나와 엄마를 감싸 주시며 함께 아버지의 매질 속에 있다는 느낌이 강하게 들지 않은가!

주님의 그 모습을 느끼며 나는 아버지를 완전히 용서했다.

주님이 나를 방관하시는 것이 아니라 나와 함께 하셨고 나를 존귀하게 만드신 창조주라는 것을 알게 되니 아버지가 용서가 되어졌다. 그리고 비로소 평생 눌리고 살았던 열등감에서 벗어날 수 있는 힘이 생겼다."

세상에서 가장 행복한 사람은 하나님 아버지를 자기의 창조주로 인식하고 그 하나님과 사랑의 관계가 맺어진 사람이다. 세상에서 가장 불행한 자는 자기의 머리 위에 아무도 없는 사람이다. 그는 왔던 곳이 없으니 가야 할 곳도 없다.

그 자신이 바로 하나님이며 심판자며 판단자며 지혜자이기에 누구의 말도 듣지 않고 누구도 믿지 않는다. 그는 영원한 진리란 없다고 생각하며 자신이 경험한 것 외에는 받아들이려 하지 않는다.

하나님은 우리를 당신의 가족 관계속으로 초청하셨다. 우리에게 아버지가 돼 주시고 예수님은 친히 나의 형제가 되기를 자청하셨다.

우리가 가야 할 곳은 의의 아버지가 다스리는 집이며 예수님은 그 집을 예비하신 후에 다시 오시겠다고 하셨다.[2] 하나님의 가족 관계 속으로 들어간 자는 세상에서 가장 행복한 사람이다. 에덴을 나오면서부터 자기가 먹고 살 것을 위해 죽도록 땀흘려야 했던 인간이 다시 아버지의 품에 안기면서 부터 아버지의 주신 것을 먹고 산다. 아버지를 모신 자는 자기를 스스로 보호하지 않아도 되기에 자기의 일을 쉬고 안식할 수 있다. 가장 행복한 이 사람에 대해 시편 기자는 이렇게 노래한다.

"주님! 이제 내가 교만한 마음을 버렸습니다.
오만한 길에서 돌아섰습니다.
너무 큰 것을 가지려고 나서지 않으며
분에 넘치는 놀라운 일을 이루려고도 하지 않습니다.

2 '너희는 마음에 근심하지 말라 하나님을 믿으니 또 나를 믿으라. 내 아버지 집에 거할 곳이 많도다. 그렇지 않으면 너희에게 일렀으리라. 내가 너희를 위하여 처소를 예비하러 가노니 가서 너희를 위하여 처소를 예비하면 내가 다시 와서 너희를 내게로 영접하여 나 있는 곳에 너희도 있게 하리라.' (요14:1-3)

오히려 내 마음은 젖 뗀 아이가 어머니 품에 안겨 있듯이 내 영혼도 젖 뗀 아이와 같습니다. 이스라엘아 이제부터 영원히 오직 주님만을 의지하여라."(시편 131편)

속사람의 치유 37

새 판을 짜시는 하나님

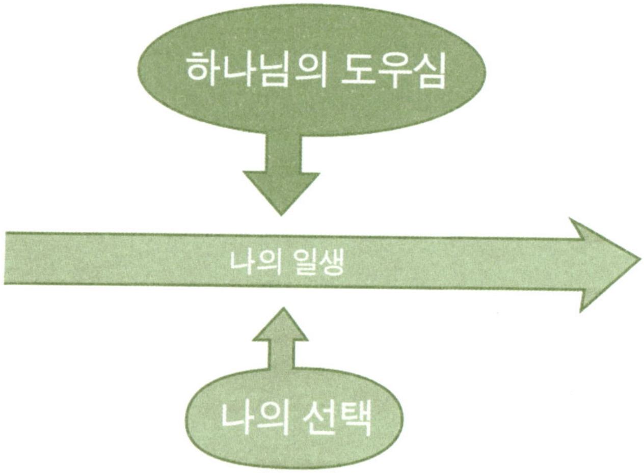

내적치유사역연구원

하나님과 나는 인생이라는 바둑을 두고 있다. 이 바둑판이 가장 좋고 아름다운 결과로 끝나기를 원하는 것은 두 입장 모두 같다. 하지만 그 과정과 방법에 대해서 하나님과 나는 의견의 차이가 많다. 이 바둑판은 정해진 각본이 아니다. 유기체 집단처럼 계속해서 새롭게 움직여진다. 놀랍게도 하나님은 인간에게 엄청난 권한을 주셨다. 그것은 바둑알을 들고 그것을 놓으려고 할 때 하나님이 간섭하지 않고 온전히 인간의 자율에 맡기신다는 점이다. 지금 당신은 이 책의 활자를 보고 있다. 자! 당신은 다음 장의 책장을 넘길 것인가 안 넘길 것인가? 이것은 당신의 온전한 자율 의지에 달려 있지 하나님이 책장을 넘기도록 혹은 넘기지 못하도록 계획해 두고 조정해 가시지 않는다. 당신은 다음 책장을 넘길 수도 있고 아니면 여기까지 읽고 책을 덮은 다음 다른 일을 할 수도 있다. 오늘 하루를 생각해보라. 대부분의 삶은 당신이 살고 싶은 대로 살았다. 물론 당신은 오늘 직장을 가지 않고 다른 곳으로 가고 싶었을 수도 있다. 그런데 직장에 가야 하기에 할 수 없이 갔으니 당신이 살고 싶은 대로 살고 있다는 생각이 안들 수도 있다. 하지만 가기 싫은 직장을 가는 것도 당신의 선택에서 나온 결정이다. 당신이 그렇게 선택했다고 느끼지 못한다 할지라도 선택은 분명 선택이다. 가야 한다는 요구성이 강할 때 우리는 내 자신의 선택권을 행사했음에도 불구하고 선택했다고 느껴지지 않는다. 그래서 내 인생은 바람부는 대로 내 의지와 상관없이 끌려가는 인생처럼 인식된다. 내 인생은 미리 다 놓인 바둑판이요 다 정해진 각본이라고 생각한다. 나는 내 인생의 주인이 아니요 나는 누군가 써 놓은 시나리오의 배우라고 생각한다. 철저한 운명론적 사고방식이다.

하지만 하나님은 우리에게 삶에 대해 행해야 할 수많은 지침과 명령들을 주고 계신다. 우리가 명령을 받는다는 것은 권한과 책임이 우리 손에 달려 있음을 의미한다. 우리가 발걸음을 지금 단란주점으로 옮길 수도 있고 도서관으로 옮길 수도 있다. 이 상황 속에서 하나님을 믿고 감사할 수도 있고 화가 나는 대로 모든 것을 엎어버릴 수도 있다. 이 모든 것이 내 손안에 달려 있다. 인생은 내 선택의 연속이다. 바둑알을 내가 놓고 싶은 곳에 선택해서 놓는 것이다.

그런데 이 위에 한 가지 우리가 기억해야 할 희망의 소식은 우리가 내 인생을 계속해서 하나님에게 의지해 나간다면 하나님은 우리의 실수와 잘못된 선택의 바둑알들을 가지고 순간순간 가장 최선의 판을 짜 가신다는 사실이다.

바둑의 고수가 당신과 바둑을 두었을 때 고수가 이길 수 있는 것은 당신이 어떤 선택을 하더라도 그 바둑판의 판세를 승리로 바꾸어가는 능력이 고수에게 있기 때문이다. 바둑판같은 우리의 인생도 내가 비록 두어서는 안 될 수를 두었을지라도 하나님의 능력의 손이 내 실수의 수를 이용해서 아름다운 판으로 만들어 버리신다.

하지만 이렇다고 해서 우리가 무슨 짓을 해도 하나님 뜻대로 되어 버릴 것이라는 태도를 가지라는 것은 아니다.

하나님의 능력이 그 만큼 크시다는 것이다. 하지만 이왕이면 하나님은 내가 바른 선택을 하기 원하시며 내 선택에 대해 책임감을 갖기 원하신다. 최고의 인생을 만들기 위해 바른 선택이 필요하며 바른 선택을 위해서는 주님의 가르쳐 주심이 필요하다.

속사람의 치유 38

죽음의 공포를 이기게 하는 사랑

세미나 마지막 시간에 자신을 만나 주신 하나님을 간증하는 수많은 사람들 중에서 결코 잊을 수 없는 몇몇 사람들이 있다. H도 그중의 한 사람이다.

그의 간증을 옮겨 본다.

"저는 이곳에 제 식구들과 같이 왔습니다. 저를 너무도 사랑하는 식구들. 하지만 저는 그 모든 사랑을 받으면서도 그저 한 가지 소원 밖에 없었습니다. 죽는 것이었습니다. 이런 저를 보면서 고등학교 3학년이 된 제 예쁜 딸이 엄마가 죽으면 나는 어떻게 살겠냐고 우는 것을 보면 제 가슴이 찢어지지만 오랜 세월을 공포에 시달리다 보니 자식에 대한 사랑보다도 그저 쉬고 싶다는 마음이 더 컸습니다. 저는 순간순간 죽음의 공포를 느낍니다. 텔레비전이 높이 있는 것만 봐도 나를 향해 덮쳐 올 것 같고 거리에 있는 건물들이 무너져 나를 죽일 것 같고, 남들은 아무 것도 아닌 것들이 내게는 나를 죽이려는 흉기로 보여 순간순간 가슴이 오그라들고 식은땀이 나며 온몸이 덜덜 떨립니다. 한 번씩 죽을 것 같은 공포에 휩싸이면 그 후엔 아무것도 할 수 없고 온몸이 물에 젖은 솜처럼 되어 버리죠. 이런 세월을 십 수 년 살다 보니 이젠 지칠대로 지친 겁니다. 자살하면 지옥간다는 말만 아니었으면 저는 일찌감치 죽었을겁니다. 그러던 중 식구들이 나를 데리고 이곳에 왔습니다. 이곳에서 나는 왜 이렇게 살아야 하는지 가르쳐 달라고 기도 했습니다. 고쳐 주시든지 아니면 차라리 데려가 달라고 기도 했습니다. 강의를 들으며 제 지난 삶들이 마치 영화처럼 생각나더군요. 세살 때 생모가 타살로 갑자기 돌아가시고 저는 백일해에 걸려 생사를 헤매다 겨우 살았답니다. 그때 집에 상청이 차려 있었는데 상청에서 귀신이 나와 나를 잡아끌어 다니는 것 같았고 엄마가 무덤 속에서 나와 나를 잡아 다니는 환상이 계속 나타났던 기억이 지금도 납니다. 그리고 이년

간격으로 할머니와 아버지 그리고 새엄마가 연이어 돌아가셨습니다. 그 시신들을 이장시키는 것을 보고 새엄마를 화장시키는 것을 보면서부터 제 삶은 완전히 죽음의 공포에 묶였고 우울하고 자폐적으로 살았습니다. 이런 나를 남편과 시댁식구들이 얼마나 사랑으로 돌봐 주었는지 모릅니다. 이곳에 오기 전에도 3개월 동안 시댁식구들이 돌아가며 저를 기쁘게 해주려고 온갖 사랑을 다 부어 주었습니다. 시집와서부터 이런 특별한 사랑을 받았지만 제 공포심은 치료되지 않았어요. 새벽기도부터 시작해 기도원 금식 기도 온갖 은사집회를 다 다녀 보았는데 처음에는 좋아지는 것 같다가 다시 우울하고 고통스러워졌습니다. 전에는 내가 원하는 삶이 안되어서 이런 증상이 안 없어지는 줄 알았는데 지금은 형편이 다 좋아졌지만 마음은 늘 죽고 싶다는 생각이 떠나지 않습니다. 사실 이곳에 저는 마지막이라는 생각을 가지고 참석했습니다. 그런데 하나님은 저를 버리시지 않으셨네요. 평생을 묶여 있던 공포에서 저를 건져 주셨습니다.

강의를 듣는 중에 예수님 생각이 났습니다.

어떻게 이런 생각이 났는지 모르는데 갑자기 예수님의 마음이 너무나 이해가 됐습니다. 십자가 위에서 죽어 가는 예수님께서 하나님 왜 나를 버리셨냐고 울부짖는 모습! 그냥 그것입니다. 그 말씀이 생각나며 예수님이 죽음 앞에서 공포를 느끼고 있구나 하는 생각이 드는겁니다. 그 순간이었습니다. 저를 묶고 있던 죽음의 공포가 갑자기 사라진 겁니다. 예수님도 인간이셨구나! 그래서 나처럼 죽음의 공포 앞에 예수님의 십자가 사건이 역사적 현실이었고 그래서 나를 향한 사랑과 죽음을 이긴 능력이 사실이었기에 오늘도 그 힘이 우리 가운데 전해져 실제적인 치유의 사역을 일으킨다.

서 떨고 있으시구나! 말로 형용할 수 없이 주님이 가깝게 생각되었습니다. 그리곤 제 공포가 사라진겁니다. 저는 이것을 다 설명할 수 없습니다. 다만 그 순간에 제 평생 한 번도 느껴 본 적이 없는 평안함을 느꼈습니다. 그토록 원하던 평안이 제게 왔습니다."

공포는 이성을 마비시킨다. 모든 공포는 결국 죽음과 연결된다. 인간은 죽음이 만들어 내는 두려움의 노예였다. 죽음은 현실이다. 인간의 능력은 이 죽음이란 현실을 변화시킬 수 없다. 그러나 예수님의 십자가 사건은 죽음이란 현실을 개선시킨다. 우리 마음에 밀려드는 죽음의 공포를 차단시킨다. 보이지 않는 세상을 확신하게 한다.

이해할 수 없는 하나님의 사랑을 이해하게 하고 그 하나님을 마음에 체험시킨다.

예수님의 십자가 사건이 역사적 현실이었고 그래서 나를 향한 사랑과 죽음을 이긴 능력이 사실이었기에 오늘도 그 힘이 우리 가운데 전해져 실제적인 치유의 사역을 일으킨다.

예수님이 우리 앞서서 죽음의 길을 걸어가셨다. 그리고 그 죽음에게 삼키우지 않고 이기고 나오셨다. 그리하여 우리에게 죽음을 이긴 부활의 능력을 나눠주신다. 내가 가야할 죽음의 길을 걸으신 이유는 나를 향한 사랑 때문이다. 그러므로 그 사랑을 믿는 자는 죽음의 공포를 넘을 수 있다.

수만 권의 책을 쓰고 세상 모든 이치를 깨달은 것처럼 큰 소리 치는 자도 죽음 앞에서 얼마나 비겁해지고 얼마나 무력한가! 하지만 지극히 작고 보잘것 없어 보이는 자라도 예수님을 모신 자는 죽음 앞에서 평안하다.

우리는 역사 속에서 이것을 보았다.

끔찍한 죽음을 맞이한 수많은 순교자들이 주님에 대한 사랑으로 죽음의 공포를 이기고 신앙을 지킬 수 있었다. 주님의 사랑을 믿고 그 약속을 믿고 죽음의 공포를 이긴 자는 건강한 마음을 가질 수 있다. 죽음에 잡힌 자는 죽지 않으려는 몸부림 속에서 온갖 탐욕과 우상숭배와 근심의 신경증을 앓는다.

죽음은 믿지 않는 자에게 영원한 형벌로 들어가는 어두움의 출입구지만 하나님의 자녀에게는 자기의 영원한 집으로 가는 빛의 출입구다.

천국은 꿈속에서 존재하는 환상속의 이미지가 아니라 현실적 공간이며 물질적 형태를 지닌 자가 살고 있는 곳이다.

부활하신 예수님은 신령한 몸을 가지고 있었다. 하지만 그 몸으로 바닷가에서 잡은 물고기를 제자들과 함께 잡수셨고, 도마에게 만져 보라고 손을 내미셨으며, 엠마오로 가는 제자들과 함께 식탁에서 음식을 나누셨다.

주님은 부활한 자신이 유령이 아니라고 하셨다.

"어찌하여 마음에 의심을 품느냐? 내손과 내발을 보아라. 바로 나다. 나를 만져 보아라. 유령은 살과 뼈가 없지만 너희가 보다시피 나는 살과 뼈가 있지 않느냐?"(누가복음 24:38~39)

그리스도인은 죽음을 이기고 부활한다. 마치 씨앗을 땅에 심으면 아름다운 꽃으로 지상에 솟아나듯이 지금과 전혀 다른 모습으로 그리스도인은 부활한다.

"어찌하여 여러분 가운데 어떤 이들은 죽은 사람들의 부활이 없다고 말합니까? 죽은 사람의 부활이 없다면 그리스도께서 살아나지 못하셨을 것입니다. 그리스도께서 살아나지 않으셨다면 우리의 선교도 헛것이고 우리의 믿음도 헛될 것입니다. 죽은 사람이 살아나는 일이 없다면 그리스도께서 살아나신 일도 없었을 것입니다...중략... 이제 그리스도께서는 죽은 사람들 가운데서 살아 나셔서 잠든 사람들의 첫 열매가 되셨습니다. 한사람으로 말미암아 죽음이 들어왔으니 또 한 사람으로 말미암아 죽은 사람의 부활도 옵니다. 아담 안에서 모든 사람이 죽는 것과 같이 그리스도 안에서 모든 사람이 삶을 얻을 것입니다."(고린도 전서 15:12~23)

이 모든 일들이 당신을 향한 예수님의 사랑 때문에 가능했다.

속사람의 치유 39

생명의 열매를 퍼뜨리는 행복의 나무

ⓒ 내적치유사역연구원

우리는 서로의 열매를 따먹고 산다.

만일 상대방의 나무에 달려 있는 열매가 독이 든 열매라면 그것을 먹는 주위 사람들은 독성의 피해를 입을 것이다. 반대로 그 열매가 사람에게 생명의 원기를 불어 넣는 성령의 열매라면 그 나무 주변의 사람

모두가 나무로 인해 유익을 얻을 것이다. 어떻게 우리는 서로의 열매를 따먹을 수 있을까?

L은 늦게 결혼해서 다섯 살짜리 딸을 하나 두었다. 아이가 재롱도 많고 정말 눈에 넣어도 안 아플 만큼 이쁜 짓을 했다. L 부부에게 아이는 삶의 기쁨이고 모든 것이었다. 그런데 어느 날 아이가 머리가 아프다고 축 늘어졌다. 감기려나 했는데 아이는 쉽게 좋아지지 않았다.

결국 아이는 15일 만에 병명을 알지 못한 채 죽고 말았다. L은 아이가 죽어 화장을 시킬 때도 정신이 없어서 슬픈 줄도 몰랐다고 한다. 그런데 모든 장례를 치르고 빈집에 와서 앉아 있는데 신장에 아이의 작은 신이 보였다. 그 신을 보는 순간 그는 자기가 지금 까딱 잘못하면 미칠 수도 있다는 생각이 들었다. 그는 밖으로 나왔다. 그리고 모두 행복해 보이는 사람들의 틈을 헤치고 평소에 형님처럼 알고 지내던 P의 가게로 뛰어갔다.

동네 슈퍼를 하는 P는 미친 사람처럼 정신을 가누지 못하는 L의 손을 잡아 주었다. 그것이었다. 하지만 P의 손을 잡는 순간에 L은 숨을 쉴 수가 있었다. 정신을 가눌 수가 있었다.

무슨 일이 일어난 것일까? L은 P의 나무에서 열매를 따먹은 것이다.

P가 다른 사람에게 이런 위로의 열매를 줄 수 있는 이유는 그 자신이 L과 같은 고통 속에 있다가 그 고통의 늪을 헤치고 나온 사람이었기

때문이다. L은 P역시 오래전에 자식을 잃었다는 것을 알았다. 이제 자신이 그런 처지가 되자 문득 어느 사람보다도 이 사람의 손을 잡아야만 살 것 같은 마음이 들더라고 했다.

인생의 고통을 아름답게 이기고 나온 자들에게서 나오는 열매는 치유의 능력이 대단하다. 산속 깊은 곳에서 비바람 눈보라를 수백 년이 긴 산삼과 같다.

진주가 조개의 상처로 인해 생긴 결과이듯 남을 치유시키는 그 사람의 열매는 그 사람이 겪은 아픔의 결과다. 그래서 이 나무에는 눈물이 한 방울 그려져 있다.

예수님은 생명의 나무다. 어떤 인간보다도 더 뼈아픈 고통과 아픔들을 겪으시며 그분은 자신을 생명의 열매로 만들어 놓으셨다. 그리고 언제든지 따먹으라고 하신다. 계명을 잘 지키고 신앙생활 잘해야 고통이 사라지고 축복이 온다고 하지 않고 내게 와서 생명의 떡인 나를 먹으라고 하신다. 어떻게 먹을 것인가?

슬픔이 가득할 때 예수님을 본다. 그러면 어느새 우리 마음에 세상이 아름답게 보이고 다시 희망이 생기는 기적이 일어난다. 시퍼런 정죄의 화살에 가슴을 맞고 아플 때에도 예수님을 보면 피가 멈추어지고 다시 일어나게 된다.

O의 간증이다.

"내 마음은 분노 ,열등감 그리고 좌절...... 행복하게 웃어 본 기억이 안 난다. 화가 나면 애들을 무식하게 때리고 욕하고 그리곤 돌아서서 나 자신을 자학하는 삶이 되풀이 되었다. 음식이 맛있어서 먹어본 적도 기억에 없다. 이런 나를 살았다고 할 수 있을까! 하지만 교회에서는 나의 이런 모습을 아무도 모른다. 이곳에 와서 제일 거부감이 드는 단어는 '아버지'란 단어와 '사랑합니다. 라는 문구였다. 이걸 보는데 심한 거부감과 함께 서러움이 밀려왔다. 둘째 날 기도시간에 내가 왜 이런 마음이 드는지 정리가 됐다.

유년기 시절 아버지의 폭언과 폭력 그리고 사춘기 시절에 두 명의 남자에게 끌려가 성폭행을 당하고 임신 되어 유산을 시켰던 일...... 하지만 강사의 말대로 나는 그 모두를 진심으로 용서하겠다고 기도했다. 무언가 힘이 내 마음 안에서 빠져나갔다. 그런데 아버지를 용서하고 그들을 용서하고 난 뒤 홀로 아파하며 괴로워하는 내가 보였다.

온갖 죄와 더러운 것으로 찢겨질대로 찢겨진 비참한 내가 보였다. 너무 너무 외롭고 슬펐다. 내게 있는 것은 무엇인가! 주님 왜 이렇게 외롭습니까? 그나마 분노와 죄책감으로 채워졌던 마음이 비어지니 이젠 밀려드는 허전함에 견딜 수 없었다. 그때였다. 주님이 채찍에 맞고 계시는 모습이 떠올랐다. 그 모습이 내 가슴을 찢어지게 했다.

그리고 또 보이는 영상은 주님이 어린 나를 안고 기뻐서 웃는 모습이었다.

사랑한다. 내 딸아 사랑한다. 내 딸아...... 이어지는 마음의 영상 속에서 내 텅 비고 지쳐 버린 마음속으로 따뜻하고 가득찬 무언가가 들어왔다. 점점 마음이 푸근해졌다. 그날 저녁 나도 모르게 함께 참석한 다른 사람들을 안아주었다. 그리고 진심으로 이들을 사랑하고 있다는 마음이 들었다. 처음이었다. 사람을 사랑하는 마음을 내게서 본 것은...... 너무 기뻤다. 내가 살아난 것이다. 이제는 사랑이란 단어도 아버지란 단어도 거부감이 없이 내 마음에 들어온다."

S자매는 휠체어를 타고 있는 하반신 마비의 장애우였다. 그가 간증을 하기 위해 수많은 사람들을 젖히고 앞에 나간 것은 실로 큰 용기가 필요했다. 하지만 그의 간증은 그곳의 수많은 자들에게 삶의 용기를 주었다. 그의 간증을 옮겨 본다.

"나는 선천적으로 하반신을 쓸 수없는 장애자로 태어났습니다. 그런데 저희 부모님도 모두 장애가 있으시죠. 우리집은 너무 가난하고 하루하루 살아가는 것이 힘이듭니다. 내 몸이 이런데도 제가 우리 집의 생활비를 벌어야 합니다. 교회를 다니면서 저는 수많은 상담자들에게 물었습니다.

왜 하나님께서 나를 이렇게 만드셨냐고, 몸이 이러면 돈이라도 주셔야 될 것 아니냐고...... 그럴 때마다 모든 상담자들은 다 뻔한 대답을 했습니다. '하나님의 영광을 위해서...... 하나님이 좋은 계획이 있을 거다...... 조상으로부터 내려오는 무언가 때문에......'

나는 그 상담자들에게 어느 때는 달려들어 따지고 싶었죠. 나에게 전 고개를 끄덕였습니다. 예수님은 저보다 더 꼼짝 할 수 없는 몸을 가지고 있었습니다.
그런데 이상합니다. 주님의 그 한마디 말이 내 모든 의문을 잠재웁니다. 그리고 저의 장애가 더 이상 부끄럽지 않게 느껴졌습니다. 그래서 이 앞에까지 나올 수 있었습니다.

그렇게 쉽게 말을 하는 당신이 하루라도 나처럼 살아 보라면 살 수 있겠느냐고....... 하나님을 버리고 싶었죠. 그렇지만 하나님을 버리고는 그나마 살 힘이 없었기에 하나님을 좋아하지는 않지만 버릴 수도 없이 그렇게 믿었습니다. 여기 와서 강의 중에 강사님이 그러더군요. 진실로 정직한 질문에 하나님은 꼭 대답하신다고, 정말 묻고 싶은 질문을 하라고... 저는 그 말에 용기를 얻어 하나님에게 물었습니다.

'하나님, 나를 왜 이렇게 만드셨습니까? 내가 어떻게 살아야 합니까? 하나님, 당신은 내 고통을 아십니까?'

답변이 없었어요. 한참을 그렇게 기도하는데 이런 말씀이 내 깊은 곳에서부터 들렸습니다.

'그래도 너는 기어 갈 수 있잖아'

그 한마디였습니다. 그리고 십자가 위에서 꽁꽁 묶인 예수님이 생각났습니다. 머리의 가시관 때문에 얼굴도 돌릴 수 없었고 두 손이 못으로 박히고 발도 못으로 고정 된 채 꼼짝할 수 없는 예수님이 제 앞에 나타났습니다.

전 고개를 끄덕였습니다. 예수님은 저보다 더 꼼짝 할 수 없는 몸을 가지고 있었습니다. 그런데 이상합니다. 주님의 그 한마디 말이 내 모든 의문을 잠재웁니다. 그리고 저의 장애가 더 이상 부끄럽지 않게 느껴졌습니다. 그래서 이 앞에까지 나올 수 있었습니다.

이제 살아 갈수 있을 것 같습니다. 이곳에 오기 전에 나는 더 이상 살 힘이 없다고 생각됐는데 이젠 내 안에 용기가 생깁니다."

누가 이들을 도울 수 있을 것인가? 세상에는 수많은 치유책들이 있다. 하지만 예수님은 치유책을 제시하는 분이 아니다. 그분은 자신을 열매로 우리에게 내주셨다. 이들은 예수님이라는 열매를 따먹었다. 그래서 그들안에 생명의 힘이 들어갔고 그들은 에스겔 골짜기의 뼈처럼 죽었던 자가 다시 살아 날 수 있었다.

하나님께서는 우리도 예수님처럼 남을 살리는 열매를 맺는 나무가 되라고 하신다.

> "이제 여러분은 죄에서 해방을 받고 하나님의 종이 되어서 거룩함에 이르는 삶의 열매를 맺고 있습니다. 그 마지막은 영원한 생명입니다."(로마서 6:22 표준새번역)

속사람의 치유 40

아버지의 손을 잡고

ⓒ 내적치유사역연구원

상황이 어렵다고 다 망하는 것은 아니다. 아무리 어렵고 엄청난 재난이 닥쳐도 그 문제와 재난보다 크신 보호자가 있다면 망할 수가 없다.

하나님께서 성경을 통해 우리에게 말씀하시는 것은 인생의 성공과 실패가 우리가 힘으로 삼고 있는 것에 의해 좌우되는 것이 아니라는 사실이다.

> 인생에 실패하는 자는 보호자가 없는 자요 성공하는 자는 보호자가 있는 자다.

"여호와께서 이같이 말씀하시되 지혜로운 자는 그 지혜를 자랑치 말라. 용사는 그 용맹을 자랑치 말라. 부자는 그 부함을 자랑치 말라. 자랑하는 자는 이것으로 자랑할지니 곧 명철하여 나를 아는 것과 나 여호와는 인애와 공평과 정직을 땅에 행하는 자 인줄 깨닫는 것이라. 나는 이일을 기뻐하노라. 여호와의 말이니라."(예레미야 9:23~24)

이스라엘 백성이 그들보다 오래되고 강한 모든 민족을 이길 수 있었던 것은 그들에게 없는 보호자가 자신들에게 있다는 사실을 알고 믿었기 때문이었다.

"......그들의 보호자는 그들에게서 떠났고 여호와는 우리와 함께 하시느니라. 그들을 두려워 말라."(민수기 14:9)

하나님께서는 끊임없이 이 사실을 우리에게 강조하고 있다.

인생에 실패하는 자는 보호자가 없는 자요 성공하는 자는 보호자가 있는 자다. 다 쓰러져 가는 갈대와 같은 인생을 다시 살리시고 어떤 방법으로도 회생시킬 수 없는 환경을 다시 일으키시는 하나님이 함께 하는 삶만이 영원히 승리의 삶이 되어질 수 있다. 전 세계를 다 지배하여 무엇으로도 거꾸러뜨릴 것이 없을 것 같았던 강대국들과 권력자들이 하나님과 함께 하지 않을 때 쭉정이처럼 바람에 날리는 결과가 되어 버렸다.

보호자가 있는 자는 이길 수 있으나 보호자가 없는 자는 악의 바람 앞에서 자기를 지킬 수 없어 반드시 망하게 된다.

세미나중 거의 숨이 넘어 갈 것 같이 울고 또 울다가 급기야는 다른 사람들의 부축을 받아야 했던 K의 간증문을 옮겨 본다.

"1986년도에 주님을 영접하고 새로운 인생길을 걸으면서 그전에는 인식하지도 못했던 제 모습을 보기 시작하면서 내 실체가 너무도 구제불능 상태로 파괴된 사람이라는 것을 알았어요. 나는 그저 '내 삶을 치료해 주세요'라고 부르짖기만 할 뿐 어디에서부터 어떻게 해야 할지 알 수가 없었어요. 이런 추상적인 기도에도 하나님이 응답해 주실지 불안했고 구제불능으로 무너진 불구의 인격으로 인해 어디에서도 적응을 할 수가 없었습니다. 교회에서도 가족들에게도 나는 문둥병자같이 이상한 사람이었어요. 인간관계가 너무 힘들고 괴롭다보니 점점 지쳐 가며 저를 방치해 버렸어요. 그러다가 먼저 세미나에 참석한 교회 자매님의 강권으로 이곳에 참석하게 되었죠. 내 안에 얼마나 표현 되지 못한 아픔이 많았는지 처음에는 울음도 안 나오고 그저 '윽..윽'하는 신음과 함께 머리에서부터 발끝까지 온몸이 아팠어요. 주님은 마치 해

산하는 여자에게 힘을 내라고 하시는 것처럼 '내게 쏟아 내라 내게 쏟아 내라'하시는 것 같았습니다.

제 울음 속에는 어머니의 한이 같이 들어 있었고 그 어머니를 보는 어린 저의 한이 들어 있었어요. 제 어머니는 둘째 부인이었어요. 아버지는 처녀였던 어머니를 속여 강제로 결혼을 한 뒤에는 돌보지 않고 방치해 버렸어요. 그러다 보니 큰 엄마였던 첫째 부인의 행패와 그 자녀들까지 합세한 학대는 말 할 수 없었던 것 같아요. 견디다 못한 어머니는 자살을 결심하고 어느 날 흰옷을 입고 나가셨어요. 그날, 방에 있던 저를 물끄러미 쳐다보는 어머니를 보면서 저는 엄마가 죽으러 간다는 것을 알았던 것 같아요. (제가 여섯 살 정도 될 때였어요.) 하지만 저는 아무 말도 할 수 없었어요. 그리고 어린 나이인데도 어머니의 고통을 모두 보고 있었기 때문에 어머니가 자살 할 수밖에 없겠다는 생각도 했던 것 같아요. 그런데 저녁 무렵 어머니는 온 얼굴에 피를 흘리며 들어오셔서 저를 안고 한없이 울었어요. 나중에 들어보니 바닥에 돌이 깔린 높은 절벽에서 뛰어 내렸는데 옷이 절벽 중간에 있는 나무에 몇 번 걸치면서 바닥에 떨어지셔서 죽지 않으셨던 거예요. 전 회상의 기도 중에 어머니의 이 고통이 그대로 느껴졌어요. 제 하체가 마치 청룡 열차에서 떨어지는 듯 극한 공포의 느낌에 괴롭고 가슴이 찢어질 듯이 아팠어요. 처음에는 이것이 무엇인지 몰랐는데 차츰 어머니가 자살하려고 가는 줄 알면서 방에 있던 제가 그대로 느꼈던 것임을 깨닫게 해주시더군요. 그리고 주님은 제 가슴속에 있는 공포의 흔적을 지워나가기

저는 왜 그토록 제 자신을 증오했는지도 알게 되었어요. 고통의 늪 속에서 신음하며 큰 어머니와 아버지 그리고 큰 어머니 자식들에게까지 심한 학대를 받는 어머니를 돕지 못하는, 아니 도울 힘이 없는 제가 너무 미웠던 거예요.

시작하셨어요. 높고 높은 절벽과 낭떠러지는 잔잔한 호수로 변하고 피 묻은 옷을 입고 있는 어머니의 처참한 모습이 아닌 평안한 어머니의 모습과 함께 저에게도 아름다운 날개옷을 입혀주시는 거예요.

저는 왜 그토록 제 자신을 증오했는지도 알게 되었어요. 고통의 늪 속에서 신음하며 큰 어머니와 아버지 그리고 큰 어머니 자식들에게까지 심한 학대를 받는 어머니를 돕지 못하는, 아니 도울 힘이 없는 제가 너무 미웠던 거예요.

이제 그들을 모두 용서합니다. 그리고 작년에 소천하셨지만 아직도 제 가슴에 한으로 남아 있던 제 어머니도 평안히 주님에게 보내 드립니다. 이젠 살아 갈 수 있을 것 같습니다. 왜냐하면 여섯 살 때 그 무섭고 무서운 저의 옆에 주님이 같이 계셨음을 알게 되었기 때문입니다. 자살하러 가는 어머니를 보고만 있어야 했던 무력한 내 자신, 그러면서도 공포에 질려 어쩔 줄 몰랐던 어린아이에게 주님은 오셔서 안심을 시키시며 어머니를 공중에서 받으시는 모습을 보여 주셨어요. 나뭇가지가 아니라 주님이 받아 주셨던 것임을 알았습니다. 그 주님이 지금 제 손을 잡고 계심을 믿습니다. 그래서 살아갈 힘이 생깁니다. 절대로 이 손을 놓지 않으실 것을 믿습니다. 어머니가 계신 천국에 가는 날까지요."

33세 된 Y의 이야기다.

"올 7월에 나는 남편과 이혼을 했다. 알코올중독자인 남편 거기다 여자문제, 엄청난 빚이며 술 먹고 때리기까지 하는 남편과 도저히 살수가 없었다. 결혼생활 십년에 나에게는 어린 초등학교 일학년 과 여섯 살 난 두 아들과 함께 돈도 없는 이혼녀라는 이름표가 붙여진 채 세상으로 나와야 했다. 처음 이혼을 하고 너무나 편안했다. 날마다 무섭고 불안했던 밤들이었는데 이제는 감옥에서 나와 집으로 온 것처럼 편했다. 하지만 막상 한 달 두 달이 지나고 보니 어떻게 살아가야할지 너무도 무서웠다. 몸은 아프고 내가 할 수 있는 일이란 아무것도 없는 내 자신이 너무도 쓸모없이 여겨졌다. 기도하며 주님에게 맡기고 기다리자는 생각이 들어도 일초가 못 지나 다시 염려가 생겼다. 이런 나를 동생이 이곳에 데리고 왔다. 그리고 지금 이곳을 떠나는 나는 오기 전과는 딴사람처럼 되어 있다. 나를 꼭 안고 계시는 주님을 마음의 눈으로 보았기 때문이다. 세상과 나를 아는 사람이 모두 나에게 등을 돌릴 지라도 주님만은 나를 버리지 않으실 것이란 믿음이 온다. 어느 누구도 줄 수 없는 용기였다. 주님 손을 잡고 나는 걸어가 볼 것이다."

K와 같은 처절한 아픔은 아닐지라도 Y처럼 어려운 일을 당하지 않았을지라도 누구의 인생이든지 위기와 어려움이 있을 것이다. 하지만 어떤 자는 아버지의 손을 잡고 가고 있고, 어떤 이는 혼자서 두리번거

리며 불안을 숨기고 걷고 있다. 성령께서 행하시는 내적치유의 목적은 아버지께서 당신 손을 잡고 있음을 깨닫게 하는 것이며 이제는 당신도 아버지의 손을 잡도록 돕기 위한 것이다.

> "이제 너는 내 형제들에게로 가서 내 아버지 곧 너희의 아버지 내 하나님 곧 너희의 하나님께로 내가 올라간다고 말하여라."
> (요한복음 20:17)

예수님은 우리에게 강조하시기를 예수님의 아버지가 곧 우리의 아버지라고 하신다. 예수님을 받아 주신 하나님께서 지금 이 글을 읽고 있는 당신과 나를 영원히 받아 주실 것이고, 예수님이 이 땅에 사시는 동안 동행해 주신 하나님께서 이 땅을 떠나 죽음의 문을 통과하는 그 때에도 당신과 나의 손을 잡고 동행 해 주실 것이다. 아버지 하나님의 손에서 당신의 작은 손을 떼어 낼 자는 없다. 떼어낼 권세도 없다.

"하나님은 절대로
당신을
홀로 두지 않는다."

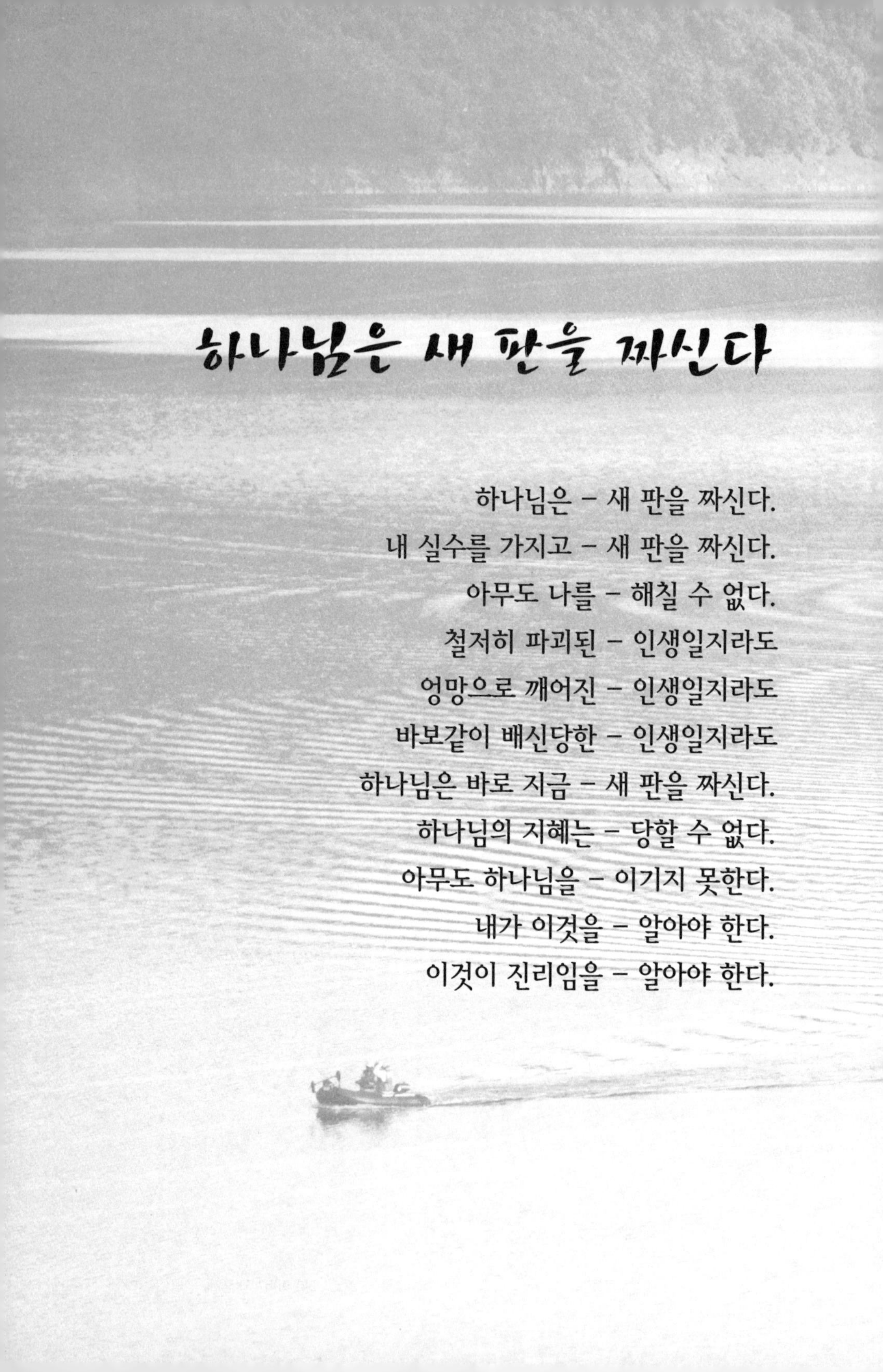

하나님은 새 판을 짜신다

하나님은 – 새 판을 짜신다.
내 실수를 가지고 – 새 판을 짜신다.
아무도 나를 – 해칠 수 없다.
철저히 파괴된 – 인생일지라도
엉망으로 깨어진 – 인생일지라도
바보같이 배신당한 – 인생일지라도
하나님은 바로 지금 – 새 판을 짜신다.
하나님의 지혜는 – 당할 수 없다.
아무도 하나님을 – 이기지 못한다.
내가 이것을 – 알아야 한다.
이것이 진리임을 – 알아야 한다.

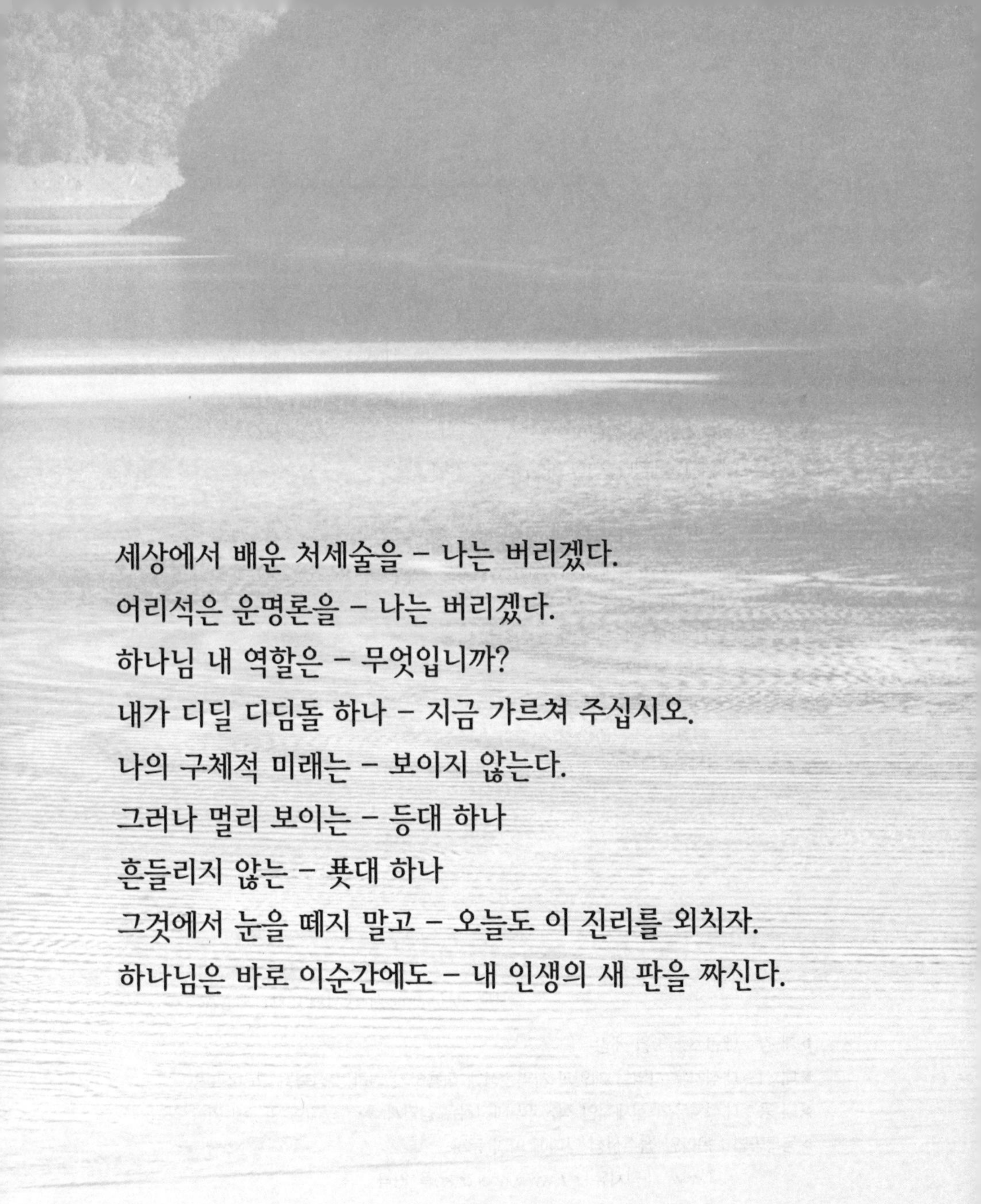

세상에서 배운 처세술을 – 나는 버리겠다.
어리석은 운명론을 – 나는 버리겠다.
하나님 내 역할은 – 무엇입니까?
내가 디딜 디딤돌 하나 – 지금 가르쳐 주십시오.
나의 구체적 미래는 – 보이지 않는다.
그러나 멀리 보이는 – 등대 하나
흔들리지 않는 – 푯대 하나
그것에서 눈을 떼지 말고 – 오늘도 이 진리를 외치자.
하나님은 바로 이순간에도 – 내 인생의 새 판을 짜신다.

내적치유사역연구원

성서적 내적치유 상담 아카데미과정 안내

– Biblical Innerhealing Counseling Academy

▶일 시 : 매년 3월, 9월 개강. (봄, 가을학기), (매주 월요일 오전 11시–오후4시)

▶장 소 : 청주 C.C.C. 아카데미 센터

▶대 상 : 내적치유세미나를 1회 이상 수료한 자에 한함

▶내 용 – 내적치유의 성경적 근거

– 일반상담과 기독교상담

– 위기상담과 실제적 내적치유 상담훈련

– 하나님의 음성을 듣는 방법

– 인간의 지. 정. 의에 대한 성경적 이해

– 중년의 위기와 가족치유 등등

▶등록방법 : 인터넷(www. 내적치유.kr / www.inner.or.kr)으로 접수

전화로 접수 (043–272–1761).

▶등 록 비 : 1학기당 40만원(교재, 간식, 식비 일체 포함)

▶특 전 : 전 과정을 이수한 분에게 수료증을 드리며, 소정의 훈련과 시험과정을 통과한 분에게는 '내적치유 상담사 2급' 자격증을 드립니다.

성서적 내적치유 사이버 상담 아카데미 안내

– Biblical Innerhealing Cyber Counseling Academy

▶개 강 : 매년 3월, 9월 개강.

▶대 상 : 내적치유 사역을 개인과 사역현장에 적용하기 원하는 성숙된 그리스도인.

▶내 용 : 내적치유의 실제적인 적용 및 내적치유 상담사 훈련을 위한 인터넷 영상 강의.

▶등록방법 : 온라인 접수신청 안내에 따라 등록.

(www. 내적치유.kr / www.inner.or.kr)후 입금

농협 1114–01–027146 내적치유사역연구원, (참석자 이름으로 입금)

▶등 록 금 : 1학기당 30만원

▶특전 : 전 과정을 이수한 분에게 수료증을 드리며 소정의 훈련과 시험과정을 통과한 분에게는 '내적치유 상담사 2급' 자격증을 드립니다.

내적치유사역연구원 소개

내적치유사역연구원은 1991년 주서택 목사에 의해 청주 C.C.C 안에서 시작되었으며 그 후 계속해서 정기적인 내적치유세미나와 일반인과 목회자들을 위한 각종 프로그램을 실시해 오고 있다. 『성서적내적치유세미나 』는 모든 과정을 성경말씀에 기초하여 성령님의 인도하심으로 진행하며 예수 그리스도의 복음이 각 사람 안에 개인화되고 내면화되며 이해되도록 돕는 것을 목적으로 하고 있다. 15개 과정으로 진행되는 성서적 내적치유세미나는 2009년 현재 3만 4천여 명이 넘는 사람들이 참여했으며 대부분의 참석자들은 먼저 참석한 가족과 성도들의 권유로 참여하여 가족관계의 새로운 회복의 장이 되고 있으며 한국교회 내적 치유사역의 모체가 되고 있다.

또한 내적치유 상담사를 육성하기 위해『 내적치유 상담아카데미』 ,『내적치유 사이버 상담아카데미』가 1년 과정으로 진행되고 있다.

이외에 청소년과 결혼을 앞둔 미혼 남녀, 탈진된 목회자들을 돕는 내적치유 프로그램을 운영하고 있다. 청주와 부산 등 각 지역에서 운영되고 있는『내적치유상담실』에서는 훈련받은 상담원들이 개인 상담에 응하고 있으며, 좀더 구체적이고 실제적인 교육과 치유의 사역을 펼치기 위하여 대전근교에 『내적치유센터』를 현재 설립중에 있다.

그동안 내적치유세미나에 참여한 수많은 자들이 내면의 고통과 아픔에서 회복되고 신체적 질병과 가족간의 관계회복을 통해 개인의 영성회복과 신앙생활에 큰 변화를 가져오고 있다. 내적치유사역연구원은 개인과 가정 그리고 교회의 영성회복과 성숙을 돕기 위하여 마지막까지 성령께서 이 사역의 주인이 되시고 방향을 인도해 주시기를 기도하고 있다.

<www.inner.or.kr (043) 272-1761>

마음에 숨은 속사람의 치유

2009년 4월 10일 초판 인쇄
2009년 4월 13일 초판 1쇄 발행
2009년 7월 20일 초판 2쇄 발행

지은이 / 주서택 · 김선화
펴낸이 / 전효심
펴낸곳 / 순(筍)출판사
주소 / 서울시 서대문구 홍제4동 215번지
전화 / 02)722-6931~2 팩스 / 02)722-6933
인터넷 / http://www.kccc.org
등록 / 제 1-2464호
등록년월일 / 1999.3.15

ISBN 89-389-0206-4